지옥의 전쟁 그리고 반성의 기록

징비록

징비록

지옥의 전쟁 그리고 반성의 기록

초판 1쇄 발행   2003년 3월 10일
초판 18쇄 발행   2014년 8월 10일
개정증보판 1쇄 발행   2014년 11월 20일
개정증보판 16쇄 발행   2024년 1월 10일

지은이   류성룡
옮긴이   김흥식
펴낸이   이영선

편집   이일규 김선정 김문정 김종훈 이민재 김영아 이현정
디자인   김회량 위수연
독자본부   김일신 정혜영 김연수 김민수 박정래 손미경 김동욱

펴낸곳 서해문집 | 출판등록 1989년 3월 16일(제406-2005-000047호)
주소 경기도 파주시 광인사길 217(파주출판도시)
전화 (031)955-7470 | 팩스 (031)955-7469
홈페이지 www.booksea.co.kr | 이메일 shmj21@hanmail.net

ISBN 978-89-7483-174-5   03900

지옥의 전쟁 그리고 반성의 기록

징비록

류성룡 지음·김홍식 옮김

서해문집

류성룡은 임진왜란이 일어나기 전부터 마무리될 때까지, 즉 전쟁의 처음부터 끝까지 어느 순간에는 곁에서, 또 어느 순간에는 직접 참여한 몇 안 되는 인물이자 고위 관료에 총책임자였다. 그러기에 《징비록懲毖錄》이라는 책을 통해 수백 년 후 우리에게 임진왜란의 참상을 생생하게 전해 줄 수 있었다.

2003년 처음 《징비록》을 번역해 내고, 이번에 개정판까지 내면서 이 책을 벌써 수십 번 읽었다. 그러나 어떤 대목에 이르면 눈시울을 적시거나 안타까운 마음에 활시위를 당기는 것은 늘 마찬가지였다. 그만큼 류성룡의 글이 뛰어나다는 뜻일 것이다.

그 후로도 《서애집西厓集》, 그러니까 류성룡의 모든 글을 모아 놓은 저작집著作集 안에 포함된 류성룡의 글을 지속적으로 찾아보았다. 그렇게 관심을 갖고 읽어 본 《서애집》의 내용 중에서도 임진왜란이 발발한 임진년(1592)부터 정유재란이 일어난 정유년(1597)까지 류성룡이 직접 보고 들은 것, 나아가 자신의 시각과 판단을 아우른 기록이 《징비록》이라는 탁월한 저술의 밑바탕이 되었음을 알 수 있었다. 비록 그 체제가 임진왜란이라는 주제에 맞춰 한 권의 책으로 찬술되지 않았다 뿐이지 사실상 《징비록》보다 훨씬 광범위하고 다양한 내용을 담고 있어 마치 '임진왜란 종군 기록'

이라 이름 붙일 만큼 생생하다.

　그래서 《징비록》을 읽는 독자들이 《징비록》과 임진왜란을 더욱 입체적으로 이해할 수 있도록 그 가운데서도 중요한 기록을 시기별로 요약하고 정리해서 이번 개정판에 함께 실었다.

　능력이 부족해서 독자 여러분의 기대에 부응하지 못할 수도 있을 것이다. 그러나 늘 새로운 길을 가는 사람은 느리고 더딘 법이다. 한 사람이 느리고 더디게 나아가고 나면 뒤를 따르는 사람은 훨씬 빠르고 효과적으로 나아갈 수 있을 것이다.

　고전을 우리 생활 속으로 이끄는 작업은 어렵고 고된 일이다. 앞서 나아간 분들의 심혈心血이 없었다면 나로서는 엄두도 내지 못했을 일임을 고백한다. 모든 선현先賢에게 감사한다.

2014년 가을, 옮긴이 씀

임진왜란은 왜,
그리고 어떻게
일어났을까

　임진왜란이 발생한 해는 많은 사람들이 알고 있듯이 1592년이다. 그러나 대부분의 역사적인 사건이 그러하듯이 임진왜란이 발발하기 이전부터 전쟁의 기운은 동아시아를 감돌고 있었다. 따라서 나라의 미래를 걱정하는 참된 관리라면 그러한 위기감을 느끼지 못했을 리 없다. 율곡 이이가 십만양병설十萬養兵說을 주청한 것이 1583년으로, 임진왜란 발발 10년 전이다. 이 책의 저자 류성룡 또한 권율과 이순신을 조정에 천거, 향후 닥쳐올 국가적 변란에 대비하고자 했다.

　그러나 이미 오래전부터 시작된 조선 정부의 쇠미衰微 현상은 몇몇 충신의 노력으로 되돌려질 수준이 아니었다. 선비들은 훈구파니 사림파니 파벌을 만들어 경쟁했고, 그 결과 수많은 선비의 목숨을 앗아가는 사화가 조정을 뒤덮고 있었다. 그뿐이 아니었다. 조선 초기에 정비된 국방체제는 점차 붕괴되어 외침을 방어할 능력을 상실한 상태였다.

　반면에 일본은, 15세기 후반부터 자국에 진출한 유럽 상인들을 통해 서양 문물을 받아들임으로써 봉건국가 체제에 비약적인 변화를 겪게 된다.

그 변화의 한가운데에 서 있던 도요토미 히데요시는 혼란기를 성공적으로 수습, 국내 통일을 완수하게 되었다.

히데요시가 조선을 공격한 까닭은 잘 알려져 있다시피, 통일 과정에서 경쟁한 수많은 제후가 보유하고 있던 무력과 욕망을 대외적으로 분출시키고, 나아가 대륙 침략을 감행하기 위해서였다.

이러한 내외적 상황은 예견된 전쟁을 방지할 만한 노력으로 이어지지 못했고, 급기야 1592년 왜군은 조선을 침략, 파죽지세로 조선 땅을 약탈하기에 이르렀다. 그러나 하늘을 찌를 듯하던 왜군의 기세는 평양성에서 멈췄고, 명나라 군대의 개입과 의병의 활약 그리고 이순신 등 뛰어난 장수들의 노력으로 왜군은 후퇴의 길을 걷게 된다.

이후에도 정유재란(1597년에 있은 왜군의 2차 침입을 가리킨다)으로 침략이 재발했지만 결과는 마찬가지였다. 이렇게 해서 오랜 기간 조선을 중심으로 극동 지방을 뒤덮은 전쟁의 기운은 걷혔다.

그러나 전쟁의 끝은 새로운 시대의 개막으로 이어졌다.

전쟁 당사자인 조선과 일본 그리고 참전국인 명나라, 명나라와 경쟁하던 청나라 등의 전쟁 관련국들에게도 임진왜란이 끼친 영향은 대단히 컸다. 전쟁에 패한 일본은 도요토미 히데요시가 전쟁 중에 사망하고 그 뒤를 이어 도쿠가와 이에야스가 정권을 장악했으며, 명나라는 전쟁 수행에 따른 국력 소모로 급기야 여진족인 청나라에 중국을 넘겨주고 말았다.

다만 전쟁의 직접 피해자인 조선 정권은 붕괴하지 않았다. 그러나 조선 정권이 유지되었다고 해서 문제가 없진 않았다. 기존의 지배층이 계속 자신의 지위를 유지한다는 것은 결국 전쟁의 피해가 피지배층, 즉 백성들에게 돌아간다는 사실을 의미하기도 한다.

전쟁 전에 170만 결에 이르던 조선의 경지 면적은 전쟁 후에 54만 결로 줄어들었고, 군량미 조달을 위해 수많은 백성이 굶주림 속을 헤매야 했다. 그 결과 사람이 사람을 먹는 일까지 빈번히 발생했고, 이곳저곳에서 불만에 가득 찬 자들이 백성을 선동, 난을 일으키기도 했다. 이러한 내용은《징비록》에 동영상처럼 생생히 묘사되어 있다.

이런 상황을 겪고 나서도 반성하지 않고 교훈을 얻지 못한다면 그야말로 책임 있는 선비라 할 수 없을 것이다. 나라의 질서는 무너지고 수많은 문화유산은 불에 타 사라졌으며, 백성들의 삶이 도탄에 빠진 현실은 과연 누구의 책임이겠는가?

이에 대해 자신이 몸담은 조정과 스스로의 잘못을 참회하고 반성하며, 임진왜란 전후의 냉정한 현실 인식을 통해 후손들에게 값진 교훈을 남겨준 이가 있었으니 바로 류성룡이다.

류성룡은
누구인가

류성룡은 1542년, 즉 중종 37년에 경상도 의성 지방에서 황해도 관찰사 류중영의 아들로 태어났다. 역사에 이름을 남긴 인물들이 늘 그렇듯이 류성룡 또한 어려서부터 뛰어난 재능을 보였다. 열여섯에 향시에 급제하고 스물한 살 되던 해, 퇴계 이황의 문하로 들어가 학문을 닦았다. 그 무렵 함께 공부한 사람이 김성일이었다.

스물다섯 되던 1566년에는 문과에 급제해 승문원 권지부정자로 관직에 발을 들여놓았다. 이후 이조정랑·사간·부제학·대사간·대사헌 등을 거쳐 1583년 함경도 관찰사에 특채되었으나 어머니의 병으로 사양했고, 대사성 역시 사양하고 나아가지 않았다. 다시 경상도 관찰사에 임명되었으며, 이후 병조판서·지중추부사 등을 거쳐 우의정·좌의정 등을 지냈다. 그 무렵 왜군의 동태를 수상히 여긴 그는 정읍 현감으로 있던 이순신을 전라좌수사에 천거했고, 형조정랑으로 일하던 권율을 의주 목사로 천거했다.

임진왜란 발발 시 좌의정으로 병조판서를 겸하고 있던 류성룡은 다시 도체찰사에 임명되어 군무를 총관했다. 선조가 난을 피해 길을 떠나자 호

從㕘했으며, 개성에 이르러 영의정에 임명되었다. 그러나 평양에 이르러 나라를 그르쳤다는 반대파의 탄핵을 받아 파직당했다.

다시 의주에 이르러서는 평안도 도체찰사에 임명되었고, 다음 해 명나라 장수 이여송이 파견되어 오자 그와 함께 평양성을 수복했다. 이후 충청·경상·전라 삼도 도체찰사에 임명되었으며, 한양 수복 후에는 다시 영의정에 복직되었다. 선조가 한양으로 돌아오자 훈련도감을 설치, 제조에 올라 군비를 강화하고 인재를 배양했다.

그러나 정유재란 이듬해 북인들의 탄핵을 받아 관직을 삭탈당했다. 고향으로 돌아가서는 조용히 저술에 몰두했는데, 그 후 복관되어 조정에서 여러 번 불렀으나 일체 응하지 않았으며, 1607년 66세를 일기로 세상을 떠났다.

그는《서애집》,《영모록》등 수많은 글을 남겼으나, 그 가운데서도 임진왜란 관련 기록인《징비록》은 역사적·문학적으로 가장 뛰어난 문장으로

징비록
한국국학진흥원 소장, 국보 제132호

꼽히고 있다.

앞서 살펴본 바와 같이 류성룡은 임진왜란 발발 당시 포화의 한가운데서 전쟁의 참화를 실제로 겪은 고위 관리였으며, 특히 전쟁 수행 책임자 가운데 최고위직에 있던 인물이다. 따라서 그의 증언은 임진왜란의 실상을 이해하는 데 가장 효과적이라 할 수 있다.

징비록은

어떤 책인가

《징비록》은 서책으로는 드물게 국보(제132호)로 지정되어 있다. 왜 그런가?

우선 우리 역사에선 드물게 보존되어 온 기록문학임을 들 수 있다.《징비록》이후에는 기행문이나 궁중문학 등이 제법 눈에 띄지만《징비록》이전으로 올라가면 꼽을 만한 작품이 띄지 않는다.

그 내용 또한 임진왜란 이전의 국내외적 정세로부터 임진왜란의 실상 그리고 전쟁 이후의 상황에 이르기까지 체계적이며 종합적으로 구성되어 있다. 게다가 뛰어난 저술가인 류성룡의 능력이 충분히 나타난 글은, 독자들로 하여금 전쟁의 현장을 누비는 듯한 착각에 빠뜨릴 정도다.

물론 류성룡이 작품을 남기기 위해 이 글을 쓴 것은 아니다. 그가 《징비록》을 쓰게 된 동기는 책의 제목에 잘 담겨 있다. '징비懲毖'란 《시경》〈소비小毖〉편에 나오는 문장, "予其懲而毖後患(내가 징계해서 후환을 경계한다)"로부터 유래한다. 즉 자신이 겪은 환란을 교훈으로 삼아 후일 닥쳐올지도 모를 우환을 경계토록 하기 위해 쓴 글이다. 이러한 집필 목적을 달성하기 위해 저자는 자신의 잘못부터 조정 내의 분란, 나아가 임금에 대한 백성들의 원망 등 임진왜란을 둘러싸고 발생한 모든 일을 더함이 없이 있는 그대로 기록하고 있다. 이러한 저자의 충정이 《징비록》을 값진 고전의 반열에 올려놓았을 것이다.

《징비록》은 상·하 두 권과 〈녹후잡기〉 그리고 《근포집》두 권, 《진사록》아홉 권, 《군문등록》두 권으로 이루어져 있다. 《징비록》상·하 두 권에는 임진왜란의 원인과 전황이 담겨 있으며, 〈녹후잡기〉는 임진왜란이 지속된 7년 동안 보고 들은 내용을 자유로운 형식으로 기록한 것이다. 《근포집》은 류성룡이 올린 차箚와 계사啓辭를 모은 것이고, 《진사록》은 1592년에서 이듬해에 이르는 동안의 장계를 수록한 것이다. 또한 《군문등록》은 류성룡이 도체찰사로 재임하던 때 쓴 문이류文移類를 모아 놓은 것이다.

《징비록》이 처음 출간된 것은 1633년으로, 류성룡의 아들 유진이 《서애집》을 간행하면서 그 안에 수록했다. 이후 1647년, 류성룡의 외손자 조수익이 경상도 관찰사로 재임하던 중 열여섯 권으로 구성된《징비록》을 간행했다.

그러나《징비록》은 상·하 두 권과 〈녹후잡기〉로 이루어진 판본도 전하는데, 어떤 판본이 먼저 간행되었는지는 알려져 있지 않다.

《징비록》의 가치는 일본에도 일찍 알려져 1695년 일본 교토에서 간행되었다. 이에 1712년 조선 조정에서는《징비록》의 일본 수출 엄금을 명하기도 했다.

현대에 들어와 간행된 것은 1936년 조선사편수회에서 류성룡의 필사본을 영인해 출간한 것이 처음이며, 이후 여러 곳에서 번역본을 출판했다.

본 번역본은《징비록》상·하 두 권과 〈녹후잡기〉로 이뤄진 판본을 번역 원본으로 삼았다. 또한 책 뒤에 첨부한 '류성룡 종군의 기록'은《서애집》에 나오는 내용을 요약·정리해 수록했음을 밝혀 둔다.

1 이 책의 외국어 표기는 표준 국어 대사전에 따른 외래어 표기법을 기준으로 했다.
   다만, 일부 고유명사는 가급적 원어 발음에 가깝게 음사했으며, 널리 통용되고 있는 일부 고
   유명사는 관용에 따랐다.
2 주는 역자의 주와 편집자의 주를 함께 달았다.
3 서명은 《 》으로, 편명이나 시, 논문 등은 〈 〉으로 표기했다.
4 '류성룡 종군의 기록'은 역자가 《서애집》에서 가려 뽑고 요약 정리한 글이다.

차 례

《징비록》이란 무엇인가? 임진왜란이 끝난 후 그 일을 기록한 것이다. 난이 발생하기 전의 일 또한 조금씩 기록했으니 이는 난의 처음부터 근본을 밝히기 위한 것이다.

오호라, 임진년의 화는 참담했으니, 수십 일 만에 한양·개성·평양의 세 도읍을 잃었고 온 국토는 무너져 내릴 정도였으니 임금께서 도읍을 떠나야만 했다. 그런데도 오늘날 나라를 얻었으니 이야말로 하늘의 뜻이요, 조종祖宗의 어짊이 깊은 덕분이었다. 백성들의 굳은 결의 또한 나라를 사랑하는 마음을 그치지 않았고, 임금께서 사대하는 충성심이 천자를 감동시켜 여러 차례 출사했기 때문에 이 위기를 극복할 수 있었다.

《시경》에 '내가 지난 일의 잘못을 징계해서 후에 환란이 없도록 조심한다'라는 말이 있으니, 이야말로 《징비록》을 저술한 까닭이다.

나와 같이 보잘것없는 자가 흩어지고 무너져 내린 때를 맞아 나라를 지키는 무거운 임무를 맡아 위기를 극복하지도 못하고 쓰러지는 나라를 지키지도 못했으니, 그 죄는 죽음으로도 씻을 수 없다. 그럼에도 산골 전답 사이에서 쉬며 구차하게 목숨을 연명하고 있으니 이 어찌 두려움을 씻어주시는 임금의 은혜가 아니겠는가. 그때 일을 생각할 때마다 두렵고 부끄러워 몸을 지탱할 수조차 없다.

이에 한가한 틈을 내어, 임진년(1592)부터 무술년(1598)에 이르는 기간 동안 따라다니며 듣고 본 것들을 대강이나마 서술하니 이것이 얼마간의 내용이 되었다. 거기에 서장書狀과 계사啓辭, 소疏, 차자箚子, 문이文移 그리고 잡록雜錄을 그 뒤에 붙였다.

비록 볼 만한 것은 없을지라도 이야말로 그때의 사건과 자취이므로 버릴 수 없다. 그러니 이로써 시골 구석진 곳에서 온 정성으로 충성의 뜻을 드러내고, 우매한 신하가 나라에 보답하지 못한 죄를 기록하고자 한다.

징비록

1권

1586년, 일본 사신
다치바나 야스히로가
자기 나라 임금
도요토미 히데요시의
서신을 가지고 우리나라에 왔다

1586년, 일본 사신 다치바나 야스히로(橘康廣)가 자기 나라 임금 도요토미 히데요시(豊臣秀吉)의 서신을 가지고 우리나라에 왔다.

당시 우리는 일본 국왕 겐지(源氏)가 나라를 세운 후 200년 이상을 그들과 사이좋게 지내고 있었다. 그 무렵에는 우리나라에서도 항상 사신을 보내 경축하거나 조문하는 예의를 잊지 않았다. 이는 신숙주申叔舟가 임금의 친서를 가지고 왕래한 사실만 보더라도 알 수 있다.

신숙주가 세상을 떠날 무렵, 임금인 성종成宗께서 물으셨다.

"그래, 경은 나에게 남길 말이 있소?"

그러자 신숙주가 대답했다.

"앞으로도 일본과 친하게 지내도록 하십시오."

이 말을 가슴 깊이 새겨둔 성종께서는 부제학副提學[1] 이형원李亨元과 서

---

[1] 조선 시대 홍문관에 있던 정3품 직책. 홍문관에는 영사領事·대제학·제학 등의 직책이 있었으나, 모두 다른 관원들이 겸하는 명예직이었고 실제 책임자는 부제학이었다. 임무는 홍문관의 업무 총괄·국왕의 학문 연찬·역사 편찬·교서 제찬에 참여하는 것이었다.

장관書狀官[2] 김흔金訢을 보내 화친토록 했다. 그러나 이들은 대마도[3]에 도착해서 그만 풍토병에 걸리고 말았다. 결국 일본에 갈 수 없게 된 일행은 조정에 사정을 전했고, 성종께서는 글과 선물만을 대마도 도주에게 전하고 돌아오도록 명했다.

그 뒤로는 한 번도 사신이 가질 못했는데, 반면에 일본에서 사신이 오면 예에 따라 대접해 돌려보냈다.

이후 도요토미 히데요시가 왕위에 오르자 가장 먼저 우리나라에 사신을 보낸 것이다.

일설에 따르면 히데요시는 본래 중국인이라고 한다. 일본까지 흘러 들어간 그는 나무장수로 하루하루를 살아가고 있었다. 어느 날 길에서 그를 본 국왕이 범상한 인물이 아니라고 생각하고는 그를 불러들였다. 국왕의 부름을 받고 조정에 들어간 그는 곧 장수가 되었는데, 그때부터 뛰어난 능력을 발휘하기 시작했다. 용맹이 뛰어나 여러 번 출전해서 큰 공을 세워 대관의 자리에까지 올랐고, 권력을 잡은 그가 결국 겐지 왕을 몰아내고 왕위를 빼앗았다는 것이다.

한편으로는 다른 이야기도 전해 온다. 겐지는 다른 자에게 죽었고 히데요시가 그 자를 없앤 후 왕위에 올랐다는 것이다.

어떤 이야기가 맞든 도요토미 히데요시가 일본 전역을 평정하고 66주를 통일한 것은 사실이다. 이후 그는 외국 침략의 야욕을 품기에 이르렀다.

---

2   사신 일행으로 외교 문서에 관한 직무를 담당한 관직. 매일 일어난 사건을 기록하고 귀국해서는 보고 들은 내용을 왕에게 보고했다.
3   쓰시마 섬. 일본의 나가사키 현에 딸린 섬으로 한·중·일의 중계지로서 특히 한국과 관계가 깊었는데, 고려 말부터 조공을 바치고 쌀·콩 등을 답례로 받는 관계에 있었다. 그러나 왜구가 이곳을 근거지로 종종 출몰하자 조선 시대에 들어와 회유책·귀화정책 등을 쓰다가 세종 때에는 원정에 나선 바 있다.

"우리는 자주 사신을 보냈다. 그럼에도 그대들은 한 번도 사신을 보내 오지 않았다. 이는 곧 우리 나라를 업신여긴다는 증거다."

히데요시는 이렇게 말하면서 야스히로를 보내 통신사 파견을 요구했 다. 그의 친서 내용은 거만하기 이를 데 없었다. 친서에는 '이제 천하는 짐 의 손 안으로 들어오고 있다'라는 내용까지 담겨 있었다.

겐지 왕국이 망한 지 10년, 그동안 여러 일본인이 우리나라를 드나들었 지만 통제를 워낙 엄격히 한 까닭에 그들 사정은 전혀 전해지지 않았고, 당연히 우리 조정에서는 일본의 사정을 알 수가 없었다.

당시 50세가 넘은 야스히로는 몸집이 우람한 데다 하얀 머리털과 수염 을 길렀다. 우리나라에 도착한 그는 역에서도 가장 좋은 방에만 머물렀고 행동 또한 오만불손했다. 그를 만난 사람들은 예전에 온 일본 사신들과는 너무나 다른 모습에 의아해 했다.

창

긴 장대를 이용해 상대방을 공격하는 무기다. 조선 전기에 창은 모矛, 극戟, 창槍 세 종류가 있었다. 조선 전기의 창술은 보병용이 아닌 기병용인 기창騎槍의 형태로 발달했다. 다만 조선 전기에 사용된 창은 길이가 짧아 전투용으로서의 기능이 약했을 뿐 아니라, 장병술長兵術의 발달로 궁시에 비해 그 비중이 떨어졌다. 순서대로 삼지창, 당파, 기창이다. 전쟁기념관 소장

우리나라에서는 일본 사신이 지날 때 지방 백성들이 창을 들고 길 좌우에서 위엄을 보이는 것이 관례였다. 야스히로 일행에게도 똑같이 했는데 인동仁同[4] 지방을 지나던 야스히로가 그 모습을 보고 비웃는 투로 말했다.

"당신들 창의 자루가 참으로 짧습니다그려."

상주에 도착했을 때의 일은 더 어처구니가 없었다. 목사牧使[5] 송응형宋應泂이 그를 초대해 잔치를 베풀었는데, 기생들과 악사들 모두 앉아 있는 자리에서 그가 통역에게 물었다.

"나야 오랜 세월을 전장에서 보냈기에 이렇게 터럭이 희어졌소. 그런데 귀공께서는 기

---

4   지금의 경북 칠곡에 있는 지명.

5   고려 중기 이후부터 조선 시대에 걸쳐 지방을 다스리던 직책. 고려 시대에는 전국 12목牧에 두었고, 조선 시대에는 전국 8도에 둔 정3품 외직 문관으로 각 고을에서 가장 높은 벼슬이었다.

생들의 노래 속에서 편안하게 세월을 보내는데 어찌 머리가 희어졌소?"

참으로 무례한 행동이었다.

야스히로가 한양에 도착하자 예조판서가 다시 잔치를 베풀어 맞았다. 술이 취한 야스히로가 호초胡椒[6]를 한 주먹 꺼내더니 자리에 뿌렸다. 그러자 기생들과 악사들이 달려들어 호초를 줍느라 잔칫상은 금세 아수라장이 되었다. 이를 물끄러미 바라보던 야스히로가 숙소로 돌아와 통역에게 말했다.

"너희 나라가 망할 날이 멀지 않았다. 아랫사람들의 기강이 이 모양이니 이러고서 어찌 나라가 온전키를 바라겠느냐."

그가 임무를 마치고 돌아갈 무렵, 조정에서는 답장을 이렇게 써 주었다. '수로水路가 험해서 사신을 보내지 못하노라.'

제 나라로 돌아간 야스히로는 내용 그대로 히데요시에게 전했다. 답장을 받은 히데요시는 크게 화를 내며 그 자리에서 야스히로를 죽이고 그의 가족까지 없애 버렸다고 한다.

본래 야스히로는 자기 형과 함께 우리나라에 사신으로 자주 출입하던 까닭에 우리나라에서 관직까지 받은 터였다. 그래서 제 딴에는 우리나라를 위해 두둔하는 말도 했는데, 이 때문에 히데요시의 분노를 사서 죽었다고 전하는 말도 있다.

야스히로를 죽인 히데요시는 다시 소 요시토시(宗義智)를 사신으로 보내고

---

6   후추나무의 열매로, 양념이나 위한胃寒·구토·곽란 등에 약재로 쓰이기도 한다.

우리에게도 사신을 보낼 것을 요청했다.

요시토시는 일본의 주병대장[7] 고니시 유키나가(小西行長)의 사위로 도요토미 히데요시의 심복이기도 했다.

본래 대마도 태수는 소 모리나가(宗盛長)로 그는 우리나라를 섬기며 살아 왔다. 그런데 히데요시가 그를 내쫓고 요시토시에게 섬을 다스리도록 했다. 이런 까닭에 우리가 바닷길이 험해서 사신을 보내지 못한다고 하니 이 핑계를 없애기 위해서 요시토시를 보낸 것이다.

'요시토시는 섬 주인의 아들로서 바닷길에 익숙하오. 그러니 그와 함께 왕래하도록 하시오.'

이런 내용이 전해지니 우리 조정에서는 더 이상 거절할 구실이 없어졌다.

한편 우리나라의 상황을 파악하기 위해 요시토시는 야나가와 시게노부(柳川調信)와 승려 겐소(玄蘇)[8]를 데리고 들어왔다. 젊은 요시토시는 힘이 넘치고 성질이 사나운 까닭에 일본인들조차도 두려워했다.

사신으로 들어온 요시토시는 동평관東平館[9]에 오랫동안 머물러 있으면서, 우리 사신과 함께 가지 않으면 돌아가지 않겠다고 했다. 그러나 우리 조정에서는 좀처럼 결정을 내리지 못하고 있었다.

---

7   병마兵馬·군권을 주관하는 대장大將.
8   ?~1612. 일본의 승려이자 역관. 1588년부터 도요토미 히데요시의 명을 받고 조선에 들어와 통신사의 파견을 요구했다. 1590년에는 조선 통신사 일행과 함께 일본으로 건너갔으며, 이듬해 다시 우리나라에 왔는데, 이때 조선 침략을 위한 정세 살피기에 나선 것으로 알려져 있다. 임진왜란이 발발하자 국사國師 및 선봉장 고니시 유키나가의 역관 자격으로 종군했다.
9   일본 사신이 머무르던 숙소.

여수 손죽도 이대원 사당

임진왜란 발발 5년 전인 1587년, 당시 녹도수군만호인 이대원(1566~
1587)이 손죽도에 침입한 왜구를 물리치고 전사한 일을 기려 주민들이 세
운 사당.

손죽도는 지금의 전라남도 여수시에 속하는데, 임진왜란 때 이순신이 이
대원이라는 인물을 잃어 크게 슬퍼했다는 의미로 '손대도損大島'라고도
한다.

　　이보다 몇 년 전 전라도 손죽도巽竹島에 일본인이 침략해 장수 이대원李
大源을 해친 일이 있었는데, 당시 포로 가운데 한 사람이 이렇게 말했다.

　　"조선 변방에 사는 '사을배동'이란 자가 모반한 후 우리 나라로 도망쳐
왔는데 그 자가 앞장서 길을 인도했습니다."

　　이 일을 기억하고 있던 조정에서는 요시토시의 뜻을 떠보기 위해 동평
관 관리를 통해 이렇게 물어보았다.

　　"예전 조선을 침략한 반란군들을 돌려보낸 후 통신사 건은 다시 논의하
는 게 어떤가?"

　　이 말을 들은 요시토시는 쾌히 승낙했다.

　　"그건 어려운 일이 아닙니다."

그는 즉시 야나가와 시게노부를 본국으로 보내 이 내용을 전했다. 그리고 수개월이 지나서 반란을 모의한 조선인 10여 명을 끌고 와 조정에 바쳤다. 이들이 도착하자 임금께서는 인정전仁政殿에 나아가 군사들의 호위를 받으며 사을배동을 심문하신 후 성 밖에 끌고 나가 죽이도록 명령하셨다.

요시토시에게는 내구마內廐馬[10] 한 필을 상으로 내렸으며, 일본 사절 일행을 친히 불러 잔치까지 베풀어 주셨다. 이에 요시토시, 겐소 등이 모두 대궐 안에 들어와 임금께 술잔을 올렸다.

당시 나는 예조판서로서 그들을 접대했는데, 통신사의 파견 여부는 그때까지 결정되지 않은 상태였다. 이후 대제학大提學[11]에 오른 나는 일본에 보내는 국서를 써야 했다.

그 전에 임금께 글을 올렸다.

'이 일을 조속히 결정지어 양국 간에 불화가 발생치 않도록 하옵소서.'

이튿날 조회 시간에는 지사知事[12] 변협邊協[13] 등이 임금께 아뢰었다.

"사신을 보내 회답을 전하옵소서. 만일 그들이 왜국의 정세까지 살피고 온다면 더욱 좋은 기회가 될 것입니다."

결국 사신을 보내기로 결정되었다. 그리고 누구를 사신으로 보낼 것인지 의논 끝에 첨지 황윤길黃允吉[14]을 상사, 사성 김성일金誠一[15]을 부사로 삼

---

10 임금이 거둥할 때 쓰기 위해 내사복시內司僕寺(임금이 타는 수레와 말 등을 관장하는 곳)에서 기르던 말.

11 조선 시대 홍문관·예문관의 정2품 벼슬. 전임자가 학자 가운데 한 사람을 추천하면 전·현직 정승과 이조 판서 등이 투표로 결정해 왕의 재가를 얻어 임명했다. 문장과 학문의 최고 권위자로서 대우를 받았다.

12 의금부·성균관·춘추관·중추부·훈련원 등에 속한 정2품 직책.

13 1528~1590. 조선 중기 무신. 1548년 무과에 급제, 선전관을 거쳐 1555년에 해남 현감이 되었다. 을묘왜변 당시 왜구를 격퇴, 해남을 지키는 한편 왜적의 포로가 된 명나라 사람들을 구해 주었다. 산천과 도로의 형세를 조사해 적의 침략에 대비했는데, 그가 죽은 지 2년 후에 임진왜란이 일어났다. 후에 좌의정에 추증되었다.

14 1536~?. 조선 중기 문신. 1561년 문과에 급제한 후 황주 목사 등을 거쳐 병조참판에 이르렀다. 1590년,

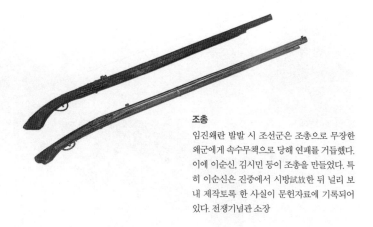

조총

임진왜란 발발 시 조선군은 조총으로 무장한 왜군에게 속수무책으로 당해 연패를 거듭했다. 이에 이순신, 김시민 등이 조총을 만들었다. 특히 이순신은 진중에서 시방試放한 뒤 널리 보내 제작토록 한 사실이 문헌자료에 기록되어 있다. 전쟁기념관 소장

고 전적 허성許筬[16]을 서장관으로 삼았다.

1590년 3월, 드디어 우리 사신 일행이 요시토시와 함께 일본을 향해 떠났다.

요시토시는 본국으로 돌아가기에 앞서 공작 두 마리와 조총鳥銃, 창, 칼 등을 임금께 바쳤다. 임금께서는 공작새는 날려 보내라 하시고, 조총은 군기시軍器寺[17]에 보관토록 하셨다. 우리나라에 조총이 들어오기는 이것이

통신사로 일본에 가서 도요토미 히데요시를 만나고 귀국한 후 일본의 침략을 예상하고 침략에 대비할 것을 주장했다. 당시 함께 갔던 부사 김성일은 그와 반대되는 보고를 했는데, 동인 세력이 강한 조정에서 서인인 그의 의견을 묵살했다.

15 1538~1593. 조선 중기 문신. 1564년 진사가 되어 성균관에서 공부했고 1583년에는 사간이 되었다. 1590년, 통신사로 일본에 파견되었는데, 상사 황윤길과는 달리 침략의 조짐이 없다고 주장했다. 1592년 임진왜란이 일어나자, 과거의 잘못된 보고에 대한 책임을 물어 파직되었으나, 류성룡 등의 변호로 경상우도 초유사에 임명되었다. 이듬해에 경상우도 순찰사를 겸직하며 전투를 독려하다가 병으로 죽었다.

16 1548~1612. 조선 중기 문신. 유명한 문장가 허균, 허봉과 허난설헌이 동생이다. 1583년 문과에 급제해 검열檢閱이 되었으며, 1590년에는 전적으로 통신사 종사관에 임명되어 일본을 다녀온 뒤 일본의 침략 가능성을 주장했다. 그 뒤 예조판서·병조판서·이조판서를 지냈다. 죽은 후 찬성에 추증되었다.

17 무기, 군복, 기타 군사와 관련된 집기의 제조를 맡아 보던 관청. 1392년(태조 1)에 군기감이라는 명칭으로 설치되었다가 1466년 바뀌었다. 병조판서나 병조참판 중에서 한 명, 무장武將 중에서 한 명을 선발, 도제조都提調와 제조에 임명해 관리하도록 했다. 칠기·활·주물·가죽·화살·북 등 여러 장인이 모여 군사와

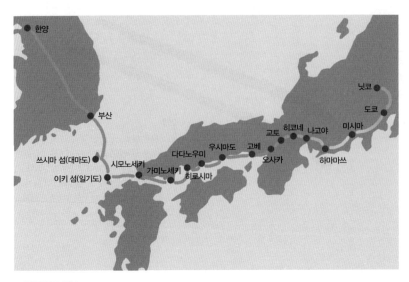

조선통신사 노정도

처음이었다.

4월 29일, 황윤길 일행은 부산포에서 배를 타고 대마도對馬島에 이르러 한 달을 머물렀다. 그러곤 뱃길로 40리를 가서 일기도一岐島에 닿았다. 이후 다시 박다주博多州, 장문주長門州, 낭고야浪古耶(나고야)를 지나 7월 22일에야 비로소 일본의 수도에 닿았다. 일본인들이 일부러 우회하고 또 이곳저곳에서 시간을 지체했기 때문이다.

대마도에서의 일이다. 사신 일행은 요시토시의 초청을 받고 절에 갔다. 그런데 다른 손님들은 모두 당도해 자리를 잡고 앉았는데 초청 당사자인 요시토시는 뒤늦게 교자를 타고 오더니 뜰 앞에서야 내리는 것이 아닌가.

관련된 제품을 만들었다.

이를 본 김성일이 크게 화를 내며 말했다.

"대마도는 본래 우리나라의 번신藩臣[18]이오. 왕명을 받은 우리가 이곳에 왔는데, 어찌 이토록 무례하단 말인가. 나는 이런 대접을 받을 수 없소."

김성일이 자리를 차고 일어섰다. 허성 또한 뒤따라 나와 버렸다. 갑자기 일어난 상황에 당황한 요시토시는 자신의 허물을 가마꾼에게 뒤집어씌웠다. 가마꾼의 목을 벤 그는 가마꾼의 머리를 들고 사신 일행을 찾아와 사과했다.

그 뒤로 일본인들은 김성일을 몹시 두려워했으며 모든 일을 예법에 따라 수행했다. 또 먼발치에서라도 김성일이 보이기만 하면 누구나 말에서 내렸다.

수도에 도착하자 그들은 사신 일행을 큰 절에 머물도록 했다. 마침 히데요시가 동산도라는 곳에 출전한 터라 일행은 그가 돌아올 때까지 수개월을 기다려야 했다. 그러나 히데요시는 돌아온 후에도 궁을 수리한다는 구실을 붙여 사신 일행이 가지고 간 국서를 받지 않았다.

결국 다섯 달이 지난 다음에서야 겨우 왕명을 전하게 되었다.

일본에는 천황이라는 자가 따로 있어 히데요시조차도 신하로서 그를 섬기고 있었다. 그런 까닭에 히데요시를 왕이라 부르는 대신 관백 또는 박류후라고 불렀다. 관백關白이란 명칭은 옛날 곽광霍光[19]이 "모든 일은 곽광

---

18 제후국의 신하. 번병藩屛의 신하라는 뜻으로 세종 때 삼포를 개항한 뒤부터 대마도는 조선에 조공을 바쳤으므로 이렇게 말했다.

19 ?~기원전 68. 중국 전한前漢 시대의 정치가. 어릴 때부터 궁중에서 일하며 무제를 섬겼고 어린 나이에 즉위한 소제를 보필해 정사를 집행했다. 선제의 즉위에도 힘썼으며 황제가 된 후 선제는 모든 일을 그와 의논했다. 선제가 즉위한 후 그 딸은 황후가 되는 등 영화를 누렸으나, 그가 죽은 후 선제에 의해 일족이 반

도요토미 히데요시가 쌓은 오사카 성

에게 관백하는 데서부터 비롯된다"라고 한 말에서 유래한 것이다.

당시 일본인이 우리 사신 일행을 대접하는 꼴이 이러했다. 사신들은 교자를 타고 궁중에 들어갈 수 있었고, 나팔을 불며 길에서 호위했고 당에 올라 예를 행하도록 했다.

도요토미 히데요시는 얼굴이 못생겼으며 얼굴빛 또한 거무스름했다. 보통 사람과 다르지 않았으나 오직 눈썹 속에서 빛나는 눈빛만은 사람을 꿰뚫어보는 느낌을 주었다.

그는 삼중으로 만든 자리에 남쪽을 향해 앉았으며, 사모紗帽를 머리에

역죄로 죽임을 당했다.

없고 검은 도포를 입었다. 곁에는 여러 신하가 앉아 있다가 우리 사신들이 들어서면 안내해 자리를 정해 주었다.

자리에는 어떤 연회 도구도 마련되어 있지 않았으며, 다만 방 가운데 탁자 하나가 덩그러니 놓여 있었다. 탁자 위에는 떡 한 접시와 술항아리가 놓여 있었는데, 그나마도 탁주였다. 이는 남의 나라 사신을 접대하는 예의라 할 수 없었다. 게다가 술자리도 두어 번 돌아가며 따르면 그뿐이었다.

또한 그들은 절이나 읍揖[20]도 하지 않았다.

히데요시는 잠시 앉았다 이내 들어가곤 했다. 그가 들어갈 때도 좌중의 사람들은 아무도 움직이지 않고 그대로 있었다. 잠시 후 한 사람이 평상복 차림으로 어린아이를 안고 나와 마루 위를 돌아다녔는데, 자세히 보니 히데요시였다. 그래도 사람들은 그대로 앉아 고개를 숙이고 엎드릴 뿐이었다. 난간에 기대어 앉은 그는 우리 악사들에게 음악을 청해 들었다.

잠시 후 히데요시는 어린아이가 오줌을 쌌다고 웃으면서 심부름꾼을 불렀다. 계집이 하나 들어와 옷을 갈아입히는데, 그 모습이 참으로 가관이고 안하무인이었다.[21]

그 자리를 물러 나온 사신 일행은 이후 다시는 히데요시를 볼 수 없었다. 그는 다만 400냥을 보내 모든 일행에게 골고루 나누어 주도록 요청할

---

20 인사의 방법 가운데 하나로 마주잡은 손을 얼굴 앞으로 들고 허리를 앞으로 공손히 구부렸다 펴면서 내리는 것.
21 도요토미 히데요시는 52세이던 1589년, 오랫동안 기다리던 아들을 처음 얻어 매우 기뻐하고 있었다. 그러나 그 아이는 1592년 죽었다.

뿐이었다.

우리 사신들이 돌아올 때가 되어도 그는 아무런 대꾸가 없었다. 그러자 부사 김성일이 따지고 들었다.

"우리는 사신으로서 국서를 지참하고 왔다. 그런데 답서가 없다면 이는 허수아비를 만나고 가는 것과 무엇이 다른가."

그러나 상사 황윤길은 오히려 그들이 더 붙들고 있을까 봐 일행을 이끌고 즉시 떠났다. 사신 일행이 해변에 이르러 기다리자 얼마 후 답서가 도착했다. 하지만 그 내용이 하도 거만해서 우리가 바라던 것과는 큰 차이가 났다. 화가 난 김성일은 이 글을 받지 않았다.

난처하게 된 그들은 돌아가더니 글을 고쳐 다시 가지고 왔다. 이러기를 여러 번, 미흡하지만 어쩔 수 없이 우리 일행은 답서를 받아 길을 떠났다.

한편 일행이 지나는 길가에는 일본인들이 나와 여러 물품을 선물했다. 그렇지만 김성일은 모든 선물을 거절했다.

1591년 봄, 일본에 갔던 황윤길과 김성일 일행이 야나가와 시게노부, 겐소 등과 함께 돌아왔다.

부산에 도착한 황윤길은 먼저 사신 일행이 겪은 내용을 기록한 글을 올리면서 머지않아 전쟁이 일어날 것이라고 보고했다.

이후 임금께 결과를 보고하는 자리에서도 황윤길은 똑같은 보고를 했다. 그러나 김성일은 전혀 다른 보고를 올렸다.

"신은 그런 기색을 느끼지 못했나이다."

계속해서 김성일은 말했다.

"윤길이 공연히 인심을 현혹시키고 있사옵니다."

이렇게 되자 조정의 의견 또한 둘로 나뉘게 되었다. 김성일을 만난 내가 물었다.

"그대 의견이 상사와 전혀 다르니, 만일 전쟁이 일어나면 어쩌려고 그러오?"

그러자 김성일이 이렇게 답했다.

"저 역시 일본이 절대 쳐들어오지 않으리라고 생각하지 않습니다. 그렇지만 윤길의 말이 너무도 강경해 잘못하면 나라 안 인심이 동요될까 봐 일부러 그렇게 말한 것입니다."

당시 사신들이 받아온 답장에는 이런 말이 있었다.

'군사를 거느리고 명나라를 치고자 한다.'

이 내용을 보고 내가 말했다.

"당연히 이 내용을 명나라에 알려야 할 것입니다."

그러나 수상首相[22]께서 반대하셨다.

"그러다가 우리가 일본과 내통했다고 하면 어찌한단 말이오? 차라리 모른 체하는 편이 나을 듯하오."

나는 다시 주장했다.

"이웃 나라와 왕래하는 것이 어찌 문제가 되겠습니까? 예전에 일본이 우리를 통해 중국에 조공을 청한 일이 있습니다. 당시에도 사실대로 명나라에 알려 칙서를 받아 처리한 적이 있지 않습니까? 만일 이 사실을 숨긴

---

22 영의정을 가리킴. 당시 영의정은 이산해李山海.

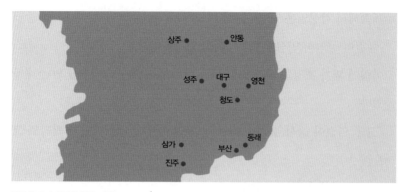

침략에 대비해 성을 쌓은 지역

다면 대의에도 어긋날 뿐 아니라, 우리를 모략하기 위해 일본인들이 다른
방법으로 명나라에 이 사실을 알린다면 우리가 일본과 공모했다는 혐의
를 벗어날 수 없습니다. 어떤 죄가 더 크겠습니까?"

결국 김응남金應南[23] 등을 보내 이 사실을 명나라에 알리기로 했다.

한편 일본에 잡혀 있던 허의후와 진신 등 명나라 사람들은 일본의 내정
을 본국에 은밀히 보고하고 있었다. 또 유구국琉球國[24]의 세자 상녕도 사신
을 명나라에 보내 소식을 전했다.

오직 우리나라만이 아무런 소식을 보내오지 않자 명나라에서는 우리가
일본과 내통하고 있는 것은 아닌지 의심하게 되었다.

그러자 이전에 우리나라에 사신으로 왔던 명나라 각로閣老 허국이 나서
서 말했다.

---

23 1546~1598. 조선 중기 문신. 1568년 문과에 급제했다. 동부승지에 있을 무렵 병조판서 이이 등과 함께
    파당을 없애기 위해 힘쓰다 선조의 미움을 받아 제주 목사로 좌천되었다. 그러나 그곳에서 선정을 베풀어
    인심을 얻었다. 1585년에는 다시 우승지에 올랐으며 이후 대사간·이조참판·좌의정 등을 지냈다.
24 일본 남부에 있던, 섬으로 이루어진 나라의 이름. 지금의 오키나와 지방이다.

"조선이야말로 진정으로 우리를 섬기는 나라라고 생각합니다. 그들이 일본과 내통한다는 말은 도저히 납득할 수가 없소. 좀 더 기다려 봅시다."

그러던 차에 마침 우리나라의 사신이 도착한 것이다. 이렇게 해서 우리에 대한 의심은 절로 사라지게 되었다.

그때부터 우리 조정에서는 일본을 경계하기 시작했다. 국경 사정에 밝은 인물을 뽑아 남부 지방 삼도三道의 방어를 맡도록 했는데, 경상 감사에 김수金晬,[25] 전라 감사에 이광李洸,[26] 충청 감사에는 윤선각尹先覺을 임명, 무기를 준비하고 성과 해자를 축조하도록 했다.

그 가운데서도 경상도에는 특히 많은 성을 쌓고 영천·청도·삼가·대구·성주·부산·동래·진주·안동·상주 등지에는 병영까지 신축하거나 고치도록 했다.

당시 나라는 평화로웠다. 조정과 백성 모두가 편안하던 까닭에 노역에 동원된 백성들은 불평을 늘어놓기 시작했다. 나와 동년배인 전前 전적典籍[27] 이로李魯도 내게 글을 보내왔다.

'이 태평한 시대에 성을 쌓다니 무슨 당치 않은 일이오?'

그러곤 조정의 일에 불만을 늘어놓았다.

---

25 1547∼1615. 조선 중기 문신. 1573년 문과에 급제했으며, 임진왜란 때 경상 우감사를 지냈다. 관군이 패하자 관직에서 물러났으나, 후에 한성 판윤·호조판서·영중추부사를 지냈다. 호조판서로서 임진왜란 때 큰 공을 쌓아 당시 가장 뛰어난 호조판서로 꼽히기도 했다.

26 1541∼1607. 조선 중기 문신. 1574년 문과에 급제, 함경도 관찰사·순찰사를 지냈다. 1589년 전라도 관찰사가 되었는데, '정여립의 난'을 평정할 때 혐의가 적은 인물을 풀어 주었다고 해서 관직을 박탈당했다. 1591년 복직된 후 임진왜란 때 전라도 관찰사가 되어 관군을 이끌고 한양 수복 계획을 세워 북진했으나 용인에서 패했다.

27 조선 시대 관직으로 성균관에 속했으며 품계는 정6품이었다.

진주성

조선 초기까지는 진주의 읍성으로 촉석성矗石城이라고도 하며 강에 면한 석벽을 이용한 성이었음을 알 수 있다. 이 성은 원래 백제 때 거열성지居烈城址였다고도 한다. 600미터 둘레의 내성과 4킬로미터 둘레의 외성으로 되어 있다. 경상남도 진주시 남성동·본성동 소재, 사적 118호

'삼가 지방만 보더라도 앞에 정진 나루터가 가로막고 있소. 어떻게 왜적이 그곳을 뛰어넘는단 말이오. 그런데도 무조건 성을 쌓는다고 백성을 괴롭히니 참으로 답답하오.'

아니 넓디넓은 바다를 사이에 두고도 막지 못한 왜적을 이까짓 한 줄기 냇물로 막을 수 있다니 내가 더 답답했다. 당시 사람들의 의견이 한결같이 이러했고 홍문관弘文館[28] 또한 그런 의견을 내놓았다.

그뿐이 아니었다. 경상도와 전라도에 쌓은 성들 또한 바른 형태를 갖추

---

28 조선 시대 궁중의 경서經書·사적史籍의 관리, 문한文翰 처리와 왕의 자문에 응하는 일을 맡아보던 관청.

지 못하고, 쓸데없이 규모만 클 뿐이었다. 특히 진주성은 본래 험한 산을 이용해 쌓았기 때문에 방어의 요새로서 충분했다. 그런데 성이 너무 작다고 해 동쪽의 평지로 옮겨 크게 지었다. 결국 적의 침입을 받자 쉽게 무너지고 말았다.

성은 작더라도 견고한 것이 무엇보다 중요한데, 반대로 크게만 지어 놓은 것이다. 이는 당시 전쟁에 대한 의견이 분분했기 때문으로 보인다. 나라가 품고 있던 모든 힘이 한곳에 집중될 수 없었던 것이다.

또한 병법의 활용, 장수 선발, 군사 훈련 방법 등 어떤 것도 제대로 갖추지 못한 까닭에 전쟁이 발발하자 패하고 만 것이다.

당시 조정에서는 정읍 현감縣監[29]으로 있던 이순신李舜臣을 불러 전라좌도 수군절도사水軍節度使[30]에 임명했다.

그는 어려서부터 담력이 컸고 말 타기와 활쏘기에 유난히도 능했다.

그가 조산 만호萬戶[31]로 있을 때의 일이다. 북쪽 변방에 오랑캐들의 침략이 끊이지 않는 것을 보고는 계책을 세웠다. 모반한 오랑캐 우을기내를 꾀어내어 잡아서 병영으로 끌고 와 죽인 것이다. 그러자 오랑캐들은 잠잠해

---

29 조선 시대 현에 파견된 종6품의 지방관. 현은 가장 낮은 단계의 지방행정 단위. 현감은 중앙에서 임명하는 가장 낮은 관직이었다. 전국적으로 140명이 파견되었다.

30 조선 시대 각 도의 수군을 효율적으로 지휘·감독하기 위해 임명한 정3품 무관. 수사水使라고도 한다. 경상·전라도에 각 세 명, 경기·충청·평안도에 각 두 명, 황해·강원도에 각 한 명씩 배정했다.

31 고려와 조선 시대 무관직의 하나. 본래 자기가 통솔해 다스리는 가구 수에 따라 만호·천호·백호 등으로 불렸으나, 차차 가구 수와 상관없이 장수의 품계와 직책을 나타내었다.

졌다.

또 순찰사巡察使[32] 정언신鄭彦信[33]이 그에게 녹둔도鹿屯島의 둔전屯田[34] 방어를 맡겼을 때의 일이다. 안개가 자욱한 어느 날, 군사들은 모두 나가 곡식을 거두고 있었고, 진영에는 불과 수십 명만이 남아 있었다. 그때 갑자기 적 기병의 급습을 받았다. 이순신은 급히 진영의 문을 닫고 유엽전柳葉箭을 쏴 수십 명의 적을 말에서 떨어뜨렸다. 그러자 적들이 놀라 모두 달아나기 시작했다. 이순신은 문을 열고 고함을 치며 혼자 말을 타고 그들의 뒤를 쫓았다. 혼비백산한 적들은 깃발도 버리고 약탈한 물건도 모두 버린 채 달아나기에 급급했다.[35]

이 외에도 이순신이 세운 공은 참으로 많았다. 그러나 누구도 그를 추천하지 않았다. 과거에 급제한 지 10여 년 만에 겨우 정읍 현감에 올랐을 뿐이었다.

당시 왜적의 태도가 날로 극성스러워지자 임금께서 비변사備邊司[36]에 명령을 내려 뛰어난 장수를 천거하라고 했다. 내가 이순신을 천거해서 그는

---

32 조선 시대 재상으로서 왕명을 받아 군의 업무를 감독하던 사신.

33 1527~1591. 조선 중기 문신. 1566년(명종 21) 별시문과에 병과로 급제, 검열이 되고 1571년(선조 4) 호조 좌랑으로 춘추관 기사관記事官이 되어 《명조실록》 편찬에 참여하기도 했다. 1583년 이탕개가 쳐들어오자 도순찰사를 겸하여 이순신·신립·김시민·이억기 등의 무관을 거느리고 적을 격퇴했다.

34 고려·조선 시대의 토지 제도 가운데 하나로, 군졸·서리胥吏·평민·관노비 들에게 미개간지를 개척해 경작하게 하고, 여기에서 나오는 수확물을 지방관청의 경비 및 군량과 기타 국가 경비에 쓰도록 한 토지 제도다. 고려 말기에 대토지 소유의 폐단을 일으키는 큰 원인이 되었으므로, 태조 때 폐지되었다가 1409년(태종 9) 다시 설치되었다. 임진왜란 후 둔전은 각 관청에 설치되었는데, 조선 중기 이후에는 토지 제도의 문란과 함께 둔전 또한 많은 폐단을 가져왔다.

35 사건의 결과 이순신은 북병사 이일에 의해 죽임을 당할 뻔했다. 경비를 소홀히 했다는 이유에서였다. 이에 이순신이 강력히 항의하자 조정에서는 이순신을 파직하고 백의종군하도록 명령했다.

36 조선 시대 군사와 관련된 업무를 담당하던 관청. 1510년(중종 5) 삼포왜란三浦倭亂이 일어나자 병조兵曹 안에 비변사를 설치했다. 당시의 비변사는 외부의 침략이 있을 때마다 편성되던 임시관청이었으나, 이후 1554년(명종 9) 정규 관청으로 독자적인 합의기관이 되었다. 비변사의 권한은 임진왜란·정유재란 이후 크게 강화되어 군사는 물론 모든 행정을 협의·결정하게 되어 의정부의 기능이 마비될 정도였다.

수책거적도

북관(지금의 함경도)에서 용맹을 떨친 고려, 조선 장수들의 업적을
담은《북관유적도첩北關遺蹟圖帖》중 녹둔도(두만강 하류에 있던 섬)
에서 이순신의 활약을 그린 〈수책거적도守柵拒敵圖〉. 고려대학교
박물관 소장

수사水使의 지위에 오르게 되었다. 그러나 이순신의 갑작스런 승진에 의심의 눈길을 보내는 사람들도 있었다.

당시 조정에 있던 무장 가운데는 신립申砬[37]과 이일李鎰[38]이 가장 유명했고, 경상 우병사 조대곤은 나이도 많고 용맹성도 뒤떨어져 신망을 잃고 있었다.

나는 임금께 말씀드렸다.

"이일과 조대곤의 자리를 서로 바꾸는 것이 좋겠습니다."

그러자 병조판서 홍여순洪汝諄[39]이 반대하고 나섰다.

"명장을 지방으로 보내서는 안 되오. 이일은 그대로 한양에 두어야 합니다."

나는 다시 주장했다.

"매사에 만반의 준비를 갖추는 것이 가장 중요한 일입니다. 더구나 적의 침입에 대비하는 경우라면 무슨 말이 필요하겠습니까? 변란이 일어난다면 어차피 이일을 내려보내야 할 것입니다. 그럴 바에야 일찌감치 내려보내 준비를 갖추도록 하는 편이 나을 것입니다. 일을 당하고서 누군가를 내려보낸다면 그 지방의 지리에도 익숙하지 않을 것이요, 군사들의 실력

---

37 1546~1592. 조선 중기 무신. 22세에 무과에 급제해 선전관·도총관 등을 지내고 진주 판관이 되었다. 온성 부사로 재직하던 당시 이탕개의 침입을 물리쳐 함경도 북병사로 승진했다. 임진왜란이 발발하자 삼도 순변사에 임명되었고 김여물과 함께 충주 탄금대에서 왜군과 대치, 교전 끝에 섬멸되자 임금에게 올리는 글을 지은 뒤 강물에 몸을 던졌다. 후에 영의정에 추증되었다.

38 1538~1601. 조선 중기 무신. 1558년 무과에 급제해 경성 판관이 되었다. 임진왜란이 일어나자 경상도 순변사로 상주·충주 등지에서 적과 싸웠으나 패했다. 한양이 수복되자 돌아와 우변 포도대장이 되었고, 그 뒤 함경도 북병사·지중추부사 등을 지냈다.

39 1547~1609. 조선 중기 문신. 1568년 문과에 급제했다. 병조판서를 거친 후 임진왜란이 일어나자 호조판서로 전임되었다. 이어 지중추부사로 북도 순찰사를 겸했으나 대간의 탄핵을 받아 유배되었다. 임진왜란 이후에는 북인으로서 류성룡 등을 몰아내고 정권을 잡았으나, 1599년 그의 대사헌 임명을 계기로 분당하여 대북을 이끌며, 남이공의 소북과 대립하다 삭탈 관직되었다.

도 채 파악하지 못한 상태일 것입니다. 그래서야 적을 물리칠 수 없습니다. 병법을 보더라도 이런 경우는 절대 피하게 되어 있습니다. 만일 지금 준비하지 않는다면 후에 반드시 후회하게 될 것입니다.”

그러나 임금께서는 결정을 내리지 못하셨다.

그 외에도 비변사 및 여러 사람과 의논해 진관鎭管의 법[40]을 준수하도록 글을 올렸다.

그 내용을 간략히 살펴보면 다음과 같다.

'건국 초기에 각 도의 병력은 모두 진관에 각기 소속되어 있어 일이 일어나면 진관이 산하 읍을 통솔하도록 했습니다. 이러한 체제가 잘 정비되어 주장主將의 명령을 기다리도록 되어 있습니다. 경상도를 예로 들면 김해·대구·상주·경주·안동·진주의 여섯 진으로 되어 있어, 적의 공격을 받아 한 진이 패한다 하더라도 다른 진이 굳게 지킴으로 지역이 한꺼번에 무너지는 폐단을 방지했던 것입니다.

그런데 지난 을묘왜변乙卯倭變[41] 후에 김수문金秀文[42]이 전라도에서 군의 편제를 고쳤습니다.

그는 도내의 여러 읍을 나눠 이를 모두 순변사巡邊使,[43] 방어사防禦使,[44]

---

40 조선 시대 지방 방위 조직인 진관 제도. 초기에는 각 지방에 주진主鎭을 두고 해안과 국경 지대 등에 진을 두었으나, 세조 1년(1455)에 전국을 여러 개의 진관으로 개편, 주진 밑의 거진巨鎭을 단위로 해 설정, 수령이 겸임하는 첨절제사의 관할을 받게 했다. 진관은 평상시에는 주진의 관할 하에 있었으나 유사시에는 독자적인 군사 행동을 취할 수 있게 했다.

41 1555년(명종 10) 남해안 일대에 왜적이 침입해 혼란을 일으킨 사건. 조선과 일본 사이의 외교 관계가 원활하지 못한 가운데 왜구가 갑자기 전라도 강진·진도 일대에 침입해 약탈과 노략질을 일삼았다. 절도사 원적과 장흥 부사 한온 등이 전사하고 영암 군수 이덕견이 사로잡히는 등 사태가 긴박해지자 조정에서는 호조판서 이준경을 도순찰사로, 김경석·남치훈을 방어사로 임명해 왜구를 토벌했다. 후에 대마도주가 주모자의 목을 잘라 와 사과함으로써 사건은 일단락되었다. 이를 계기로 비변사를 상설기관으로 설치했다.

42 ?~1568. 조선 중기 무신. 을묘왜변 당시 제주도를 습격한 왜구를 격파해 한성부 판윤이 되었다. 뒤에 평안도 병마절도사로 북변 방위에 많은 공을 세웠다.

조방장助防將,[45] 도원수都元帥[46] 및 본도의 병사, 수사에 예속시켰습니다. 이는 제승방략制勝方略[47]이라는 법인데, 이 법을 여러 도에서 본받아 집행한 까닭에 이제 진관이란 말뿐이요, 실제로는 서로 연락조차 이루어지지 않고 있습니다.

그래서 일이 벌어지면 모든 군사가 한꺼번에 움직이므로 군사들만이 모여 지휘관을 기다리는 형편입니다. 그러나 장수는 오지 않고 적의 공격이라도 받게 되면 군대는 흩어지고 결국 패하게 됩니다. 뒤늦게 장수가 나타난다 해도 때는 이미 늦은 상태입니다. 바라건대 진관 제도를 다시 정비해 평시에는 훈련에 전념하고 전시에는 한곳에 집결할 수 있도록 하며, 또 서로 협조가 잘 이루어져 한꺼번에 무너지는 폐단을 막아 주옵소서.'

본 내용은 각 도로 내려갔다. 그러나 경상 감사 김수가 반론을 제기했다.

"이미 오래전부터 사용해 온 제승방략을 갑자기 바꿀 수는 없습니다."

결국 내 주장은 폐기되고 말았다.

임진년(1592) 봄의 일이다. 신립과 이일을 변방에 파견해 순시토록 했다.

---

43 조선 시대 왕의 명령에 따라 변방을 순시하며 군무를 감독하던 임시직 특사. 중신 가운데 한 사람을 선발했다.

44 조선 시대 군사적 요지에 파견하던 관직으로 종2품 벼슬. 지방 수령을 겸했으며, 정식 명칭은 병마방어사 혹은 수군방어사였다.

45 주장을 도와서 적의 침입을 방어하는 장수. 주로 관할 지역 내에 있는, 무예를 갖춘 수령이 임무를 맡았다.

46 고려와 조선에 걸쳐 전쟁이 발발했을 때 군을 통괄하던 장수. 군권을 부여받아 군대를 통솔하는 임시직으로 고위 관직에 있는 문관 중에서 선발했다.

47 진관 제도는 각 요충지마다 진관을 설치해 진관을 중심으로 독자적으로 적을 방어하는 체제였다. 그러나 적군의 수효가 많을 때에는 효과가 없었다. 이에 16세기 후반에는 전쟁이 일어났을 때 군사를 분산시키지 않고 한곳에 모아 두었다가 조정에서 내려온 장수의 지휘를 받아 전장으로 이동, 대규모 적군과 정면 대결하는 병력 운용 개념으로 제승방략 제도를 채택했으나 이들 국방체계는 제대로 자리 잡지 못했다.

이일은 충청, 전라도로 가고 신립은 경기도와 황해도를 순시했다. 한 달이 지나 그들이 돌아왔다.

그러나 그들이 조사해 온 내용이란 것이 고작 활과 화살, 창과 칼 같은 것뿐이었다. 군이나 읍에는 문서상으로만 무기가 갖춰 있을 뿐 실제로 필요한 무기는 전혀 없는 상태였다.

게다가 성질이 사납다는 소문이 있던 신립은 사람을 해치면서까지 위엄을 보이려 했다. 그러자 수령들은 두려움에 떨면서 백성들을 동원해 길을 닦고 융숭한 대접을 베풀었는데, 어떤 대신의 행차보다도 떠들썩했다.

4월 1일, 두 사람이 한양으로 돌아와 임금께 보고했다. 그 무렵 집으로 찾아온 신립에게 내가 물었다.

"가까운 시일 내에 큰 변이 일어날 것 같소. 그렇게 되면 그대가 군사를 맡아야 할 터인데, 그래 적을 충분히 막아 낼 자신이 있소?"

신립은 대수롭지 않게 답했다.

"그까짓 것 걱정할 것 없소이다."

내가 다시 말했다.

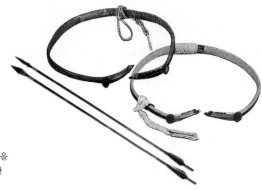

각궁과 화살
조선 시대에 소의 뿔로 만든 활을
각궁이라 한다. 진쟁기념관 소장

"그렇지가 않습니다. 과거에 왜군은 짧은 무기들만 가지고 있었소. 그러나 지금은 조총을 가지고 있습니다. 만만히 볼 상대가 아닌 것 같소."

그러나 신립은 끝까지 태연한 말투로 대꾸했다.

"아, 그 조총이란 것이 쏠 때마다 맞는답디까?"

그렇지만 걱정이 된 내가 다시 한마디를 덧붙였다.

"나라에 태평한 세월이 계속되면 병사들은 모두 나약해지기 마련입니다. 이러한 때에 변란이라도 일어나면 속수무책이 될 것입니다. 몇 해가 지나면 우리 병사들도 강해지겠지만 지금은 그렇지 못할 것입니다. 참으로 걱정입니다."

그러나 신립은 내 말은 무시한 채 곧 자리에서 일어섰다.

1583년, 신립이 온성穩城 부사로 있을 때의 일이다.

오랑캐들이 종성鐘城[48]을 포위하자 신립이 급히 구원에 나섰다. 그러곤 10여 명의 부하만을 거느리고 달려가 오랑캐들을 무찔렀다. 조정에서는 신립이야말로 장숫감이라고 판단하고 북병사北兵使,[49] 평안 병사兵使[50]로 승진시켰다. 그리고 품계가 자헌대부資憲大夫[51]에까지 이르자, 병조판서兵曹判書[52]를 욕심낼 정도가 되었다.

---

48 함경북도 두만강변에 위치한 군사적 요지. 조선 세종 때 김종서가 개척한 6진의 하나로서, 세종 때 도호부를 둔 곳이다.

49 함경도 북도(함경도 북부) 병마절도사. 북도는 조선 초기 6진 개척의 보루가 되었고, 여진족 등의 이민족과 맞닿아 있는 중요한 국경 지대였다.

50 병사는 병마절도사兵馬節度使를 가리킨다. 조선 시대 종2품 무관직. 도道의 국방을 맡아 유사시에 군사 명령권을 행사했다. 주로 병영과 진의 군대를 지휘했으며, 지방군의 진陣과 무예 훈련을 담당했다.

51 조선 시대 문산계文散階의 하나. 정2품 이하 문반과 무반에게 주던 계급.

52 병조는 조선 시대 군사 관계 업무를 총괄하던 기관으로 지금의 국방부에 해당한다. 고려 성종 때 군사 업무를 담당하던 병부兵部가 설치되었고, 1392년 조선 건국과 동시에 새 관제가 실시되면서 육조六曹의 하

일전해위도

《북관유적도첩》중 함경북도 온성에서 신립의 활약을 그린 〈일전해
위도一箭解圍圖〉. 고려대학교박물관 소장

한참 기운이 뻗친 그는 마치 옛날 중국 조나라의 조괄_{趙括}[53]이 진_秦나라를 업신여기던 것처럼 만용을 부리게 되었다. 그러자 알 만한 사람은 모두 그를 염려했다.

임금께서는 특별 명령을 내려 경상 우병사 조대곤을 승지_{承旨}[54] 김성일로 교체토록 했다. 그러자 비변사가 이의를 제기하고 나섰다.

"김성일은 유학자입니다. 이런 시기에 그를 장수에 임명함은 불가합니다."

그러나 임금께서는 물러서지 않았다. 결국 김성일은 하직 인사를 드리고 경상도로 떠났다.

4월 13일, 왜적이 국경을 침범해 부산포가 함락되고 첨사_{僉使}[55] 정발_{鄭撥}[56]이 죽었다.

사신 일행과 함께 온 일본의 야나가와 시게노부, 승려 겐소 등이 동평관에 머무를 때의 일이다. 비변사에서는 황윤길과 김성일 등으로 하여금 그

나로 병조가 설치되었다. 병조의 최고 책임자는 정2품 판서였고, 그 아래에 종2품 참판이 있었다.

53 ?~기원전 260. 중국 전국 시대 조나라의 장수. 병법에는 뛰어났으나 실전 경험이 부족했다. 조나라 효성 왕이 진_秦나라의 계략에 빠져 염파 장군을 해임하고 그를 장수로 기용했다. 결국 전국 시대 최대의 전투 가운데 하나인 장평 싸움에서 대패하고 그 또한 전사했다. 이 싸움으로 조나라는 멸망의 길로 들어선다.

54 조선 시대 승정원의 정3품 관직으로 왕명 출납을 맡은 당상관이었다. 도승지·좌승지·우승지·좌부승지·우부승지·동부승지 등 6승지가 있었다.

55 첨절제사_{僉節制使}. 조선 시대 각 진영_{鎭營}에 속한 무관 직책으로 절도사 아래의 위치였다. 육군에는 병영의 병마첨절제사가 있었고, 해군에는 수영_{水營}의 수군첨절제사가 있었다.

56 1553~1592. 조선 중기 무신. 1579년 무과에 급제, 선전관_{宣傳官}을 거쳐 해남 현감과 거제 현령을 지냈다. 1592년, 부산진 첨절제사가 되었는데, 임진왜란이 일어남과 동시에 부산에 상륙한 왜군에 맞서 싸우다가 전사했다.

들을 초대, 술자리를 마련하면서 일본의 내정을 살피자는 계책을 내놓았다. 이에 대해 임금께서도 흔쾌히 허락하셨다.

김성일과 대화하던 중 겐소가 말했다.

"명나라와 우리 일본 사이의 국교가 끊긴 지 오래되었습니다. 결국 조공도 사라졌는데, 히데요시는 명나라의 이러한 처사에 상당히 화가 나 있습니다. 곧 전쟁이라도 일으킬 것 같습니다. 만일 조선에서 명나라에 이러한 상황을 전하고 조공을 재개할 수 있도록 해 준다면 조선도 평안하고 일본의 온 백성도 평안할 것입니다."

이 말을 들은 김성일은 명분에 어긋나는 행동이라며 호통도 치고 한편으로는 달래기도 했다. 그러나 겐소의 뜻은 단호했다.

"예전에 원나라 군사를 우리 나라까지 인도해 침략에 나서도록 한 것이 바로 고려였습니다. 이번 일로 인해 전쟁이 벌어진다 해도 우리로서는 고려의 원수를 갚는 것에 불과합니다. 도리에 어긋나는 일은 아니라고 봅니다."

시간이 갈수록 그의 말투는 점점 무례해졌고, 우리 일행은 더 이상 논의하는 것이 무의미하다고 여겼다.

시게노부와 겐소가 돌아간 뒤 1591년에 요시토시가 다시 부산에 들어왔다.

그는 국경을 지키고 있던 우리 장수들에게 협박조로 말했다.

"지금 우리는 명나라와 통신하고자 하오. 조선이 이 뜻을 전한다면 아무 일도 없겠지만, 만일 그렇게 못 한다면 두 나라 사이에 더 이상 평화를 기대하기는 어려울 것이오. 귀국을 생각해 특별히 전하는 바이니 심사숙고하시오."

이 말을 들은 장수는 그대로 보고했다. 그러나 조정은 태평했다. 우리 통신사만 탓하고 그들의 무례함을 탓할 뿐 답도 주지 않고 대수롭지 않게 넘겨 버렸다.

열흘이 넘도록 배에서 답을 기다리던 요시토시는 우리 조정으로부터 아무 대꾸가 없자 얼굴을 붉히며 돌아갔다. 그 뒤로는 일본인들이 들어오지 않았다. 부산포에 머물고 있던 자들조차 하나둘 자취를 감추더니 이윽고 한 사람도 찾아볼 수 없게 되었다. 그곳 사람들은 참으로 이상하다고 여겼다.

그리고 이날 왜적들이 몰려온 것이다.

왜적들이 타고 온 배가 대마도에서부터 부산포 앞에 이르는 바다를 가득 메워 그 끝이 보이질 않았다.

마침 절영도絶影島(영도)[57]로 사냥을 나갔던 부산 첨사 정발은 왜적의 침략을 보고받자 허겁지겁 성으로 돌아왔다. 그러나 적은 이미 상륙해 사방에서 몰려오고 있었고, 성은 삽시간에 함락되고 말았다. 좌수사[58] 박홍朴泓[59]은 적의 세력에 질려 성을 버리고 도망치고 말았다.

이후 왜적은 군사를 둘로 나누어 서평포와 다대포를 연달아 쳐서 함락시켰다. 다대포 첨사 윤흥신 또한 목숨을 걸고 싸웠으나 결국 전사하고 말

---

57 영도에서는 예로부터 말이 유명했는데 그곳의 말이 하도 빨리 달려서 그림자조차 보이지 않는다고 해서 절영도란 이름이 붙여졌다.

58 경상좌도 수군절도사를 가리킨다. 조선 시대에 씌어진 책에 자주 나오는 용어 가운데 하나가 좌도·우도·좌수사·우수사 등인데, 조선 시대에는 한양에서 보아 좌측, 즉 왼쪽인 동부 지방을 좌도, 오른쪽인 서부 지방을 우도라고 불렀다. 따라서 경상좌도는 경상도의 동부 지방, 즉 부산·울산·경주 등지를 가리킨다.

59 1534~1593. 조선 중기 무신. 1556년에 23세로 무과에 합격해 강계부 판관, 정평 부사 등을 지냈다. 임진왜란이 일어나자 경상좌도 수군절도사로서 전투에 참여했으나 한양으로 후퇴했다.

왔다.

한편 이 소식을 들은 좌병사[60] 이각李珏이 병영을 떠나 동래성으로 들어 갔으나 이미 부산이 함락되었다는 소식을 접하고는 어쩔 줄 몰라 했다. 겁에 질린 그는 다른 부대와 협공을 논의하겠다는 핑계를 대고 소산역으로 물러났다. 당시 동래 부사府使[61] 송상현宋象賢[62]이 이각에게 자신과 함께 성을 지키자고 제안했으나 이각은 그대로 후퇴했다.

침략한 지 이틀 뒤인 15일, 적은 동래에 입성했다. 남문에 올라 반나절을 버티며 지휘하던 송상현의 노력도 헛되이 성은 함락되고 말았다. 왜적이 들어왔음에도 불구하고 송상현은 자리에 앉은 채 한 치도 움직이지 않다가, 결국 왜적의 칼에 찔려 죽었다. 왜적들 또한 그의 태도를 가상히 여겨 시신을 관에 넣어 성 밖에 묻어 주고 말뚝을 세워 표시해 두었다.

동래가 무너지자 주변 고을들도 힘없이 무너지기 시작했다.

동래성에 머물고 있던 밀양 부사 박진朴晉[63]은 급히 돌아가 작원鵲院의 좁은 길을 막고 방어하려 했다. 그러나 양산을 함락시키고 작원으로 몰려온 적은 길목을 지키고 있는 우리 군사를 피해 산 뒤쪽 높은 곳으로 올라갔다가 우르르 밀고 내려왔다. 졸지에 기습을 당한 우리 군사들은 순식간에 흩어져 달아나고 말았다. 박진은 다시 밀양성으로 도망쳐 병기와 창고를 불사른 다음 성을 버리고 달아났다.

---

60 경상좌도 병마절도사.
61 고려 및 조선 시대 지방 장관직의 하나. 정3품의 대도호부사, 종3품의 도호부사를 가리키는 칭호다.
62 1551~1592. 조선 중기 문신. 1591년 동래 부사가 되었는데, 임진왜란이 일어나자 동래성 안의 군사를 이끌고 끝까지 싸우다 패하자 조복朝服으로 갈아입고 단정히 앉은 채 죽음을 맞았다. 그의 충절에 감동한 적장이 그를 동문 밖에 장사 지냈다 한다. 후에 이조판서와 좌찬성에 추증되었다.
63 ?~1597. 조선 중기 무신. 밀양 부사로 있다가 임진왜란 때 경상 좌병사가 되어 영천 싸움에서 공을 세웠으며, 비격진천뢰를 발명해 왜적에 맞서 경주성을 되찾기도 했다.

부산진 순절도
좌측에 부산포를 가득 메운 왜국의 배와 성을 둘러싼 수많은 왜군이
당시의 긴박한 상황을 잘 보여 준다. 육군박물관 소장

동래부 순절도

왜군이 동래성을 함락하는 모습을 잘 보여 준다.

육군박물관 소장

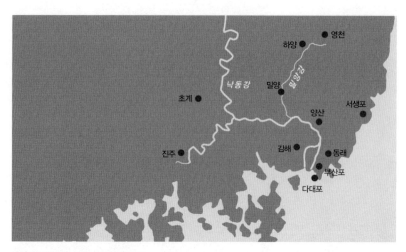

왜적의 부산 상륙 이후 주요 침략 지역

한편 다시 병영으로 돌아온 이각은 자기 첩부터 피란시켰다. 이러니 성
안 인심이 흉흉해질 수밖에 없었다. 백성과 병사들이 어쩔 줄 몰라 하며
당황하고 있는 사이 이각 또한 새벽을 틈타 도망쳤고, 병사들 또한 그대로
흩어지고 말았다.

왜적은 거칠 것 없이 여러 고을을 함락시키는 데 비해 우리 편에서는 누
구 하나 나아가 그들의 길을 막는 자가 없었다.

김해 부사 서예원은 성문을 닫고 지키고 있었다. 그러자 적들이 보리를
베어다가 성 높이와 같게 쌓더니 그것을 타고 쳐들어왔다. 이 모습을 본
초계草溪 군수는 내뺐고 서예원도 그 뒤를 따라 도망쳤다. 성은 당연히 함
락되고 말았다.

순찰사 김수는 진주성에서 침략 소식을 접했다. 그는 말을 달려 동래성
으로 향했으나 도중에 적이 가까이 접근했다는 소식을 들었다. 앞으로 나
아갈 수 없게 된 그는 어찌할 바를 모른 채 서부 지방으로 도망쳤다. 그곳

에서 겨우 생각한 것이 온 고을에 격문을 띄우는 것이었는데, 격문은 모두 도망치라는 내용이었다. 결국 온 고을은 텅텅 비게 되었고 적의 진격에 아무런 대응도 할 수 없게 되었다.

용궁龍宮 현감 우복룡禹伏龍이 마침 고을 군사들을 거느리고 병영을 향하고 있었다. 영천에 이르러 길가에 앉아 식사를 하고 있을 무렵, 하양의 군사 수백 명이 그 앞을 지나갔다. 방어사에 귀속되어 북쪽으로 가던 군사들이었다. 말을 탄 채 지나가는 군사를 본 우복룡이 그들을 붙잡았다. 그러곤 큰소리로 질책했다.

"너희 태도를 보니 반란을 일으키려는 군사들이 틀림없구나."

깜짝 놀란 군사들은 병사의 공문을 내보이며 변명했다. 그러나 복룡은 듣지 않았다. 그러곤 자신의 병사들을 시켜 그들 모두를 죽이도록 명했다. 결국 온 들은 시체로 가득 찼다.

이 소식을 들은 순찰사 김수는 우복룡의 행동이야말로 공을 세운 것이라고 임금께 보고했다. 급기야 우복룡은 통정대부通政大夫[64]의 자리에 오르게 되고 정희적 대신 안동 부사에 임명되었다.

이후 하양 군사의 가족들은 조정의 사신을 만나기만 하면 말을 가로막고 그들의 원통한 사정을 울음으로 호소했다. 그러나 이미 이름이 높았던 우복룡의 잘못을 지적하는 사람은 아무도 없었다.

왜적의 침략 사실이 처음 조정에 닿은 것은 4월 17일 이른 아침이었다. 경상 좌수사 박홍의 장계가 처음 전해진 것이다.

---

[64] 조선 시대 문관의 품계명 가운데 하나로 정3품 이상에 내리던 것이다. 통정대부 이상은 당상관堂上官이라 했다.

대신들과 비변사가 모두 빈청賓廳[65]에 모여 임금을 뵙고자 했다. 그러나 허락이 떨어지지 않았다. 다시 글을 올렸다. 이일을 순변사로 삼아 중부를 맡도록 하고, 성응길은 좌방어사로 삼아 동부 지역을 맡도록 하며, 우방어사에는 조경을 임명해 서쪽으로 내려보내고, 유극량은 조방장으로 삼아 죽령竹嶺을 방어하도록 하고, 변기邊璣 역시 조방장으로 삼아 조령을 지키도록 하며, 경주 부윤府尹[66] 윤인함은 유학자인 까닭에 나약하고 겁이 많으니 강계 부사를 역임한 변응성邊應星으로 교체한다는 내용이었다.

이들에게는 적당한 군관을 선발해 함께 가도록 했다. 그런데 곧이어 부산이 함락되었다는 보고가 당도했다. 부산은 당시 적에게 포위되어 통행도 불가능했다. 박홍의 장계狀啓[67]에는 '높은 곳에 올라 바라보니 붉은 깃발만이 성안에 가득합니다' 하는 내용이 있었는데 이는 곧 성이 이미 함락되었음을 뜻했다.

순변사에 임명된 이일은 한양의 정예 병사 300명을 선발, 거느리고 가려고 했다. 그러나 병조에서 선발한 병사라는 것이 대부분 집에서 살림하던 사람들이거나 아전 또는 유생 들뿐이었다. 불러 모아 점검을 해 보자 관복을 입고 옆에 책을 낀 채로 나온 유생, 평정건平頂巾[68]을 쓰고 나온 아전 등 모두 병사로 뽑히기를 꺼리는 자들로 뜰이 가득 찼다.

이런 까닭에 명령을 받은 지 3일이 지나도록 이일은 떠날 수가 없었다. 할 수 없이 이일이 먼저 떠나고, 후에 별장別將[69] 유옥이 병사들을 데리고

---

65 조선 시대 대신이나 비변사의 당상관들이 모여 의논하던 곳.
66 문관에 속한 외관으로 부의 장관. 종2품 벼슬로 관찰사와 같은 품계다.
67 감사 또는 지방에 파견된 관원이 임금에게 글로 보고하는 것. 또는 그 보고.
68 각 관사의 서리들이 쓰던 두건 모양의 관모.
69 군사 제도상의 관직으로, 소속 및 역할에 따라 품계가 달랐다. 훈련도감 별장·어영청 별장·호위청 별장

떠나기로 했다.

장계를 올렸다.

'병조판서 홍여순은 맡은 일 처리하기에도 부족하고 병사들 또한 그를 따르지 않습니다. 바꾸는 편이 낫겠습니다.'

장계 내용이 받아들여져 병조판서에는 김응남, 참판參判[70]에는 심충겸沈忠謙[71]이 임명되었다. 그러자 대간이 다음과 같이 요청했다.

"대신 가운데 한 사람을 체찰사體察使[72]로 임명해 여러 장수를 감독하도록 하옵소서."

이 청도 받아들여져 정승께서는 나를 추천했다. 체찰사에 오른 나는 다시 김응남을 부사로 삼아 줄 것과 전 의주 목사 김여물金汝吻[73]도 함께 갈 수 있도록 해 달라는 청을 올렸다. 또 병사 가운데 비장裨將[74]이 될 만한 사람 80여 명을 모아 함께 가기로 했다. 당시 김여물은 다른 사건에 연루되어 감옥에 갇혀 있었는데, 내 청에 따라 용서받고 함께 나설 수 있었다.

그런 동안에도 급보는 계속 이어졌다. 적의 선봉이 이미 밀양 고개를 넘어 곧 조령에 닿을 것이라는 내용이었다. 나는 김응남과 신립을 불러 말했다.

은 정3품, 용호영 금군 별장은 종2품이었다.

70　조선 시대 육조에 속한 종2품 관직으로 육조의 장관격인 판서 다음 벼슬로 지금의 차관에 해당한다. 판서를 정경正卿이라 한 데 비해 참판은 아당亞堂 또는 아경亞卿이라 했다.

71　1545~1594. 조선 중기 문신. 1572년 문과에 장원급제했다. 임진왜란 때 선조와 함께 피란길에 나섰으며 세자 호위와 왜군 방비에 힘썼다. 1593년 호조·병조참판을 거쳐 이듬해 병조판서가 되었다.

72　고려 말에서 조선 시대에 걸쳐 운영된 임시 군직軍職의 하나. 직급에 따라 도체찰사와 체찰사로 구분했고 전란 등 비상시에 군사 업무를 총괄했다.

73　1548~1592. 조선 중기 무신. 1577년 문과에 급제한 후 의주 목사를 지냈다. 임진왜란 때 도순변사 신립의 부장으로 적과 싸우다 탄금대에서 전사했다. 후에 영의정에 추증되었다.

74　조선 시대 감사나 절도사 등 지방장관이 데리고 다니던 막료幕僚(사령부나 본부에서 작전 등의 입안立案, 실시에 관하여 지휘관을 보좌하는 간부)를 가리킨다.

"적들이 이렇게 빨리 올라오고 있으니 참으로 급하게 되었소. 대책은 있소?"

그러자 신립이 대답했다.

"이일이 홀로 앞서 가고 있는데 지원군이 뒤따르지 않으니 안타까운 일입니다. 체찰사께서 가신다 하지만 싸우는 장수는 아니니 마찬가지지요. 하루라도 빨리 뛰어난 장수를 보냄이 옳을 줄 압니다."

신립의 태도를 보니 자신이 싸우러 가려는 의지가 강해 보였다. 나는 김응남과 함께 어전에 나아가 이런 사실을 아뢰었다. 내 말씀을 들으시고 임금께서는 친히 신립을 불러 확인하셨다. 신립은 곧 도순변사都巡邊使[75]에 임명되었다.

신립은 즉시 궐 밖으로 나가 함께 갈 사람들을 구하고 다녔다. 그렇지만 무사들 가운데 누구도 함께 가고자 따라나서지 않았다. 그때 마침 나는 중추부中樞府[76]에서 모집한 군사들과 함께 떠날 채비를 하고 있었다. 그곳에 온 신립의 모습을 보니 얼굴에 불만이 가득했다.

"아니, 이런 분을 부사로 데리고 가서 무슨 소용이 있겠습니까? 제가 부사가 되어 대감을 모시겠소이다."

김응남을 탓하고 있지만 이는 자신을 따르는 병사가 없음을 빗대어 불평을 늘어놓은 것이다. 나는 웃으면서 말했다.

"아, 다 같은 나랏일인데 아무려면 어떻겠소. 우선 내가 모아 놓은 병사

---

75 조선 시대 군무를 총괄하기 위해 중앙에서 파견한 국왕의 특사로 순변사와 유사한 것으로 추측된다. 임진 왜란 때 신립을 삼도 도순변사에 임명한 것 외에 다른 기록은 없다.
76 조선 시대 왕명의 출납·병기·군정·경비 따위의 일을 맡아보던 중추원中樞院을 세조 12년(1466)에 고친 명칭으로 현직이 없는 당상관들을 속하게 해 대우하던 관아다. 일정한 사무나 실권은 없었다.

들을 이끌고 공이 앞장서시오. 나는 또 병사를 모아 뒤를 따르리다."

군관들의 성명이 적혀 있는 명단을 그에게 건네주었다. 그제야 신립은 뜰 안에 가득한 병사들을 보면서 말했다.

"자, 나를 따르게."

그러나 병사들은 앞장선 신립을 따르기를 저어하다가 마지못해 뒤따르기 시작했다. 김여물 또한 그를 따라갔는데 표정이 아주 좋지 않았다.

신립이 출정할 무렵 임금께서 그를 불러 보검을 내리면서 말씀하셨다.

"이일 이하 어떤 장수를 막론하고 명령을 거역하는 자가 있으면 이 칼을 사용하라."

임금께 하직하고 나온 신립이 빈청에 들러 대신들을 찾아보고 계단을 내려가려 할 즈음 그가 썼던 사모가 갑자기 땅에 떨어지는 것이 아닌가! 그 모습을 본 곁에 있던 사람들의 표정이 일그러졌다.

용인에 도착한 신립이 임금께 글을 올렸다. 그런데 그 글에 자신의 이름을 쓰지 않았다. 이를 본 사람들은 혹시 신립이 마음속에 다른 뜻을 품은 것은 아닐까 의심하기도 했다.

경상 우병사 김성일을 체포하고 하옥하라는 명령이 내려졌으나 붙잡혀 오기도 전에 다시 초유사招諭使[77]에 임명했다. 그 뒤를 이어 함안 군수 유숭인이 병마사에 임명되었다.

---

77 조선 시대 난리가 났을 때 백성들을 안정시키는 책임을 맡은 임시 관직.

김성일이 상주에 닿았을 때 이미 적들이 국경을 넘었다는 소식이 들려왔다. 김성일은 밤낮으로 말을 달려 본영으로 향했는데, 도중에 조대곤을 만나 인장과 부절符節[78]을 교환했다.

이때 적들은 이미 김해를 함락시키고 서부의 여러 고을을 짓밟고 있었다. 앞으로 나아간 김성일이 적과 대치했다. 그러나 휘하 장수 모두 겁을 집어먹고는 달아날 생각밖에 하지 않았다. 이 모습을 본 김성일이 말에서 내려 의자에 걸터앉더니 군관 이종인을 불러 큰소리로 말했다.

"용감한 군사라고 자처하는 네가 적을 앞에 두고 달아날 궁리를 하다니, 어찌된 일인가?"

그 순간 쇠로 만든 탈을 쓴 적병 하나가 칼을 휘두르며 달려왔다. 이종인이 이를 보자마자 쏜살같이 달려나가서 활을 한 번 쏘자 적병이 그 자리에서 떨어지고 말았다. 이 모습을 본 적들은 이리저리 흩어져 달아나기에 바빴다. 김성일은 즉시 병사들을 다시 불러 모으고, 고을마다 격문을 띄워 수습에 나섰다.

그러나 임금께서는 김성일이 일본에 사신으로 다녀와 잘못된 보고를 했다는 이유로 의금부 도사에게 잡아들이라고 명령한 것이다. 참으로 위험천만한 순간이었다. 경상 감사 김수는 체포되어 가는 김성일과 길가에서 작별 인사를 나누었는데, 김성일은 분에 겨워 비통한 눈물을 흘리며 "반드시 힘을 다해 적을 물리쳐 주오"라고 말할 뿐 자신이나 가족을 걱정하지 않았다.

이 모습을 본 늙은 아전 하자용이 감탄하며 말했다.

---

78 사신이 가지고 다니던 물건으로, 두 개로 나눈 조각을 하나는 조정에 보관하고 다른 하나는 사신이 보관함으로써 후에 사신임을 증명하는 역할을 했다.

"자신의 죽음은 걱정하지 않고 오직 나라만을 걱정하니 참으로 충신이다."

김성일 일행이 직산稷山에 당도할 무렵, 임금의 노여움도 풀렸을 뿐 아니라 경상도 지방에서 김성일의 신임이 두텁다는 사실도 알려져 그 죄가 용서되었다. 그리고 경상우도 초유사에 임명해 도내 인심을 수습하고 군사를 정비하도록 했다.

한편 유숭인은 큰 공을 세웠으므로 특진시켜 병사에 임명한 것이다.

첨지 김륵金玏[79]을 경상좌도 안집사에 임명했다.

당시 경상 감사 김수는 서부에 있었는데 적이 가로막고 있어 동부와 통신이 되지 않았다. 그러자 수령들은 모두 관직도 버린 채 달아나 버렸고 민심 또한 해이해졌다.

이러한 상황을 타개하기 위해 조정에서 그곳의 상황을 잘 알고 있는 김륵을 안집사에 임명한 것이다. 김륵이 당도하자 동부 지방 백성들은 비로소 안정을 되찾았다. 영천과 풍기, 두 고을에는 다행스럽게도 적이 침입하지 않았으며, 의병들이 이곳저곳에서 일어났다는 소식이 전해졌다.

79　1540~1616. 조선 중기 문신. 1576년 식년문과에 병과로 급제해 승문원·예문관·사간원 등 여러 청환직을 지내고, 1592년 형조참의가 되었다. 임진왜란 시에는 안집사安集使로 영남 지방의 민심을 수습하고, 1593년 경상 우관찰사, 1595년 대사헌이 되어 '시무 16조'를 상소하기도 했다.

상주가 적의 수중에 들어가고, 순변사 이일은 충주로 도망쳤다.

경상도 순찰사 김수는 적의 침략 소식이 전해지자 제승방략의 군사 분류법에 따라 각 고을에 공문을 띄웠다. 각각 소속 병사들을 거느리고 정해진 곳에 주둔하면서 한양에서 내려올 장수를 기다리라는 내용이었다.

이에 따라 문경 남부의 수령들은 병사를 거느리고 대구에 모여 있었다. 냇가에서 야영을 한 지 며칠이 지났건만 순변사는 보이질 않았고, 오히려 적들만이 가까이 다가오고 있었다. 공교롭게도 큰비가 내려 병사들의 옷은 모두 젖고 양식 또한 바닥을 드러냈다. 겁에 질리고 지친 병사들이 어둠을 틈타 모두 달아나고 말았다. 수령들 또한 말 한 마리에 의지해 달아났다.

그 무렵 순변사 이일이 문경에 당도했다. 그렇지만 고을은 텅 비어 개미 한 마리 보이지 않았다. 그는 손수 창고를 열고 곡식을 꺼내 함께 간 병사들에게 먹였다. 그런 후 함창을 거쳐 상주에 닿았다. 당시 상주 목사 김해는 순변사를 역에서 기다리겠다는 핑계를 대고는 그 길로 달아나 산속으로 들어가 버린 상태였다.

할 수 없이 판관判官[80] 권길權吉[81]만이 홀로 고을을 지키고 있었는데, 이일은 병사가 한 명도 없자 책임을 물어 권길을 죽이려 했다. 다급해진 권길은 반드시 병사를 모아 오겠다고 애원했다. 가까스로 목숨을 건진 권길은 밤새도록 고을을 다니며 수백 명의 병사를 모아 다음 날 아침 돌아왔다. 그러나 그들은 병사라고 할 수 없는 농민들뿐이었다.

---

80 조선 시대 중앙 부처와 지방 관아에 소속되어 행정실무를 담당한 종5품의 관직.
81 1550~1592. 조선 중기 문신. 상주 판관을 지냈으며, 임진왜란이 일어나자 순변사 이일의 군사와 합세해 싸우다가 전사했다.

문경 제1관문 주흘관
경상북도 문경시 문경읍 상초리 소재, 사적 147호

이일은 상주에 하루를 머무르면서 창고의 곡식을 꺼내 백성들을 위로
했다. 그러자 이곳저곳에 숨어 있던 사람들이 모여들어 수백 명으로 불어
났다. 순식간에 대오를 갖춘 군대가 조직되었다. 그렇지만 모두 전투 경험
이 없는 초보자에 불과했다.

그때 적군은 이미 선산에 이르렀다. 저녁 무렵 개령 사람 하나가 와서
적들이 코앞에 왔음을 알렸다. 그러나 그의 말을 믿지 못한 이일이 그를
목 베려 했다. 민심을 현혹시킨다는 이유에서였다. 그러자 그 사람이 이렇
게 말했다.

"내 말을 믿지 못하겠거든 잠시 동안만 나를 가둬 두고 기다려 보십시

오. 내일 아침에도 적이 이곳에 오지 않으면 그때 죽이십시오."

당시 적들은 장천에 머무르고 있었는데, 그곳은 상주에서 겨우 20리 떨어진 곳이었다. 그러나 이일의 진영에서는 이 사실을 알지 못했다. 척후병이 없었기 때문이다. 다음 날, 날이 밝자마자 이일이 개령 사람을 옥에서 끌어낸 후 말했다.

"아직 적의 그림자도 볼 수 없다. 네가 민심을 현혹시키기 위해 지어낸 거짓임이 분명하다."

그러고는 죄 없는 사람의 목을 베고 말았다.

겨우 불러 모은 병사들과 한양에서 함께 간 장수를 합쳐 모두 팔구백의 병사를 이끌고 이일은 북천 냇가에서 훈련을 시작했다. 산을 등지고 진을 친 다음 가운데에 대장기를 꽂아 놓았다. 말 위에 앉은 이일이 대장기 밑에 서자 종사관從事官[82] 윤섬과 박호, 판관 권길, 사근 찰방察訪[83] 김종무 등이 말에서 내려 그 뒤에 섰다.

잠시 후 몇 사람이 숲 속에서 나와 서성거리다가 이내 사라졌다. 이 모습을 본 병사들은 적이 엿보는 것이 아닐까 의심했으나 아침 일이 머리에 떠올라 아무도 말하지 않았다.

곧이어 성안에서도 연기가 피어오르기 시작했다. 이일은 그제야 군관 하나를 보내 살펴보고 오라고 명령했다. 역졸 둘이 이끄는 말 위에 오른 군관은 천천히 앞으로 나아갔다. 그러나 다리 아래 숨어 있던 적들은 군관이 다가오자 조총을 쏴 떨어뜨린 다음 칼로 목을 벤 후 가지고 갔다. 이 모습을 목격한 우리 병사들은 그만 맥이 풀리고 말았다.

---

82 조선 시대 군영 등에 소속된 종6품 무관직으로, 주장을 보좌했다.
83 조선 시대 각 도의 역참驛站을 관장하던 종6품의 관직.

곧이어 적의 공격이 시작되었다. 10여 자루의 조총에서 탄환이 불을 뿜는데 맞은 사람은 그 자리에서 죽었다. 우리 군사들은 이일의 명령에 따라 급히 화살을 쐈지만 어림도 없었다. 적이 양쪽에서 우리 군사들을 포위하며 몰아붙였다.

이미 늦었다고 깨달은 이일은 말머리를 급히 돌려 북쪽으로 달아나기 시작했다. 병사들 또한 이리저리 도망치기 시작했다. 그러나 목숨을 건진 자는 몇 되지 않았으며, 종사관을 포함해 말을 타지 못한 자는 대부분 죽고 말았다.

적들은 이일을 계속해서 쫓았다. 쫓기던 이일은 말을 버리고 의복도 벗어 던진 채 머리도 풀어헤치고 알몸으로 달아났다. 겨우 문경에 도착한 그는 종이와 붓을 구해 패한 내력을 임금께 전했다. 그 뒤 이일은 조령을 지키고자 했으나 신립이 충주에 있다는 소식을 듣자 바로 충주로 달려갔다.

조정에서는 우의정 이양원李陽元[84]을 수성대장[85]에 임명했다. 또 이전과 변언수를 경성 좌우위장에, 상산군 박충간朴忠侃[86]은 경성 순검사에 임명해 한양을 지키도록 했다. 그리고 김명원을 다시 불러들여 도원수로 삼고 한강을 지키도록 했다.

---

84 1526~1592. 조선 중기 문신. 1555년 문과에 급제한 후 1563년에는 호조참의가 되었다. 이후 평안도 관찰사·형조판서·대제학 등을 거쳐 1591년에는 우의정에 올랐고, 임진왜란이 일어나자 유도대장留都大將으로 큰 공을 세워 영의정이 되었다. 이때 의주에 피란 중이던 선조가 요동으로 건너가 망명한다는 풍문을 전해 듣고 단식하다가 죽었다.

85 성을 지키는 책임을 진 대장.

86 ?~1601. 조선 중기 문신. 1584년 호조정랑에 올랐고 재령 군수로 재직중이던 1589년, 정여립의 모반 사실을 밝혀 형조참판으로 승진했다. 임진왜란 때에는 순검사에 임명되었으나 왜병과 싸우다 도망한 죄로 파면당했다.

그러나 이일이 패했다는 소식이 전해지자 도성 안 인심이 흉흉해졌다. 조정에서도 천도하자는 이야기가 나왔다. 그러나 백성들은 이런 사실을 알 수 없었다.

이마理馬[87] 김응수가 빈청에 들러 수상과 귀엣말을 주고받고는 나갔다가 들어오곤 했다. 이를 본 사람들은 모두 의아하게 여겼으나 이는 당시 수상이 사복시司僕寺[88] 제조를 겸했기 때문이다.

도승지都承旨[89] 이항복李恒福[90]이 내게 다가와 손바닥에 '영강문 안에 말을 세워 두라立馬永康門內'라는 여섯 글자를 써 보였다.

대간은 "수상이 국사를 그르쳤으니 파면시켜야 합니다" 하고 청했다. 그러나 임금께서는 받아들이지 않았다. 종친들 또한 문밖에 엎드려 통곡하면서 말했다.

"도성을 버리지 마시옵소서."

영부사 김귀영金貴榮[91]이 분을 참지 못하고 대신들과 함께 임금을 뵈러 들어갔다. 그는 한양을 지킬 것을 청하곤 이렇게 말했다.

"성을 버리자고 주장하는 자가 있다면 그는 곧 소인배입니다."

---

87 조선 시대에 임금이 타는 말을 관리하던 관직.
88 조선 시대에 궁중의 가마·마필·목장에 관한 일을 맡아보던 관청. 정1품 관리가 맡으면 도제조, 정3품이 맡으면 부제조를 겸했다.
89 조선 시대 왕명을 출납하던 승정원의 장관. 왕명 출납 이외에 여러 일을 겸했다.
90 1556~1618. 조선 중기 문신. 1580년 문과에 급제, 이조정랑 등을 지냈다. 임진왜란이 일어났을 때는 도승지로서 선조와 함께 피란을 떠났다. 1597년 병이 들어 사임할 때까지 병조판서를 다섯 번이나 지냈다. 1598년에는 우의정에 오르고 도체찰사·영의정 등을 지낸 후 1602년 오성부원군에 봉군되었다. 1617년 광해군의 폐모 논의를 반대하다 관직이 삭탈되고, 이듬해 북청에 유배되어 그곳에서 죽었다.
91 1519~1593. 조선 중기 문신. 1547년 문과에 병과로 급제했다. 한성 부윤·부제학 등을 지냈다. 선조 즉위 뒤 도승지·예조판서·병조판서를 역임했으며, 임진왜란이 일어나자 임해군을 모시고 함경도로 피란했다가, 국경인의 반역으로 가토 기요마사에게 잡히고 말았다. 그 후 기요마사의 청을 받고 화의를 위해 선조를 찾았으나, 선조는 노하여 고문하려 했다. 다행히 류성룡의 간청으로 고문은 중지되었으나, 희천으로 귀양가던 중에 사망했다.

성첩(진주성)
성첩은 성가퀴 또는 여장이라고도 한다. 성 위에 낮게 쌓은 담으로 몸을 숨기고 적을 공격할 때 이롭다.

그러자 임금께서도 교지를 내리셨다.

"종묘사직이 이곳에 있는데 내 어디로 갈 수 있겠는가."

그제야 모든 사람이 안심하고 물러났다. 그러나 상황은 더욱 급해졌다.

각 동네에 사는 사람들과 천민들, 말단 관리와 삼의사三醫司[92] 소속 사람들을 모두 모아 성첩城堞을 지키도록 했다. 그렇지만 도성의 성첩은 모두 3만이었으나 지킬 인원은 겨우 7천에 불과했다. 그것도 모두 오합지졸뿐이었으니 그들 머리 속에는 도망갈 마음밖에는 없었다.

또한 지방에서 선발해 올라온 병사들도 병조에 소속되어 있기는 했지만 말단 관리들과 결탁해 뇌물을 주고 도망가는 자가 부지기수였다. 심지어 관원들조차 모른 체할 지경이었으니 쓸모 있는 군사는 하나도 없는 형편이었다. 군의 관리가 이 지경인데 나머지야 말해 무엇하겠는가.

---

92 조선 시대 내의원, 전의원, 혜민서를 통틀어 부르는 말.

그러자 대신들이 나서 세자를 세워 민심을 수습할 것을 청했다. 임금께서도 이를 허락하셨다.

동지사[93] 이덕형李德馨[94]을 왜군에 사자로 보냈다.

우리 군사가 상주에서 패하고 후퇴할 무렵, 통역관 경응순이 사로잡히는 몸이 되었다. 그러자 적장 고니시 유키나가는 히데요시의 글과 예조에 보내는 글을 그에게 주면서 다음과 같이 전하도록 했다.

"동래에서 울산 군수를 사로잡아 그로 하여금 편지를 전하도록 했다. 그런데 이제껏 아무 소식이 없으니 어찌된 일인가. 너희가 만일 우리와 강화하고자 한다면 이덕형을 28일 충주로 보내라."

그들이 사로잡았다는 자는 이언함인데, 그는 벌을 받을까 봐 도망쳐 왔다고 하면서 편지도 전하지 않은 것이다. 그러니 조정에서 이런 사실을 알 까닭이 없었다.

이덕형은 그 전에도 선위사宣慰使[95]로 일본 사신을 접대한 적이 있었기 때문에 고니시 유키나가가 그를 만나고자 한 것이다.

---

93 동지중추부사同知中樞府事. 조선 시대 중추부에 속한 종2품의 관직.
94 1561~1613. 조선 중기 문신. 영의정 이산해의 사위로, 1580년 문과에 급제, 이조좌랑·대사성 등을 지
    냈다. 임진왜란이 일어나자 동지중추부사로 일본 사신 겐소 등과 화의 교섭을 했으나 성공하지 못했다.
    1597년 정유재란 때에는 명나라 어사 양호를 설득해, 한양을 방어한 공으로 우의정에 올랐고 이어 좌의
    정에 임명되었다. 1602년 영의정, 1606년 영중추부사로 있다가, 1608년 광해군 즉위 후 영의정에 복직되
    었다. 1613년, 이항복과 함께 영창대군의 처형과 폐모론을 반대하다 삭직당했다.
95 조선 시대에 외국 사신이 입국했을 때 그들을 위문하기 위해 파견한 관리. 중국 사신의 경우에는 2품 이상
    의 조관朝官을, 일본 사신에 대해서는 정3품 이상의 조관을 임명했다.

그러나 경웅순이 한양에 도착했을 때는 이미 그런 계책을 세울 여유가 없었다. 겨우 생각해 낸 것이 이를 핑계삼아 단 며칠이라도 적의 공격을 지연시킬 수 있지 않을까 하는 것이었다. 이덕형 또한 가겠다고 하므로 예조에서는 답장을 써 주었다.

그러나 가는 도중, 이미 충주가 함락되었다는 소식이 들려왔다. 이덕형은 경웅순을 먼저 보내 상황을 파악하도록 했으나 그는 적장에게 잡혀 죽고 말았다. 하릴없이 된 이덕형은 되돌아올 수밖에 없었고 결국 평양에서 임금께 이 사실을 보고했다.

화성이 남두南斗[96]에 침투했는데 이는 재앙이나 난의 조짐이라고 한다. 조정에서는 경기도·강원도·황해도·평안도·함경도 등 지방 군사를 선발해 한양을 지키도록 했다.

그리고 이조판서 이원익李元翼[97]을 평안도 순찰사에, 지사 최흥원崔興遠[98]을 황해도 순찰사에 임명하고는 즉시 출발하도록 했다. 임금께서 한양을 떠날 것에 대비해 그 지방 지리를 잘 아는 두 사람을 먼저 보낸 것이다. 두 사람은 예전에 안주 목사와 황해 감사로 있으면서 선정을 베풀

---

96 남쪽의 별자리 이름.
97 1547~1634. 조선 중기 문신. 1569년 문과에 급제했다. 임진왜란 때는 평안도 순찰사가 되어 왕의 피란 길을 선도했고, 1595년 우의정. 1598년에는 영의정이 되었다. 1608년에는 대동법 실시를 건의해 경기도·강원도를 비롯한 전국으로 확대 실시, 불합리한 조세제도를 시정했다.
98 1529~1603. 조선 중기 문신. 1568년 문과에 급제, 사간·동래 부사 등을 역임했다. 1588년 평안도 관찰사를 거쳐 임진왜란이 일어나자 좌의정·우의정·영의정을 두루 지냈다.

어 백성들로부터 칭송이 자자한 터였기에 임금의 순행 길을 닦는 데는 적격이었다.

적이 충주에 진입하자, 신립이 맞서 싸우다 전사하고 말았다. 이렇게 되자 우리 군은 걷잡을 수 없이 무너져 버렸다.

    충주에 들어선 신립은 충청도의 모든 군사를 모았다. 그렇게 모은 군사가 8천을 넘자 신립은 조령鳥嶺을 방어하려고 했다. 그러나 이일의 패전 소식을 접하자 그만 낙담해 충주로 돌아오고 말았다. 신립은 이일과 변기 등도 충주로 불러들였다. 결국 조령과 같이 험준한 요새는 버린 폭이 되었고 상하의 명령 또한 혼란스러워 지켜지지 못했다. 이 모습을 본 사람들은 이들이 반드시 패할 것이라고 생각했다.

    잠시 후 신립이 신임하는 군관이 들어와 조용히 전했다.

"적이 이미 조령을 넘었다 합니다."

이때가 27일 초저녁이었다. 이 말을 들은 신립은 갑자기 성 밖으로 뛰어나가 어디론가 사라졌다. 그러자 병사들 또한 동요하기 시작했다. 신립은 밤이 깊어 조용히 돌아왔다.

    이튿날 아침 신립은 자신에게 보고한 군관을 불러들였다.

"네 어찌 그런 망령된 보고를 해 우리 진영을 동요케 하느냐?"

신립은 그를 목 베어 죽였다. 그러고는 즉시 임금께 글을 올렸다.

'적은 아직 상주에 머무르고 있습니다.'

그러나 이미 적은 10리 밖까지 진격해 온 상태였다.

문경 제3관문 조령관
경상북도 문경시 문경읍과 충청북도 괴산군 사이 소백산맥에 있는 고개로, 문경새재라고도 한다. 예로부터 한양으로 올라가는 관문이었으며 군사적 요지였다. 사적 147호

신립은 탄금대彈琴臺 앞을 흐르는 두 강물 사이에 진을 쳤다. 이곳은 좌우에 논이 있고 풀도 우거져 말과 사람이 움직이기에도 어려웠다.

잠시 후 적군이 단월역에서부터 공격해 오기 시작했다. 양쪽으로 공격하는 모습이 마치 폭풍우가 몰아치는 것과 같았다. 한 무리는 산을 따라 동쪽으로 들어오고, 다른 한 패는 강을 따라 내려왔다. 총소리는 하늘을 울리고 땅을 뒤흔들었다.

이 모습을 본 신립은 어쩔 줄 몰라 하다가 말을 돌려 적진으로 돌격하고자 했다. 그러나 뜻을 이룰 수 없게 되자 말머리를 강물 속으로 돌려 죽고말았다. 이 광경을 지켜보던 병사들마저 그의 뒤를 따라 강으로 뛰어들자

강은 이내 시체로 가득 차고 말았다. 김여물 또한 함께 전사했다. 이일만이 동쪽 샛길을 따라 산속으로 도망칠 수 있었다.

그 전에 조정에서는 적이 막강하다는 소식을 접하고 이런 논의를 주고받았다.

"이일 혼자서는 어려울 것이다. 그러나 신립은 명장으로서 휘하 병사들을 잘 통솔할 것이다. 그로 하여금 주력 부대를 이끌고 뒤를 따르도록 하면 두 장수가 힘을 합해 실수 없이 막아 낼 것이다."

조정의 계책이 잘못된 것은 아니었는데도 결과는 너무나 참담했다.

불행히도 경상도 지방의 바다와 육지를 담당한 장수들은 하나같이 겁쟁이였다. 바다를 지키던 좌수사 박홍은 단 한 사람의 병사도 동원하지 않았고, 우수사 원균元均[99]은 거리는 좀 멀었다 하더라도 많은 배를 거느리고 있었다. 적 또한 여러 날에 걸쳐 들어왔다. 우리 측에서 한 번이라도 나아가 위협을 했다면 적들은 뒤에서 공격해 올 것을 염려해 그렇게 쉽게 쳐들어오지는 못했을 것이다. 그러나 우리 병사들은 멀리 적이 보이기만 해도 피할 뿐 싸우지 않았다.

이뿐이랴. 적이 상륙해 왔을 때 좌병사 이각과 우병사 조대곤은 도망치거나 교체되고 말았으니 그들이 마음대로 활개 치면서 100리 길을 달려온 것이다. 북쪽을 향해 밤낮으로 진군하는 그들을 맞아 제대로 싸워 본

---

99 1540~1597. 조선 중기 무신. 무과에 급제한 후, 조산 만호로 있을 때 오랑캐를 무찌른 공으로 부령 부사로 특진되었다. 1592년 경상 우수사에 올랐는데, 그 해 4월 임진왜란이 일어나자 전라 좌수사 이순신의 원병 지원을 받아 옥포·당포 등지에서 계속 승리했다. 그러나 포상 과정에서 이순신과 다툼이 심했는데 이순신이 삼도 수군통제사가 되어 지휘권을 장악하자 이에 크게 반발했다. 그 뒤 이순신이 옥에 갇히자 1597년 경상 우수사 겸 경상도 통제사에 임명되어 삼도 수군을 지휘했다. 그러나 칠천량 해전에서 왜적과 싸우던 중 대패, 전사했다. 이순신·권율과 함께 선무공신 1등으로 좌찬성에 추증되었다.

탄금대

충청북도 충주시 칠금동 대문산 주변 지역으로 남한강 상류와 달천이 합류하는 지점에 있다. 신라 진흥왕 때 우륵이 이곳에서 제자들을 가르치며 가야금을 탔다고 하여 탄금대라는 이름이 붙었다.

장수는 하나도 없었다. 이러니 상륙한 지 불과 10일 만에 상주까지 닿은 것이 아닌가.

이일은 자신의 병사도 갖지 못한 손님에 불과했다. 그런 까닭에 전투가 벌어지자 제대로 싸워 보지도 못하고 패한 것이다. 이렇게 해서 전투의 요지를 잃고 말았으니 원통하기 그지없는 일이었다.

후에 들으니 상주에 진입한 적들은 험한 지형을 거쳐 가야 한다는 사실에 매우 불안해 했다. 문경 남쪽 10리쯤 되는 곳에 고모성이라는 옛 성이 있었다. 이곳은 동부와 서부의 경계가 되는 곳으로 양쪽 산벼랑은 매우 날카롭고 그 가운데로는 큰 냇물이 흘렀으며, 길은 그 아래로 나 있는 험준한 곳이었다.

적들은 이곳에 우리 병사들이 숨어 있을 것이라 판단하고 척후병을 보내 몇 번이나 살펴보았다. 그러나 지키는 병사가 없음을 알게 되자 신이 나서 지나왔다고 한다.

후에 명나라 장수 이여송이 왜군을 쫓아 조령을 지나가다가 이렇게 탄

식했다고 한다.

"이런 천혜의 요새지를 두고도 지킬 줄을 몰랐으니 신 총병(신립)도 참으로 부족한 사람이로구나."

원래 신립은 날쌔고 용감한 것으로 이름이 높았으나 전투의 계책에는 부족한 인물이었다. 옛사람이 이르기를, "장수가 군사를 쓸 줄 모르면 나라를 적에게 넘겨준 것과 같다"라고 했다는데, 이제 와서 후회한들 무슨 소용이 있겠는가. 그러나 후손들에게 경계가 될 것이라 생각해 상세히 적어 둔다.

4월 30일 새벽, 임금께서 서쪽을 향해 출발하셨다.

신립이 남쪽으로 출발한 이래 한양에 남아 있던 사람들은 승전보가 전해지기만을 학수고대하고 있었다. 4월 29일 저녁, 전립을 쓴 사람 셋이 말을 타고 숭인문으로 들어오자 궁금증을 참지 못한 사람들이 몰려들었다.

"그래 전쟁은 어찌 되었소?"

그러나 그들의 대답은 뜻밖이었다.

"우리는 순변사 군관의 종이오만, 어제 순변사께서는 충주 전투 중에 패해 전사하셨소. 군사들은 모두 흩어지고 우리는 겨우 몸만 피해 빠져 나왔소. 빨리 가서 집안 식구들을 피신시키려고 달려오는 길이라오."

이 말을 들은 사람들은 놀라움에 이야기를 퍼뜨렸고 얼마 되지 않아 성안은 떠들썩해졌다. 그러자 조정에서도 초저녁에 재상들을 불러 피란을 논의했다. 임금께서는 바깥채에 나와 촛불을 켜고 앉아 계셨고, 그 곁에

종실宗室 하원군과 하릉군이 자리했다.

대신들이 말했다.

"상황이 이렇게 되었으니 전하께서는 잠시 평양으로 가시도록 하옵소서. 그런 다음 명나라에 구원을 요청해 후일을 도모하십시오."

그때 장령掌令¹⁰⁰ 권협權悏¹⁰¹이 임금 뵙기를 청하더니 무릎을 꿇고 큰소리로 말했다.

"바라옵건대 한양을 반드시 지키십시오."

말이 끝났을 때 내가 말했다.

"아무리 위급한 순간이라 할지라도 군신 간의 예의가 이럴 수는 없소. 할 말이 있다면 물러가 장계를 올리시오."

그러나 권협은 막무가내였다.

"좌상께서 이렇게 말씀하실 줄 몰랐소이다. 참으로 한양을 버리는 것이 옳은 일입니까?"

임금께 송구한 마음이 들어 다시 말했다.

"권협의 말이 참으로 충성스럽습니다만 지금 상황은 그런 것을 따질 때가 아닙니다."

그러곤 이어 말했다.

"왕자들은 지방으로 파견해 근왕병勤王兵¹⁰²을 모으도록 하시고, 세자는 전하의 행차를 따르도록 하십시오."

---

100 조선 시대 사헌부에 속한 정4품 관직으로 비위 관리를 탄핵·감찰하거나 왕의 뜻을 받아 집행하는 임무를 맡아 했다. 그런 까닭에 강직한 젊은 관료들이 주로 임명되었다.

101 1553~1618. 조선 중기 문신. 1577년 문과에 급제했으며, 임진왜란 때 한양을 사수할 것을 주장했다. 1597년 정유재란 때는 고급사에 임명되어 명나라에 들어가 병선과 군량의 지원을 이끌어 냈다.

102 임금을 위해 힘쓰는 병사, 즉 나라를 위해 힘쓸 병사를 가리킨다.

대신들은 궐문 밖에 나와 임금의 명령을 기다리고 있었는데, 잠시 후 명령이 내려졌다.

임해군은 영부사 김귀영과 칠계군 윤탁연을 데리고 함경도로, 순화군은 장계군 황정욱黃廷彧, 호군護軍[103] 황혁, 동지 이기를 데리고 강원도로 가도록 했다. 황혁은 순화군의 장인이고 이기는 원주 출신이기 때문에 이렇게 결정한 것이다. 한편 우의정은 유도대장留都大將[104]에 임명하고, 영의정은 재신宰臣[105]들과 함께 임금을 수행하도록 했다.

그러나 내게는 특별한 명령이 없었다. 그러자 승정원에서 아뢰었다.

"류성룡이 수행에 빠져서는 안 될 것입니다."

결국 나도 수행하도록 명령이 떨어졌다.

그런 와중에 내의 조영선과 정원리 신덕린을 포함한 10여 명이 큰소리로 울부짖었다.

"한양을 버려서는 아니 되옵니다."

잠시 후 이일의 장계가 도착했다. 그러나 궁중을 지키던 자들마저 모두 사라져 경루更漏[106]조차 울리지 않아 시간도 알 수 없었다. 겨우 선전관청에서 횃불을 얻어다가 이일이 올린 장계를 읽었다.

'적이 금명간 한양에 들이닥칠 것입니다.'

장계를 읽은 지 한참이 지나 임금의 가마가 대궐을 빠져나갔다. 삼청三廳[107]의 병사들도 모두 달아나느라고 어둠 속에서 이리 부딪히고 저리 부

---

103 조선 시대 관직. 오위五衛에 소속된 무신 벼슬로 정4품이었다.
104 도성에 남아 지키는 역할을 담당할 대장.
105 재상, 또는 정3품 이상의 당상관을 가리키는 말.
106 밤 동안의 시간을 알리는 데 쓰던 물시계.
107 궁중을 지키고 임금을 호위하던 내금위·우림위·겸사복의 세 부서를 가리키는 말.

덮혔다. 그때 마침 우림위羽林衛[108]에 있는 지귀수가 내 앞을 지나갔다. 내가 불러 꾸짖었다.

"그대는 전하를 모시지 않고 예서 뭐하는 건가?"

그러자 지귀수가 머리를 조아리며 말했다.

"제 힘을 다해 모시겠습니다."

그러고는 주위에 있는 두어 사람을 더 부르더니 내 뒤를 따랐다. 그들과 함께 경복궁 앞을 지나갈 무렵 길 양쪽에서는 백성들의 통곡 소리가 요란했다. 그때 승문원承文院[109] 서원 이수겸이 다가와 말고삐를 붙잡고는 물었다.

"승문원의 문서는 어떻게 하면 좋겠습니까?"

"중요한 문서만 챙겨서 뒤따라오너라."

그러자 이수겸이 울면서 돌아갔다.

돈의문을 지나 사현沙峴[110] 고개에 닿을 무렵 동이 트기 시작했다. 머리를 돌려 성안을 바라보았더니 남대문 안의 커다란 창고에 불이 나 연기가 하늘로 치솟고 있었다. 고개를 넘어 석교에 도착할 무렵 비가 내리기 시작했다. 그때 경기 감사 권징이 뒤쫓아와서 나를 따랐다. 벽제역에 도착할 무렵에는 비가 더욱 거세져 일행 모두 옷이 젖었다. 임금께서는 잠시 비를 피해 벽제역에 들어갔다가 다시 출발하셨는데, 이때부터 도성으로 되돌아가는 관원들이 늘었다. 시종·대간臺諫[111]들 가운데도 뒤떨어져 따르지

---

108 조선 시대 서얼 출신만으로 편성해 궁중의 숙위宿衛, 배종陪從, 호위를 맡아보던 군청의 하나.
109 조선 시대 사대교린에 관한 문서를 맡아보던 관청으로 괴원槐院이라고도 하며, 성균관·교서관과 함께 3관이라고도 했다.
110 지금의 서울시 서대문구 홍제동 부근.
111 감찰의 임무를 맡은 대관과 국왕에 대한 간쟁諫諍의 임무를 맡은 간관을 합해서 부르는 명칭. 정치의 옳

못하는 사람들이 있었다. 혜음령惠陰嶺[112]을 넘을 무렵에는 비가 퍼붓듯이 쏟아졌다. 허약한 말을 탄 궁인들은 수건으로 얼굴을 가린 채 울면서 따라왔다.

마산역을 지날 무렵, 밭에서 일하던 사람이 일행을 바라보더니 통곡하며 말했다.

"나라님이 우리를 버리시면 우린 누굴 믿고 살아간단 말입니까?"

임진강에 이를 때까지 비가 멈추지 않았다. 배에 오르신 임금께서 수상과 나를 부르셔 뵙고 나왔다.

강을 건넜을 때는 이미 날이 저물어 길을 찾기도 쉽지 않았다. 임진강 남쪽 기슭에 옛날 승청[113]이 있었는데 적들이 그 나무를 이용해서 뗏목을 만들어 강을 건널까 두려워 나무에 불을 붙였다. 그러자 불빛이 강 북쪽까지 비춰 길을 찾을 수 있었다.

오후 8시경이 되어 동파역에 닿자 파주 목사 허진과 장단 부사 구효연이 임금 접대를 위해 파견되어 와서 음식 준비에 한창이었다. 하루 종일 아무것도 먹지 못한 호위병들이 이 모습을 보더니 주방으로 들어가 닥치는 대로 먹어 치우기 시작했다. 나중에는 임금께 드릴 음식마저 모자랄 지경이 되자 허진과 구효연은 그대로 도망치고 말았다.

5월 1일 아침, 임금께서 대신들에게 물었다.

"남쪽 지방 순찰사 가운데 임금을 모실 자가 있는가?"

아무도 대답하지 못했다.

고 그름을 지적하고, 군주와 백관의 과실을 탄핵하는 역할을 담당했다.

112 지금의 경기도 고양시 덕양구 고양동과 파주시 광탄면 사이 고개.

113 나루터를 관리하던 청사.

날이 저물어서야 개성을 향해 떠나려고 했는데 경기도의 아전과 병사들이 모두 도망쳐 호위할 사람마저 없었다. 그때 황해 감사 조인득趙仁得이 그곳 군사를 거느리고 오고 있었으나, 서흥 부사 남의가 먼저 도착했다. 그가 이끌고 온 군사가 수백에 말도 50, 60필이었다. 길을 떠나려고 할 즈음 사약司鑰[114] 최언준이 아뢰었다.

"궁궐 일행이 어제, 오늘 계속 굶었으니 요기를 하고 떠나도록 해 주십시오."

결국 남의의 군사들이 가지고 온 쌀과 좁쌀을 이용해 요기를 하게 되었다. 한낮이 되어 초현참에 도착하자 조인득이 임금을 뵈었다. 그는 길 가운데 장막을 치고 일행에게 음식을 대접했다. 오랜만에 모두 배불리 먹을 수 있었다.

저녁 무렵 개성부에 들어서 남문 밖 관아에 임금께서 당도하셨다. 그러자 대간들이 연이어 글을 올렸다.

'수상이 측근들과 결탁해 나랏일을 그르쳤으니 탄핵하옵소서.'

그러나 임금께서는 허락하지 않으셨다.

다음 날에도 대간들은 계속 글을 올려 결국 수상은 파직되었고, 후임에 내가 임명되었다. 좌의정에는 최흥원, 우의정에는 윤두수尹斗壽[115]가 임명되었으며, 함경북도 병사 신할申硈은 해임되었다.

이날 낮에 임금께서 남성 문루에 올라 백성들을 위로하기도 하고 할 말

---

114 조선 시대 액정서에 속해 대전과 각 문의 열쇠를 보관하는 일을 하던 정6품 관리.
115 1533~1601. 조선 중기 문신. 1558년 문과에 급제해 승문원에 들어간 후 이조정랑 등을 지내고 대사간·대사성에 이르렀다. 이후 전라도 관찰사·평안 감사·형조판서·호조판서를 지냈다. 임진왜란이 일어나자 어영대장·우의정에 이어 좌의정에 이르렀다. 정유재란 때는 류성룡과 함께 난국을 수습했다. 이후 영의정에까지 올랐다.

이 있으면 해 보라 말씀하셨다. 그러자 한 사람이 앞에 나와 엎드렸다.

"무슨 일이냐?"

"예, 정 정승(정철)을 기용하옵소서."

당시 그는 강계에 귀양 가 있었다. 임금께서 한참을 생각하시더니 대답하셨다.

"알겠다."

그런 후 즉시 정철을 불러들이라고 명령하셨다. 저녁 무렵 임금께서 궁으로 들어오셨다. 그러곤 내 죄를 지적해 파면시키고 유홍兪泓[116]을 우의정에, 최흥원을 영의정에, 윤두수를 좌의정에 승진시켰다.

그때까지 적은 한양에 채 입성하지 않았다. 따라서 임금을 피란길에 오르도록 한 내가 잘못이라는 것이었다. 의논 끝에 승지 신잡申磼[117]을 한양으로 보내 상황을 살피도록 했다.

그러나 3일, 적이 한양에 들이닥쳤다. 유도대장 이양원과 원수 김명원은 이미 달아나 버린 후였다.

처음에 적은 동래에서부터 세 갈래로 나눠 올라왔다. 한 갈래는 양산·

---

116 1524~1594. 조선 중기 문신. 1553년 문과에 급제한 후 승문원 전적·지평 등을 지냈다. 1573년 함경도 병마절도사에 임명되었으며, 이후 각 도의 관찰사와 한성 판윤을 지냈다. 임진왜란 당시에는 선조를 호종했고, 세자와 함께 신위를 모시기도 했다. 한양 수복 후에는 이재민 구호에 힘을 기울였으며 1594년, 왕비를 호종하다 숨을 거두었다.

117 1541~1609. 조선 중기 문신. 1584년 문과에 급제해 이조·형조참판을 지냈다. 임진왜란 발발 시에는 비변사 당상이었으며, 이듬해 병조참판에 이어 평안도 병마절도사에 임명되었다.

밀양·청도·대구·인동·선산을 거쳐 상주에서 이일의 부대를 물리쳤다. 또 한 갈래는 장기·기장을 거쳐 좌도 병영인 울산·경주·영천·신녕·의흥·군위·비안을 함락시킨 후 용궁과 하풍진 나루를 거쳐 문경으로 온 후 가운데 길로 온 부대와 합세해 조령을 넘어 충주로 들어갔다. 충주에서 다시 두 갈래로 나눠 진격했는데, 한 갈래는 여주를 거쳐 강을 건넌 다음 양근楊根·용진龍津을 거쳐 한양 동쪽으로 들어왔다. 또 한 갈래는 죽산竹山·용인을 거쳐 한강 남부로 들어왔다.

마지막 한 갈래는 김해·성주·무계현을 거쳐 강을 건넌 후 지례, 금산을 지나 영동으로 들어갔다. 그러곤 청주를 함락시킨 다음 경기도로 향한 것이다.

그 무렵 적의 깃발과 창검이 온 나라를 뒤덮었고 총소리 또한 요란했다. 지나는 곳에서는 10리 혹은 50, 60리마다 험한 요지를 이용해 영책을 세우고 병사들로 하여금 지키게 했다. 밤에도 불을 밝혀 저희들끼리는 통신을 주고받았다.

제천정에 머물고 있던 도원수 김명원金命元[118]은 적이 밀어닥치자 그저 바라만 볼 뿐 싸울 엄두도 내지 못했다. 그러다가 무기와 화포를 모두 강물 속에 버린 후 옷을 갈아입고 도망치기 시작했다. 이 모습을 본 종사관 심우정이 말렸으나 듣지 않았다.

한양에 있던 이양원 또한 한강을 지키던 병사들이 흩어졌다는 소식을 듣자 이미 글렀다 생각하곤 양주로 도망쳐 버렸다.

---

118 1534~1602. 조선 중기 문신. 1561년 문과에 급제한 후 종성 부사를 지냈으며, 임진왜란이 일어났을 때에는 팔도 도원수를 지냈고, 평양이 적에게 함락되자 왕의 행궁을 지켰다. 정유재란 때에는 유도대장으로 공을 세웠고 1600년에는 우의정, 이듬해에는 좌의정에 올랐다.

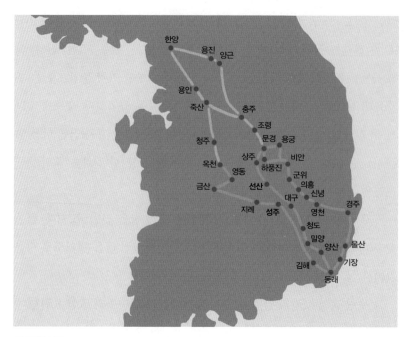

왜적 침략 경로

이에 앞서 강원도 조방장 원호元豪[119]가 수백 명의 군사를 이끌고 여주 북쪽 기슭에서 적과 대치하고 있었다. 이미 며칠째 적들은 강을 건너지 못한 상태였다. 그런데 갑자기 강원도 순찰사 유영길이 원호를 불러들인 후 강원도로 돌아가 버렸다.

적들은 이때다 싶어 민가와 관사를 헐고 그 재목을 이용해 뗏목을 만들어 강을 건너기 시작했다. 강 가운데에서 물에 빠져 죽은 자가 꽤나 많았지만 강을 지키는 사람이 없었으므로 여러 날에 걸쳐 천천히 다 건너왔다.

결국 세 갈래로 나눠 진격한 적이 모두 한양에 입성하게 되었다. 그러나

---

119 1533~1592. 조선 중기 무신. 무과에 급제한 후 경원 부사를 지냈다. 임진왜란 당시에는 강원도 조방장을
    지냈으며, 후에 방어사에 올라 김화에서 적과 전투 중 전사했다.

한양은 이미 텅 빈 상태였다.

김명원은 한강을 버리고 도망친 후 임금의 행렬을 따라 황해도로 향했다. 임진강에 도착한 그는 임금께 글을 올렸다. 그러자 임금께서 명령을 내렸다.

'경기도와 황해도 군사를 모아 임진강을 지키도록 하라.'

또 신할에게도 '함께 임진강을 지켜 적이 서쪽으로 향하지 못하도록 하라'라는 명을 내렸다.

그날 임금께서 개성을 떠나 금교역金郊驛에 당도했다. 비록 파직당한 몸이긴 하지만 나도 임금의 뒤를 따랐다.

4일, 임금께서는 흥의·금암·평산부를 거쳐 보산역에 당도하셨다. 그런데 개성을 떠날 무렵 급히 서두르다가 그만 종묘 신주神主를 목청전穆淸殿[120]에 두고 왔다. 그러자 종실 한 사람이 울면서 말했다.

"어찌 신주를 적의 수중에 두고 온단 말입니까?"

하는 수 없이 밤을 세워 개성으로 달려가 신주를 모셔 왔다.

5일, 임금 일행은 안성·용천·검수역을 지나 봉산군에 다다랐으며, 6일에는 황주, 7일에는 중화를 거쳐 평양에 도착했다.

삼도 순찰사의 군사마저 용인에서 패하고 말았다.

먼저 전라도 순찰사 이광이 군사를 이끌고 한양을 지원하려다가 임금

---

120 개성에 있는 태조 이성계가 왕이 되기 전에 살던 집.

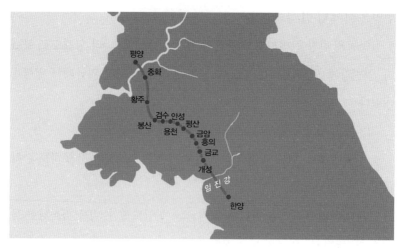

한양에서 평양에 이르는 선조의 피란길

께서 피란하시고 한양이 함락되었다는 소식을 듣고는 그대로 전주로 돌아갔다. 그러자 도내 사람들은 싸우지도 않고 돌아왔다며 이광을 비난했다. 불안해진 이광은 다시 군사를 이끌고 충청도 관찰사觀察使[121] 윤국형을 만나 합세했다. 여기에 경상도 순찰사 김수까지 군관 수십 명을 이끌고 합세하자 그 병력이 5만을 넘었다.

그들이 용인에 도착해 앞을 바라보니 두문산 위에 적의 작은 보루가 있었다. 대단한 것이 아니라고 판단한 이광은 백광언과 이시례를 보내 적의 동정을 살피도록 했다.

백광언은 선봉대를 거느리고 산으로 올라가 적의 보루 앞까지 나아갔다. 말에서 내린 그들이 활을 쐈으나 안에서는 아무런 대꾸도 없었다.

121　조선 시대의 지방장관. 각 도마다 한 명씩 두었으며 품계는 종2품이었다. 감사監司라고도 하며 문관직으로서 병마절도사·수군절도사를 겸임했다. 임기는 1년을 넘지 않았다. 중요한 사항은 조정의 지시에 따랐으나, 경찰권·사법권·징세권 등을 행사했다.

그러나 날이 저물어 우리 군사들이 해이해진 틈을 타 적들이 큰 칼을 휘두르며 공격해 왔다. 당황한 백광언 등은 말도 채 타지 못하고 모두 잡혀죽고 말았다. 이 소식이 우리 진영에 전해지자 부대의 전열이 흔들리기 시작했다.

당시 순찰사들은 모두 문인 출신이었다. 때문에 병무에 익숙지 못해 숫자는 많았으나 명령도 제대로 전달되지 않았고 요지要地를 지키지도 못했으며, 훈련 또한 일관되게 이루어지지 못했다. 옛말에 이르기를 '군대 다루기를 봄날 놀이하듯 하니 어찌 패하지 않겠느냐?' 했는데 바로 그와 같았다.

다음 날 우리 병사들이 겁에 질려 있음을 확인한 적들이 몇 명씩 짝을 지어 칼을 휘두르며 쳐들어왔다. 수많은 우리 군사는 그만 도망치기에 바빴는데 그 소리가 산을 뒤흔들 지경이었다. 또 병사들이 버리고 간 물자와 무기가 산더미처럼 쌓여 길을 다닐 수 없을 정도였다. 적들이 이것들을 가져다 불을 질렀다.

결국 이광은 전라도로, 윤국형은 공주로, 김수는 경상도로 돌아가고 말았다.

부원수 신각申恪[122]이 양주에서 적을 무찌르고 적병 60명의 머리를 베었다. 그런데도 조정에서는 선전관宣傳官[123]을 보내 신각을 죽였다.

---

122 ?~1592. 조선 중기 무신. 무과에 급제한 후, 영흥 부사 등을 거쳐 경상도 방어사에 올랐다. 그러나 임진왜란 당시 김명원의 무고를 받아 참형에 처해지고 말았다.
123 선전관청에 속해 왕의 시위侍衛, 전령傳令, 부신符信의 출납과 사졸士卒의 진퇴를 호령하는 형명形名 등

신각은 김명원의 부장副將이었다. 그런데 한강 싸움에서 패하자 김명원을 따라가지 않고 이양원을 따라 양주로 들어갔다. 그리고 마침 그곳에 온 함경우도 병사 이혼과 함께 한양으로 들어가 민가를 약탈하던 적을 격퇴시켰다. 이야말로 왜적이 우리나라에 침략한 후 처음으로 승리한 싸움이었으므로 백성들이 감격해 모두 나와 환호했다.

그럼에도 김명원은 임진강에서 올린 장계에 이렇게 썼다.

'신각이 제멋대로 다른 곳으로 가는 등 명령에 복종하지 않았습니다.'

우의정 유홍이 글을 읽은 대로 임금께 보고했다. 결국 조정에서는 신각을 처형하기 위해 선전관을 파견했는데, 마침 그때 신각의 승리 소식이 전해진 것이다. 조정에서는 부랴부랴 사람을 뒤쫓도록 했으나 이미 선전관의 손에 신각이 죽은 후였다.

신각은 비록 무인이었지만 청렴하고 신중한 인물이었다. 예전에 연안부사로 있을 때 성을 쌓고 해자를 판 후 무기도 충분히 마련해 놓았다. 후에 이정암李廷馣[124]이 연안성을 굳게 지키게 되자 사람들은 이야말로 신각의 공이라고 입을 모았다.

그런 인물이 아무 죄도 없이 죽은 것이다. 뿐만 아니라 그에게는 아흔이 넘은 노모가 계셨으니 이야기를 들은 모든 사람이 애통해 했다.

그 후 조정에서는 지사 한응인韓應寅[125]에게 평안도의 정예 병사 3천을

을 맡아본 무관.

124 1541~1600. 조선 중기 문신. 명종 때 문과에 급제, 장령掌令·사성司城·동래 부사를 거쳐 임진왜란 때 이조참의로 개성 방위에 공을 세우고, 연안에서 의병을 모집해 적을 무찔러 공을 세워 지중추부사가 되었다. 뒤에 전라 감사, 황해도 순찰사 등을 지냈다.

125 1554~1614. 조선 중기 문신. 1577년 문과에 급제해 승정원 주서 등을 지냈다. 임진왜란 당시 요동에 건너가 원군을 청했으며, 돌아와 우의정에 올랐다.

주어 임진강에서 적을 공격하도록 하면서 김명원의 지휘는 받지 말도록 명령했다. 당시 한응인은 명나라 수도에 갔다가 막 돌아온 직후였는데, 그를 본 좌상(윤두수)께서 여러 사람에게 말했다.

"이 사람 얼굴에 복이 가득하니 잘 처리할 것이야."

드디어 한응인이 임진강을 향해 떠났다.

그러나 한응인과 김명원의 부대는 임진강에서 패퇴했고 적은 강을 건너고 말았다.

당시 김명원은 임진강 북쪽에서 군사들을 벌여 강을 지키도록 하고, 강 위의 배는 모두 거둬 북쪽 기슭에 매어 두었다. 이렇게 되자 남쪽에 진을 친 왜적은 강을 건널 수가 없었다.

10일이 지났으나 적의 선발대 몇 명만이 강을 사이에 두고 공격할 뿐이었다.

그러던 어느 날, 왜적들이 막사를 불태우고 군기도 모두 거두는 것이 아닌가. 후퇴하는 모습을 지으며 우리 군사를 유인한 것이다. 본래 날쌔기는 하나 계책이 부족하던 신할이 경기 감사 권징과 힘을 합쳐 도망가는 적을 쫓으려 강을 건넜다. 김명원 또한 이를 말리지 않았다.

그때 임진강에 도착한 한응인 또한 적을 쫓으

해유령 전첩비
임진왜란 때 육지 싸움에서 최초로 승리를 거둔 전승지임을 기념하고 억울하게 죽은 신각 장군의 공을 기리기 위해 1977년 세운 약 10미터 높이의 기념비. 경기도 양주군 백석면 연곡리 소재려 했다. 당시 한응인의 군사는 강가에서 활동한 강한 병사들로, 오랑캐와의 전투를 통해 싸우고 진 치는 법에는 꽤나 능통한 상태였다. 그들이 한응인에게 청했다.

"우리 군사들이 먼 곳에서 오느라 피로하고 아직 밥도 먹지 못했습니다. 게다가 무기도 채 정비하지 않았고 지원군도 도착하지 않은 상태입니다. 또 적이 정말 후퇴하는지도 확인할 수 없습니다. 오늘은 일단 쉬고 내일 상황을 봐서 싸우도록 합시다."

그러자 한응인이 병사들이 머뭇거린다며 군사 몇의 목을 베어 버렸다. 김명원은 한응인의 행동이 옳지 못하다고 생각했으나 한응인이 자신의 명령을 받지 않도록 지시받았음을 알았기 때문에 아무 말도 하지 못했다.

그때 별장 유극량이 나서서 말했다.

"지금은 군사를 움직이지 않는 편이 낫겠습니다."

유극량은 나이도 많고 전투에도 익숙했기 때문에 이렇게 말한 것이다. 그러자 신할이 그를 베려고 했다. 화가 난 유극량이 소리쳤다.

"내 어려서부터 병사로 싸움터를 다녔소. 어찌 죽음을 두려워하겠소? 그렇게 말씀드린 것은 나랏일을 그르칠까 두려워서였소."

유극량은 말을 마치자마자 군사를 이끌고 앞장서 강을 건넜다. 강을 건넌 우리 군사들이 적을 뒤쫓다가 험한 곳으로 접어들었을 때였다. 양쪽에 숨어 있던 적병들이 갑자기 기습해 왔다. 당황한 우리 군사들은 힘 한번 써 보지 못하고 달아나기 시작했다. 말에서 내린 유극량이 땅에 주저앉으며 탄식했다.

"바로 이곳이 내 무덤이로구나."

활을 빼 든 유극량은 달려오는 적군 몇을 죽인 후 결국 적의 손에 목숨을 잃었다. 신할 또한 죽고 말았다.

한편 달아난 우리 군사들은 강 언덕까지 쫓겨 왔으나 건널 방도가 없자 강물에 스스로 몸을 던져 목숨을 끊었는데, 그 모습이 마치 바람에 날리는 나뭇잎 같았다. 미처 강물에 뛰어들지 못한 병사들은 뒤에서 휘두르는 적의 칼을 피하지 못하고 그저 쓰러질 뿐이었다.

강 건너에서 이 모습을 바라보던 김명원과 한응인은 아연실색할 뿐이었다. 그때 상산군 박충간이 말 머리를 돌려 달아나기 시작했다. 그러자 그를 김명원으로 잘못 안 병사들이 외쳤다.

"원수가 도망간다!"

그 말을 신호로 강을 지키던 병사들마저 모두 도망치기 시작했다.

김명원과 한응인은 임금이 머물고 있는 곳으로 돌아왔다. 그러나 조정에서는 이들을 문책하지도 않았다. 경기 감사 권징 또한 가평으로 피해 들어가자 적들은 아무 방해도 받지 않고 서쪽으로 밀려 들어왔다.

적이 함경도로 들어오면서 두 왕자 또한 적에게 사로잡혔다. 뿐만 아니라 이들을 수행하던 김귀영·황정욱·황혁과 함경 감사 유영립, 북병사 한극함 등이 모두 적에게 사로잡혔다. 남병사 이혼은 갑산으로 도망쳤다가 백성들 손에 죽었다. 이로써 모든 국토가 적의 수중에 들어가게 되었다.

당시 왜학통사 함정호란 사람은 가토 기요마사(加藤淸正)에게 사로잡혀 북도(함경도 북부)까지 다녀왔다. 이후 왜적이 물러갈 때 도망쳐 왔는데 그가 내게 북도 사정을 상세히 알려주었다.

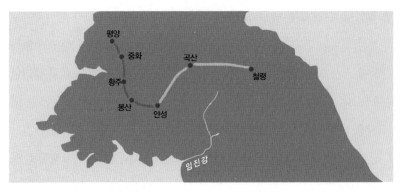

안성역에서 두 갈래로 나뉜 왜적 진격로

적장 가운데는 가토 기요마사가 가장 용맹스럽고 전투에도 능했다. 그는 고니시 유키나가와 함께 임진강을 건너 황해도 안성역에 당도했는데, 그곳에서 길은 두 갈래로 나뉘어 있었다. 어느 길을 택할지 알 수 없던 둘은 제비뽑기를 통해 고니시 유키나가는 평안도, 가토 기요마사는 함경도로 가기로 결정했다.

기요마사는 안성 사람 둘을 사로잡아 길을 안내하도록 했다. 그러자 두 사람이 말했다.

"저희는 이곳에서 나서 자란 까닭에 북쪽 길을 알지 못합니다."

이 말을 들은 기요마사가 그중 한 사람의 목을 베어 버렸다. 그러자 남은 한 사람이 겁에 질려 앞장서 나아갔다.

길잡이를 앞세운 기요마사 일행은 곡산에서 노리현을 넘어 철령鐵嶺[126] 북쪽으로 나왔다. 그들은 하루에 수백 리를 가는데 마치 폭풍우가 몰아치는 것 같았다.

---

[126] 강원도 고산군高山郡과 회양군淮陽郡 간의 경계에 있는 고개로 고개의 북쪽을 관북, 동쪽을 관동이라고 하며, 1914년 경원선이 부설되기 전까지는 관북 지방과 중부 지방을 연결하는 중요한 교통로였다.

그 무렵 북도 병사 한극함韓克誠[127]이 6진의 병사를 이끌고 해정창에서 적과 마주쳤다. 6진의 병사들은 말 타기와 활쏘기에 능한 데다 평탄한 지역에서 적과 싸우게 되자 종횡무진 말을 달리면서 활을 쏴 댔다. 이에 적들은 더 이상 버티지 못하고 창고 속으로 숨어 들어갔다.

저물녘이 되자 군사들이 말했다.

"일단 쉬면서 준비했다가 내일 적이 출몰하면 다시 싸웁시다."

그러나 극함은 듣지 않은 채 군사를 이끌고 적을 포위했다. 창고에 갇힌 적은 곡식 섬을 성처럼 쌓은 후 그 안에서 우리 군사의 활을 피하면서 조총을 쏴 댔다. 겹겹이 서서 포위하고 있던 우리 병사들은 조총을 맞자 한 발에 서너 명씩 쓰러지기 일쑤였다. 결국 얼마 지나지 않아 우리 병사들의 대오는 무너지고 말았다. 그제야 한극함은 병사들에게 후퇴를 명했다. 전열을 재정비한 병사들은 고개 위에 진을 친 다음 날이 밝기를 기다렸다.

그러나 적은 밤중에 몰래 나와 우리 병사들의 진을 빙 둘러 매복하고 기다렸다. 다음 날 아침에는 안개가 자욱히 끼어 지척도 분간하지 못할 지경이었다. 병사들이 일어나 멀리 있는 적을 향해 나아가기 시작했다. 그러나 한 방의 대포 소리를 신호로 적이 사방에서 공격해 오자 우리 병사들은 놀란 채 이리저리 흩어지기 시작했다. 적이 없는 곳을 찾아 헤매다가 진흙 속에 빠지면 적들이 몰려와 칼로 찔러 죽였다. 이렇게 죽은 병사의 수가

---

127 ?~1593. 조선 중기 무신. 임진왜란 때에는 함경북도 병마절도사를 지냈다. 당시 해정창에서 가토 기요마사의 군대와 싸웠는데, 전세가 불리해지자 임해군·순화군 두 왕자를 남겨 놓고 오랑캐의 마을로 도주했다가 오히려 그들에게 붙잡혀 포로가 되었다. 두 왕자 및 황정욱 등과 안변으로 호송되었다가 이듬해 4월 왜군이 한양에서 철수할 때 혼자 탈출해 돌아왔으나 처형당했다.

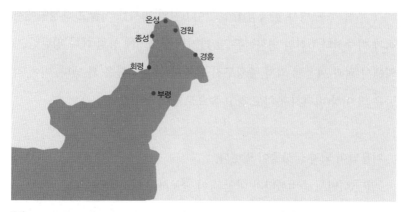

6진

조선 세종 때 북동 방면 여진족의 습격에 대비해 두만강 하류 남쪽 기슭에 설치한 국방상의 요충지로 종성鐘城·온성穩城·회령會寧·경원慶源·경흥慶興·부령富寧의 진지를 가리킨다. 김종서金宗瑞 장군의 뜻에 따라 설치가 완료되었으며, 이로부터 현재 우리나라의 모습이 갖춰지게 되었다.

헤아릴 수조차 없었다. 한극함 또한 경성으로 도망갔다가 적에게 사로잡히고 말았다.

임해군臨海君[128]과 순화군順和君[129]은 함께 회령부로 갔다. 순화군은 처음에 강원도에 있었는데 적이 강원도로 들어오자 북쪽으로 피해간 것이다. 당시 적은 왕자의 뒤를 계속 쫓았다. 그때 회령부의 아전인 국경인鞠景仁[130]이란 자가 자기 무리를 거느리고 반란을 일으켰다. 그리고 왕자와 수행원

---

128 1574~1609. 선조의 맏아들. 서자였지만 서열이 앞서 세자로 책봉되었으나 성질이 포악해 광해군이 대신 세자에 책봉되었다. 임진왜란 당시에 가토 기요마사의 포로가 되었다가 한양으로 돌아온 뒤 1603년 사옹원 도제조가 되었다. 1608년 명나라 사신에 의해 세자 서열 문제가 거론되자 진도에 유배되었다. 이듬해 광해군이 즉위하자 이이첨 등의 모해로 역모죄에 몰려 살해되었다.

129 ?~1607. 선조의 여섯째 왕자. 성격이 난폭하고 행패가 심해 1601년 순화군이라는 군호까지 박탈당했으나 죽은 뒤에 복구되었다.

130 ?~1592. 회령부 아전으로 재산을 모았으나 임진왜란이 일어나자 숙부 인세필, 명천의 아전인 정말수 등과 함께 백성을 선동, 반란을 일으켜 함경도에 있던 임해군과 순화군 그리고 그들을 호위하던 관리와 그 가족을 붙잡아 가토 기요마사에게 넘겼다. 그러나 왜적이 물러간 후 참살되었다.

들을 잡아 묶어 놓고는 적에게 넘겼다. 이를 본 기요마사는 그들을 풀어준 다음 군진 속에 두었다가 후에 함흥에 머물도록 했다.

당시 칠계군 윤탁렬은 혼자서 도중에 병이 났다는 핑계로 빠져 나와 별해보에 깊이 틀어박혀 있었다. 또한 동지 이기李墍[131]는 왕자 일행을 쫓아가지 않고 강원도에 머물러 있었다. 덕분에 이들은 적에게 잡히지 않았다. 유영립柳永立[132]은 적에게 잡혔지만 문관이라고 해서 가두어 놓지는 않았다. 그 틈을 노려 빠져 나온 유영립이 임금이 계신 곳으로 찾아왔다.

이일이 평양에 당도했다.

충주 싸움에서 패한 이일이 강을 건너 강원도 경계를 지나 겨우 이곳까지 오게 된 것이다. 당시 장수들은 한양을 떠나 남쪽으로 향하다 적을 맞아 도망가거나 싸움에서 죽어 임금을 수행할 사람조차 남아 있지 못했다. 게다가 머지않아 적이 밀어닥칠 것이라는 소식까지 전해지자 몹시 뒤숭숭했다. 그런 터에 이일이 도착한 것이다.

아무리 싸움에 패해 도망 온 신세라 하더라도 이일은 본래 명성이 높은 장수여서 사람들은 대단히 기뻐했다. 그렇지만 이일의 행색은 초라하기 그지없었다. 몇 번의 전투에서 패하고 이리저리 숨어 지낸 까닭에 패랭이

---

131 1522~1600. 조선 중기 문신. 1555년 문과에 급제했다. 1571년 직제학이 되었고, 이듬해 좌승지에 올랐다. 임진왜란이 일어나자 순화군을 보필하면서 강원도에 내려가 의병을 모집했다. 그 뒤 대사간·대사헌·예조판서·이조판서를 역임했다. 죽은 뒤 청백리에 선정되었고 영의정에 추증되었다.

132 1537~1599. 조선 중기 문신. 종성 부사를 지냈다. 임진왜란 당시 함경도 관찰사를 지내던 중 왜적에게 사로잡혔다가 도망쳤으나 후에 이 일로 파직되었다.

갑주甲冑(갑옷과 투구)
두석(놋쇠)과 비늘을 이어 붙여 만든 두석린豆
錫鱗 갑주(좌)와 안쪽에 얇은 철판 조각을 대고
두정(놋쇠못)으로 박아 만든 두정杜釘 갑주(우).
전쟁기념관 소장

철릭
조선 시대 무신이 입던 공복으로서 저고리와 치마
가 붙은 형태로 깃이 길고 허리에는 주름을 잡았다.
당상관은 남색을, 당하관은 홍색을 입었다.
단국대학교박물관 소장

를 쓰고 베적삼에 짚신을 신은 모습이 몹시 수척했다.

그를 불러 말했다.

"지금 이곳 사람들은 그대가 도착한 것에 큰 의지를 하고 있소. 그런데
이런 행색으로 어찌 사람들에게 믿음을 줄 수 있겠는가?"

그러곤 행장을 뒤져 남색 비단 철릭을 찾아내 그에게 입혀 주었다. 그러
자 다른 사람들도 나서 종립鬃笠[133]도 주고 은정자銀頂子[134]와 채색 갓끈도
마련해 주어 옷차림이 그럭저럭 갖추어졌다.

그러나 가죽신을 마련해 주는 사람은 없어 짚신을 신은 채로 걸었다. 내

---

133 말총으로 만든 갓.
134 정자는 전립 같은 것 위에 꼭지처럼 만든 꾸밈새로, 품계에 따라 금·은·옥·돌 등이 있음.

가 웃으면서 말했다.

"비단옷에 짚신이라 참으로 어울리지 않는구려."

주위 사람들 또한 바라보면서 큰소리로 웃었다.

그때 벽동에 살던 병사 임욱경이 달려와 큰소리로 보고했다.

"적이 이미 봉산까지 들어왔습니다."

나는 급히 좌상을 찾아 말했다.

"적의 척후병이 틀림없이 대동강 건너까지 와 있을 거요. 강 가운데 있는 영귀루 밑으로는 강물이 두 줄기로 흐르고 있소. 한 줄기는 물이 얕아 건널 만하고 다른 줄기는 깊어 건널 수 없소. 만일 적들이 백성을 앞세우고 건넌다면 막을 수 없을 것이오. 빨리 이일을 보내 얕은 물줄기를 지키고 있도록 하오."

좌상 또한 "그렇게 하는 것이 좋겠습니다" 하면서 이일을 급히 파견키로 했다. 그러나 이일이 거느리고 있는 군사는 겨우 수십 명에 불과했으므로 이일은 함구문含毬門[135]에 앉아 병사들을 점호했다. 마음이 급한 내가 사람을 보내 확인토록 했는데 그때까지도 이일이 떠나지 못하고 있다는 것이었다. 좌상에게 여러 번 재촉해서야 겨우 떠나보낼 수 있었다.

하지만 길을 안내하는 사람이 없는 까닭에 다른 길로 들어서 가다 평양 좌수 김내윤을 만나게 된 이일은 그의 안내로 만경대萬景臺 아래로 달려갔다. 그곳은 성에서 겨우 10리밖에 떨어져 있지 않았다. 그곳에 서서 대동강을 바라보니 강 건너편 기슭에는 적 수백 명이 이미 진을 치고 있었고, 강 가운데 작은 섬의 백성들은 혼비백산해 달아나고 있었다.

---

135 평양성 내성과 외성 사이의 성문.

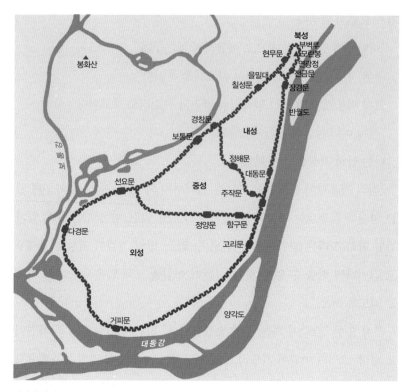

평양성 배치도

　이일은 병사들에게 섬으로 들어가 활을 쏘도록 명령했다. 그러나 병사들은 주저하며 들어가질 못했다. 이일이 칼을 빼어들고 다그치자 그제야 병사들은 마지못해 섬으로 들어갔다. 적들은 이미 강을 건너고 있었다. 그 모습을 본 우리 병사들이 활을 쏴 예닐곱 명을 맞히자 그 자리에서 거꾸러졌다. 이 모습을 본 적군은 그만 물러가 버렸다.

　이일은 계속 그곳을 지켰다.

명나라의 요동 도사가 진무 임세록을 우리나라에 보내 왜적의 정세를 탐지하도록 했다.

이 소식을 들은 임금께서 임세록을 대동관에서 접견하셨다. 6월 1일 복직한[136] 나도 바로 임금의 명령에 따라 임세록을 접대하게 되었다. 당시 요동에서는 왜적이 우리나라를 침략했다는 말을 얼마 전에 들었다. 그런데 다시 임금이 한양을 버리고 서쪽으로 피란했다는 소식이 들려오더니, 이윽고 왜적이 평양까지 닿았다는 소식을 접하자 의심을 품기까지 했다. 아무리 왜적이 강하다 하더라도 이렇게 빨리 올라올 수는 없다고 여겼기 때문이다. 어떤 이는 "조선이 왜구의 앞잡이가 되어 이끌고 온다"라고도 했다. 임세록은 이러한 상황을 파악하기 위해 파견된 것이었다.

나는 그를 연광정練光亭으로 안내했다. 그곳에서 아래쪽을 살펴보니 대동강 동쪽 숲에서 적병 하나가 나타났다가 이내 사라지고 잠시 후 다시 두세 명이 나타나더니 앉았다 섰다 하는 모습이 한가롭기 그지없었다. 나는 임세록에게 말했다.

"저들이 바로 적의 척후병입니다."

기둥에 기대어 이 모습을 바라보던 임세록은 믿기지 않는다는 표정이었다.

"왜적의 척후가 저렇게 적을 수 있단 말이오?"

그에게 설명했다.

"왜적은 본래 교활하고 간사합니다. 뒤편에 대군이 진을 치고 있다 해

136　5월 3일 영의정에 임명되고 당일 파직된 류성룡은 6월 1일 풍원부원군에 복직되었고, 12월 4일에는 도체찰사에 임명되었다.

연광정

평양 대동강가에 위치한 고구려의 평양성 내성 동쪽 장대. 6세기 중엽에 처음 세워졌다. 1111년 누정을 다시 짓고 '산수정'이라 했다가 16세기 초 다시 고쳐 연광정이라 불렸다. 임진왜란 때 불타 버린 후 다시 재건했다. '관서팔경'의 하나로 알려져 있다.

도 앞에 나타나는 척후병은 언제나 두셋에 불과하지요. 이를 보고 소홀히 여겼다가는 반드시 그 꾀에 넘어가고 맙니다."

이 말을 들은 임세록은 고개를 끄덕였다.

"그렇겠습니다그려."

그러곤 본국에 보고하기 위해 급히 말을 돌려 떠났다.

조정에서는 도원수 김명원과 순찰사 이원익 등을 거느리고 평양을 지키도록 좌상 윤두수에게 명령을 내렸다.

이보다 수일 전의 일이다. 임금이 평양을 떠난다는 소문이 퍼지자 백성들 또한 모두 도망가기 시작해 온 마을이 텅 비게 되었다. 그러자 임금께서 세자에게 대동관 문 앞에 가서 노인과 어른들에게 평양을 반드시 지킬 것이라는 뜻을 전하게 했다.

그러나 사람들은 믿질 않았다.

"동궁東宮[137]마마의 말씀만 가지고서는 민심을 수습할 수 없습니다. 성상께서 친히 말씀해 주시길 바랍니다."

다음 날 할 수 없이 임금께서 대동관 문에 나아가셨다. 그러고는 승지에게 평양을 반드시 지킬 것이라는 말을 전하게 했다. 그 말을 들은 사람들이 엎드려 절하고 통곡하더니 물러갔다. 얼마 후 숨어 있던 백성들이 모두 돌아오게 되자 성은 다시 예전의 모습을 되찾았다.

그러나 이미 적군이 대동강변에 출몰하기 시작했고, 재신宰臣 노직 등은 종묘사직의 신주를 받들고 궁인들을 호위하며 성을 나섰다. 이 모습을 본 성안의 아전과 백성 들이 난동을 부렸다. 그들은 칼을 빼 길을 막고 나서며 폭행했다. 신주는 길에 떨어지기도 했는데 그들이 재신을 지목하며 말했다.

"너희들이 평소에는 편히 앉아 국록만 축내더니 이제 와서는 나라를 망치고 백성마저 속이는구나!"

이 무렵 연광정에서 임금께로 향하던 아녀자와 어린아이까지 분노를 감추지 않고 소리를 지르는 모습을 보았다.

"성을 버리고 갈 거면 왜 우리는 성안으로 들어오게 했소? 이야말로 우리를 속여 적의 손에 넘겨주려는 속셈이 아니고 무엇이란 말이오?"

---

137 왕세자가 머무는 궁을 가리키는 말로, 동궁은 곧 왕세자를 가리킨다.

궁궐 문에 이르러 보니 소매를 걷어올리고 손에는 온갖 무기와 몽둥이를 든 난민들로 거리가 가득 찼다. 신하나 궁 안의 사람들도 어찌할 바를 모른 채 그저 망연히 서 있을 뿐이었다. 이들이 궁으로 밀고 들어오는 날에는 큰일이었다. 문밖 계단 위에 서 있다가 그중 나이가 들고 수염이 긴 사람 하나를 손짓으로 불렀다. 알고 보니 그 지방의 관리였다. 조용히 그를 타일렀다.

"그대들이 힘을 모아 성을 지키고, 임금을 성안에 모시려 하는 것은 참으로 충성스러운 행동이다. 그렇지만 이렇게 궁문에 들이닥쳐 소란을 피우는 것은 큰일날 짓이다. 지금 조정에서도 이곳을 지킬 것을 청해 임금께서도 이를 허락하셨는데 이리 소란을 피우는 까닭이 무엇이란 말이냐? 당신은 배울 만큼 배운 사람 같은데 내 말뜻을 사람들에게 전해서 물러가도록 하라. 만일 계속 이러한 행동을 한다면 그 죄를 반드시 물을 것이다."

내 말이 끝나자 그가 손에 든 몽둥이를 버리고 말했다.

"나라에서 성을 버리려 한다는 소문을 듣고 소인들은 그저 분한 마음에 이런 짓을 저질렀습니다. 지금 말씀을 듣자오니 저희의 가슴이 환하게 밝아오는 것 같습니다."

그러고는 모인 사람들을 쫓아 돌려보냈다.

그 전의 일이다. 적이 가까이 오고 있다는 소식을 들은 조정의 대신들이 피란 갈 것을 청했다. 특히 사헌부와 사간원 그리고 홍문관에서는 연일 대궐문 앞에 엎드려 청했다. 인성부원군 정철鄭澈[138]은 누구보다 앞서 피란을

---

138 1536~1593. 조선 중기 문신. 호는 송강. 1561년 진사시에 합격한 뒤 직강·헌납·지평을 거쳐 함경도 암행어사를 지냈다. 1578년 승지에 올랐으나 동인의 공격을 받아 사직, 고향으로 돌아갔다. 1580년 이후에

주장했다.

그때 나는 이렇게 말했다.

"오늘의 상황은 한양을 떠나올 때와는 다릅니다. 한양에서는 병사와 백성 모두가 흩어져 어찌할 방도가 없었습니다. 그러나 평양은 다릅니다. 앞에는 강이 가로막고 있고 백성들 또한 굳게 다짐하고 있습니다. 더욱이 이곳에서 명나라는 가깝습니다. 며칠 동안만 지키고 있으면 반드시 명의 구원병이 도착할 것입니다. 만일 이곳을 떠나 의주로 간다면 이제 의지할 만한 터전도 없습니다. 이는 곧 나라의 멸망으로 이어질 것입니다."

그러자 좌상 윤두수가 내 의견에 동조하고 나섰다. 나는 다시 정철을 향해 말했다.

"평소 공의 태도를 보면 나라를 위해서는 분을 참지 않아 아무리 어려운 일도 피하지 않을 것이라 믿었소. 그런데 이런 주장을 펴다니 참으로 뜻밖이오."

곁에서 윤두수가 시 한 편을 읊었다. '내가 칼을 빌려 아첨하는 신하를 베고 싶어라' 하는 문산文山[139]의 시였다. 이 시를 들은 정철은 크게 화를 내더니 옷소매를 뿌리치면서 나가 버렸다. 평양 백성들이 내 말을 듣고 해산한 것도 바로 이런 내용을 들어 알고 있었기 때문이다.

저녁 무렵 감사 송언신宋言愼[140]을 불러 물었다.

는 3년 동안 강원도·전라도·함경도의 관찰사를 지내면서 《관동별곡》 등의 가사를 지었고 1584년에는 대사헌에 올랐으나, 다음 해 사직하고 고향으로 돌아가 《사미인곡》·《속미인곡》·《성산별곡》 등 수많은 가사와 단가를 지었다. 임진왜란이 일어나자 다시 체찰사가 되었고, 이후 동인들의 탄핵을 받아 사직, 강화 송정촌에서 만년을 보냈다. 가사문학歌辭文學의 대가로 이름이 높다.

139 중국 송나라 때의 충신인 문천상文天祥의 호.

140 1542~1612. 조선 중기 문신. 1577년 문과에 급제한 후, 검열과 정언을 지냈으며, 이후 대사간·병조판서·이조판서를 지냈다.

"어찌 난민들의 행동을 진정시키지 못했는가?"

이 말을 들은 송언신이 주동자 셋을 색출해 대동문 앞에서 목을 베었다. 그러자 무리들은 모두 흩어지고 말았다.

이 무렵 조정에서는 이미 성을 나가기로 결정한 상태였다. 그러나 어디로 향할지에 대해서는 결정된 바가 없었다. 다만 함경북도가 험하고 구석진 곳에 있는 까닭에 좋지 않느냐는 의견이 있을 뿐이었다. 당시 함경도는 이미 적의 수중에 들어간 상태였으나 누구도 보고하지 않아 이런 논의가 가능했다.

동지 이희득은 영흥永興 부사로 근무할 무렵 선정을 베풀어 백성의 인심을 얻은 바 있었다. 그런 연유로 함경도 순찰사에 임명되었으며, 병조좌랑 김의원을 종사관으로 삼아 함경북도로 가기로 했다. 왕비 및 궁빈 이하 인원은 앞서 떠나도록 했다.

이에 대해 나는 강하게 반발했다.

"임금께서 이곳으로 피란 오신 것은 명의 구원병을 기다렸다가 나라를 수복하고자 함이었습니다. 지금 명나라에 구원병을 요청해 놓고 오히려 저 깊은 골짜기로 들어간다면 적이 길을 가로막아 명나라와의 통신도 어려워질 것입니다. 이러고서 어찌 한양을 회복할 수 있겠습니까? 게다가 지금 온 나라가 적의 침략을 받고 있는데 그곳이라고 적이 없으리라 장담할 수 있겠습니까? 그곳으로 갔다가 불행히도 적을 만나기라도 하는 날에는 북쪽 오랑캐 땅밖에는 갈 곳이 없을 것입니다. 그렇게 되면 어느 곳에 기댈 수 있겠습니까? 지금 여러 신의 가족이 대부분 그곳에 피해 있는 까닭에 그곳으로 가자는 의견이 많은 듯합니다. 신의 늙은 어머니 또한 강원도나 함경도 지방에 머물고 있을 것입니다. 저 또한 사사로운 정을 생각하면 그곳으로 가고 싶습니다. 그러나 어찌 나라의 앞날보다 우선하겠습니까?"

말을 하면서 목이 메인 나는 눈물을 흘리며 울었다.

그러자 임금께서도 숙연해지시며 말씀하셨다.

"경의 어머니는 안녕하신지 모르겠구나. 다 내 탓이로다."

그러나 내가 물러나온 뒤에도 지사 한준이 임금을 뵙고는 함경북도로 향할 것을 주청했다. 결국 중전께서도 함경도를 향해 떠나셨다.

그때는 적이 대동강에 온 지 사흘째 될 무렵이었다. 우리 일행이 연광정에서 건너편을 바라보고 있노라니 왜병 하나가 나무 끝에 종이를 매달아 강가 모래 위에 꽂아 놓고 돌아갔다. 그래서 화포장 김생려에게 그것을 가지고 오도록 명령했다. 작은 배를 타고 김생려가 건너가자 왜병은 무기도 지니지 않은 채 다가와 악수를 청하면서 친절하게 그 종이를 건네주었다. 김생려가 편지를 가지고 왔으나 좌상은 펼쳐 보지도 않았다.

"편지를 보는 것이 뭐 해롭겠습니까?"

말을 마친 내가 편지를 펴 보았다. 이렇게 써 있었다.

'조선국 예조판서 이 공 각하께 드립니다.'

이덕형에게 시게노부와 겐소가 함께 보내는 편지로 강화를 의논하고자 하는 내용이었다.

이덕형이 조각배를 타고 건너가 시게노부와 겐소를 대동강 가운데서 만났는데, 그 모습이 오랜 친구와 같았다.

겐소가 먼저 말문을 열었다.

"우리가 조선의 길을 빌려 명나라에 조공을 하고자 했는데, 조선이 허락하지 않아 일이 이 지경에까지 이르렀소이다. 지금이라도 늦지 않았으니 작은 길이라도 열어 준다면 더 이상 큰 일은 없을 것이오.”

그러나 이덕형이 전날 양국 간 약속을 저버린 것을 상기시킨 후 말했다.

“우선 귀국 군사들을 물리치고 나서 강화를 논의합시다.”

그렇지만 시게노부의 말투가 무례해 더 이상 논의하지 못한 채 헤어지고 말았다. 그날 저녁 적 수천 명이 나타나 동쪽 기슭에 진을 쳤다.

6월 11일, 마침내 임금께서 영변을 향해 길을 떠났다.

대신 최흥원·유홍·정철 등이 임금을 따라갔고 좌상 윤두수, 도원수 김명원, 순찰사 이원익은 평양성에 머물렀다. 나 또한 명나라 장수를 접대하기 위해 평양에 머물렀다.

그날 왜적이 평양성을 공격했다. 나는 좌상과 도원수 그리고 순찰사와 함께 연광정에 있었으며, 평안 감사 송언신은 대동성 문루를 지켰다. 또 병사 이윤덕李潤德은 부벽루 위쪽 강을, 자산 군수 윤유후 등은 장경문을 지켰다.

당시 성안의 병사는 장정을 포함해 모두 3000, 4000명 정도였다. 이들을 성첩에 배치했으나 대오가 제대로 정비되지 않아 어느 곳에는 빽빽이 서 있는데 비해 너무 적은 곳도 있었다. 을밀대 부근에는 소나무에 옷을 걸어 놓아 적을 속이기도 했는데, 이를 의병疑兵이라고 불렀다.

강을 건너 바라보니 적이 그다지 많아 보이지는 않았다. 동대원 언덕 위에는 ‘일一’자 모양으로 진을 치고 붉은 깃발과 흰 깃발을 세워 놓았는데

부벽루

평양 금수산 모란봉의 동쪽 대동강가에 깎아지른 듯 솟구친 청류벽 위에 서 있는 누정.
393년에 건립한 것을 1614년에 재건했다. 영명사의 부속 건물로 '영명루'라고 불렀다.
그 후 12세기에 이르러 대동강의 맑고 푸른 물 위에 떠 있는 듯한 누정이라는 뜻에서
'부벽루'라고 고쳐 부르게 되었다. 임진왜란 때 왜적들에 의해 불타서 1614년에 재건
했다.

을밀대

평양 금수산에 위치한, 6세기 중엽 고구려 때 평양성 내성의 북쪽 장대로 처음 세워진
누정. '윗미르터(윗밀이언덕)'에서 유래한 이름으로 사방이 트여 주위의 아름다운 경치
를 한눈에 바라볼 수 있다는 뜻에서 '사허정'이라고도 한다. 지금의 정자는 1714년에
축대를 보수하면서 고쳐 지은 것이다.

마치 우리나라의 만장과 흡사했다.

10여 명의 적 기병이 양각도를 향해 강물 속으로 들어섰다. 강물은 말 허리까지 차올랐는데 고삐를 잡고 한 줄로 벌려 서 일제히 강을 건너려는 자세를 취했다. 나머지 적들은 강 위에서 한둘 혹은 서넛씩 짝을 지어 큰 칼을 메고 왔다 갔다 했다. 이 모습을 보고 누군가 말했다.

"저건 진짜 칼이 아닙니다. 나무를 깎아 만든 칼에 백랍을 칠해서 눈을 속이는 것입니다."

그러나 너무 멀어서 확인할 수는 없었다. 적군 예닐곱이 조총을 가지고 강변 가까이 오더니 우리 성을 향해 총을 쐈다. 엄청난 소리를 내며 총알은 성안까지 날아왔다. 특히 어떤 것은 대동관까지 날아 기와 위에 떨어지기도 했다. 수천 보에 이르는 거리를 날아온 것이다. 성루 기둥에 맞은 것은 몇 치나 깊게 박히기도 했다.

붉은옷을 입은 녀석 하나가 연광정 위에 앉아 있는 우리를 장수로 오인하고 총을 겨누며 다가오더니 모래벌판까지 와서 쐈 댔다. 정자 위에 있던 두 사람이 맞았으나 거리가 워낙 멀어서인지 특별히 상처를 입지는 않았다.

군관 강사익을 불러 활을 쏘도록 시켰다. 화살은 강 건너 모래 위까지 날아갔다. 이를 본 적들이 이리저리 피하며 물러갔다. 이를 본 원수 김명원이 활 잘 쏘는 병사를 뽑아 날랜 배에 태운 다음 강 한가운데 나아가 활을 쏘도록 했다. 배가 저편에 다가가자 왜군이 멀리 달아났다. 우리 병사들이 배 위에서 현자총을 쏘자 불화살이 여기저기 박히기 시작했다. 왜군은 큰소리를 지르며 정신없이 흩어졌다가는 화살이 떨어진 후에 모여들어 구경하기에 여념이 없었다.

현자총통玄字銃筒

조선 선조 때 제작된 총길이 95.5센티미터, 통 길이 89.9센티미터
입지름 15.5센티미터, 중량 114킬로그램의 화포. 태종 때 처음 만
들어졌으며, 불화살을 넣고 쐈다. 손잡이의 흔적이 남아 있다. 육
군박물관 소장

총통과 운반 수레

화차

조선 문종 1년(1451)에 개발된 이동식 발사 무기. 중신기전中神機
箭 100발을 발사할 수 있는 신기전기 화차와 세전細箭 200발을
쏠 수 있는 총통기 화차, 두 종류가 있으며, 임진왜란 때 행주대첩
등에서 그 위력을 발휘했다. 전쟁기념관 소장

이날 병선을 제때 정비하지 않았다 하여 수리공 한 명의 목을 베었다.

그 무렵 비가 오지 않아 강물은 나날이 메말라 갔다. 그래서 재신들을 여럿으로 나눠 단군 사당·기자 사당·동명왕 사당에 보내 기우제를 지냈으나 여전히 비는 내리지 않았다.

좌상에게 말했다.

"이곳은 강이 깊고 배도 없어서 적이 건너지 못하고 있소. 그러나 상류로 가면 건널 만큼 얕은 곳이 있을 것이오. 머지않아 적들이 그곳으로 건너올 것이니 지금부터 방비를 단단히 해야 할 것이오. 적이 강을 건너기만 하면 성을 지킬 방도는 없으니 말입니다."

그러나 김명원은 워낙 느긋한 성미인 까닭에 태연히 말했다.

"이윤덕을 시켜 이미 지키도록 했습니다."

나는 다시 말했다.

"이윤덕 정도에게 의지할 수는 없는 일이오."

그러고는 이원익을 가리키며 말했다.

"우리가 이렇게 모여 있어 봤자 아무 도움도 되지 않으니 공이 나아가 강을 지키는 것이 어떻겠소?"

그러자 이원익이 대답했다.

"명령만 하신다면 당연히 나아가 힘을 다하겠습니다."

이 말을 들은 좌상 윤두수가 나서며 말했다.

"공이 가 보는 것이 좋겠소이다."

이원익이 자리에서 일어나 나갔다.

당시 나는 임금의 명령에 따라 오직 명나라 장수만 접대할 뿐 군사에는 참여할 수 없었다. 그러나 생각할수록 적에게 질 것 같았다. 결국 하루라

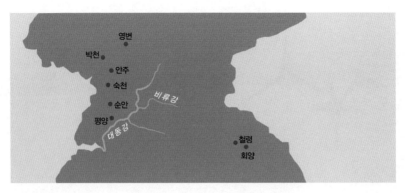

평양과 철령 주변 지역

도 빨리 가서 명나라 군사를 맞아들이는 것만이 해결책이라 생각했다.

날이 저물어 나는 종사관 홍종록·신경진과 더불어 성을 떠났다. 밤이 깊어서 순안에 도착했는데 도중에 이양원과 종사관 김정목을 만날 수 있었다. 그들은 회양에서 오는 길이라면서 적이 이미 철령에 이르렀다고 알려 주었다.

다음 날 숙천을 지나 안주에 도착해서 임세록을 만났다.

공문을 접수해 임금께 보냈다.

이튿날 임금 일행이 이미 영변을 떠나 박천으로 향했다는 소식을 들었다. 박천으로 달려갔다. 동헌에 나온 임금께서 나를 불러 물으셨다.

"평양성은 지킬 만하던가?"

"그곳 주민들이 각오를 단단히 하고 있어 지킬 수 있을 듯합니다. 그러나 내버려 두어서는 안 될 것입니다. 한시바삐 구원병이 가야 할 것 같습니다. 신이 이곳까지 달려온 것도 명나라 군사를 맞기 위해서입니다. 그러나 아직도 구원병이 도착하지 않으니 참으로 안타깝습니다."

그러자 임금께서 윤두수가 보낸 장계를 내게 보이면서 말씀하셨다.

마름쇠

길 위에 뿌려 놓아 적의 말이나 사람을 막기 위한 마름 모양의 무쇠 덩이. 약 5센티미터 길이의 끝이 뾰족한 가지가 네 가닥으로 되어 있으며, 그냥 뿌려 놓아도 한 가닥은 항상 위를 향하게 되어 있다. 육군박물관 소장

"어제 이미 노약자들을 성 밖으로 내보냈다고 하는데 어찌 성을 지킬 수 있단 말인가?"

"전하께서 걱정하시는 것도 무리가 아닙니다. 신이 그곳에 머물 무렵에는 괜찮았습니다만, 적이 강을 건넌다면 아마도 얕은 곳을 걸어 건널 것입니다. 이를 방비하기 위해 마름쇠를 물속에 깔아 놓는다면 좋을 듯싶습니다."

임금께서 즉시 그곳 주변에 있는 마름쇠를 모으도록 하셨다.

이렇게 모은 마름쇠가 수천 개에 이르자 임금께서 "즉시 이것을 평양으로 보내라" 하고 명령을 내리셨다.

내가 다시 말했다.

"평양 서쪽의 강서·용강·증산·함종 등의 고을에는 곡식도 많고 주민도 많습니다. 만일 적이 가까이 왔다는 소식만 전해져도 백성들은 이리저리 흩어질 것입니다. 한시바삐 시종 한 사람을 보내 인심을 달래도록 하옵소서. 덧붙여 군사를 보내어 평양을 지원토록 하는 것이 좋겠나이다."

"누구를 보내는 것이 좋겠는가?"

"병조정랑 이유징李幼澄이 계책이 뛰어납니다. 그를 보내옵소서."

대답을 마친 내가 다시 말을 이었다.

"신은 더 이상 지체하기 어렵습니다. 밤을 새워 달려가 명나라 장수를 만나 구원병을 의논해 봐야 하겠습니다."

물러나온 즉시 이유징을 불렀다. 그러곤 임금과 나눈 내용을 알려 주었더니 그가 깜짝 놀라며 반문했다.

"아니, 그곳은 적의 소굴인데 어떻게 간단 말씀입니까?"

나는 화를 내며 말했다.

"나라의 녹을 먹는 자는 어떠한 어려움도 피하지 않는 것이 도리요. 지금 나라가 바람 앞의 등불과 같은데 끓는 물속이라도 들어가야 할 때에 이 정도 일을 피하려 한단 말인가?"

그는 아무 대꾸도 하지 않았지만 원망하는 기색이 역력했다. 대정강大定江가에 이르러 보니 해는 이미 서산에 기울고 있었다. 다시 광통원 쪽을 바라보니 들판에 군사들이 여럿 오고 있는 모습이 눈에 들어왔다. 군졸을 시켜 그들을 불러오도록 했다. 혹시 평양성이 함락되어 쫓겨 오는 것은 아닌지 걱정되었다.

그들을 불러 물어본즉 의주·용천 등에서 온 군사들로 평양에서 강을 지키던 군사들이었다.

"어제 적병들이 왕성탄王城灘으로 강을 건넜습니다. 군사들도 모두 도망가고 병사 이윤덕도 도망쳤습니다."

깜짝 놀란 내가 편지를 적어 군관 최윤원崔閏元을 시켜 임금께 알리도록 했다. 그러곤 밤이 되어 가산嘉山군으로 들어갔다.

한편 왕비께서는 그날 밤 박천에 당도했다. 북쪽을 향하다가 이미 적들이 깔려 있다는 소식을 접하고 방향을 바꾼 것이다. 그때 통천 군수 정구鄭

述[141]가 사자를 시켜 음식을 보내왔다.

마침내 평양성이 함락되었다.

  임금께서는 가산으로 가시고 동궁께서는 종묘사직의 신주를 받들고 박천을 거쳐 산중으로 피하셨다.

  대동강에 주둔하던 적병들은 10여 개의 진을 친 이후 여러 날이 지나도 도무지 강을 건널 수가 없었다. 경비 또한 삼엄했다. 성 위에서 이 모습을 바라보던 김명원은 밤을 이용해 공격하기로 마음을 먹었다. 정예 군사를 선발한 그는 고언백 등을 지휘관으로 삼아 능라도를 이용해 강을 건너도록 했다. 원래는 자정 무렵에 공격하려 했지만 시간이 늦어져 병사들이 건너고 보니 이미 동이 터 오고 있었다. 그러나 적은 일어나지 않은 상태였다.

  드디어 1진이 공격을 시작하자 잠을 자던 적들이 놀라 허둥거리기 시작했다. 우리 군사들은 많은 적의 목을 베었으며 말 300필도 빼앗았다. 그러나 안타깝게도 사병 임욱경을 잃고 말았다. 남보다 앞서 적진에 뛰어들다 결국 적에게 당한 것이다.

  시간이 지나자 여기저기 주둔하고 있던 적들이 갑자기 순식간에 몰려왔다. 우리 군사들이 되돌아 배로 달려왔다. 그러나 적들이 몰려오는 모습

---

141 1543~1620. 조선 중기 문신. 임진왜란 때 의병을 일으켜 싸웠고, 강릉 부사 · 강원 감사 · 대사헌 등을 지냈다. 산수算數 · 병진兵陣 · 의학醫學 · 풍수風水 등에 정통했으며《심경발휘心經發揮》,《역대기년歷代紀年》등의 편저를 남겼다.

을 본 선원들이 배를 육지에 대지 않았다. 결국 배를 기다리던 우리 군사들은 뒤쫓아 온 적에게 밀려 물에 빠져 죽은 사람이 부지기수였다. 나머지 군사들은 왕성탄을 건너 도망쳐 왔다.

이 모습을 본 적병들은 왕성탄 부근 강이 얕다는 사실을 깨닫고는 이리로 강을 건너기 시작했다. 그러자 강을 지키던 우리 군사들은 활 한 번 쏴 보지 않고 달아나기에 바빴다. 강을 건너온 적은 혹시 성안에 누군가 남아 있을지 모른다는 생각에 조심스레 접근했다.

그날 밤, 윤두수와 김명원은 풍월루 연못에 화포를 던져 버렸다. 그런 후 윤두수는 보통문普通門[142]을 빠져 나와 순안으로 갔다. 종사관 김신원은 혼자 대동문을 나와 배를 타고 강서로 향했다.

다음 날 성 앞까지 진군한 왜적들은 모란봉에 올라 오랫동안 성을 관찰했다. 드디어 성이 비어 있음을 알게 된 적군은 평양성에 입성했다.

한편 임금께서 평양성에 당도할 무렵, 식량 부족을 걱정한 조정에서는 여러 고을의 전세田稅[143]를 평양으로 옮겨 두었다. 그 양이 무려 10만 석이 넘었는데 그것 또한 고스란히 적의 수중에 들어가고 말았다.

그 무렵 내가 띄운 장계가 박천에 전해졌고, 평양을 떠나온 순찰사 이원익과 종사관 이호민李好閔[144] 역시 적의 움직임을 전했다. 상황이 급박해짐을 깨달은 임금과 왕비께서는 그 밤으로 가산을 향해 떠나셨다. 세자에게는 종묘사직의 신주를 받들고 다른 길로 가서 군사를 모은 후 국토의 수복

---

142 3세기 중엽 고구려 시기에 평양성 중성의 서문으로 처음 세워졌으며 고려 시대에는 '광덕문', '우양관'이라 불리기도 했다.
143 나라에서 세금으로 거둔 곡식.
144 1553~1634. 조선 중기 문신. 임진왜란 때 임금을 의주까지 모셨다. 요동으로 가서 명나라 군사를 청해 와서 평양 싸움을 승리로 이끄는 데 공이 컸다. 부제학·예조판서·대제학·좌찬성 등의 벼슬을 지냈다.

을 꾀할 것을 전하셨다.

　신하들에겐 제각기 행렬을 수행하도록 했는데, 영의정 최흥원이 세자를 수행하도록 했다. 우의정 유홍 또한 세자를 수행하겠다고 청했으나 임금께서 대답하지 않으셨다. 임금의 행렬이 떠날 때에도 유홍은 엎드려 하직하고 가려 했다. 내관들도 여러 번 임금께 이 사실을 전했으나 임금께서는 끝내 아무 말씀도 하지 않으셨다. 유홍은 결국 세자의 뒤를 따랐다.

　당시 윤두수가 평양에서 미처 돌아오지 않은 까닭에 임금께서 계신 곳에 대신은 아무도 없었고 오직 정철만이 예전 재상의 자격으로 모시고 있었다. 임금께서 가산에 닿은 것은 오경, 즉 새벽 네 시가 지나서였다.

임금께서 정주에 닿으셨다.

　임금께서 평양을 떠나온 뒤로는 인심이 험악해져 지나는 곳마다 난민들이 창고의 곡식을 약탈하는 일을 목격하게 되었다. 순안·숙천·안주·영변·박천의 창고가 다 털렸다.

　임금 행렬이 가산을 떠날 무렵, 가산 군수 심신겸이 내게 말했다.

　"이 고을에는 양곡이 넉넉합니다. 관청에도 백미 1000석이 저장되어 있습니다. 이것으로 명나라 군사를 도우려고 했는데 지금 상황이 어렵게 되었습니다. 공께서 잠시라도 머무르면서 고을 사람들을 다스린다면 진정될 것이나 그렇지 않으면 이내 난동이 벌어질 것입니다. 그렇게 되면 저 또한 도망갈 일밖에 남지 않을 것입니다."

　이미 심신겸의 명령은 어디에도 통하지 않았다. 당시 내가 군관 여섯 명과 도중에 거둔 패잔병 열아홉 명을 이끌고 있었기 때문에 심신겸 또한 그 힘에 의지해 자신을 방어하고자 해서 그렇게 말한 것이다.

차마 그대로 떠날 수 없던 나는 얼마간 대문에 앉아 있었다. 이미 해는 기울기 시작했다. 그러자 임금의 명령을 어기고 이곳에 계속 머무르는 것도 도리가 아니라는 생각이 들었다. 할 수 없이 심신겸과 헤어져 길을 떠났다. 효성령에 올라 가산을 바라보니 이미 고을 안은 난리가 난 상태였다. 심신겸 또한 곡식을 다 빼앗기고 도망치고 말았다.

다음 날 정주를 떠나 선천으로 향하던 임금께서 내게 정주에 머물라 명령하셨다. 그러나 백성들은 모두 피란을 떠나 정주 또한 텅 빈 상태였다. 늙은 아전 백학송을 위시한 몇 사람과 떠나는 임금을 전송하자 눈물이 앞을 가렸다.

연훈루延薰樓 아래 앉아 보니 군관 몇 명과 패잔병 열아홉 명이 떠나지 않고 말을 길가 버드나무에 매어 놓은 채 둘러앉아 있었다. 저녁 무렵 남문을 바라보니 몽둥이를 든 사람들이 계속 왼쪽으로 가는 모습이 보였다. 군관에게 살펴보고 오라고 지시했다. 군관의 말에 따르면 창고를 약탈하려는 자들이었다. 벌써 수백 명이 창고 아래 모여 있다고 했다.

내가 거느리고 있는 군사도 적지만, 이대로 두었다가는 도저히 막을 수 없을 지경에 이를 것 같았다. 그렇다면 지금이라도 나서서 해산시키는 편이 낫다는 생각이 들었다. 고개를 들어 성문을 보니 10여 명이 또 창고 방향으로 달려가고 있었다.

"어서 가서 저 녀석들을 잡아오너라."

군관과 패잔병들이 내 명령을 받고 달려가 그 가운데 아홉 명을 잡아 왔다. 군관들로 하여금 그들의 머리를 풀어헤치고 옷을 벗긴 다음 창고 옆

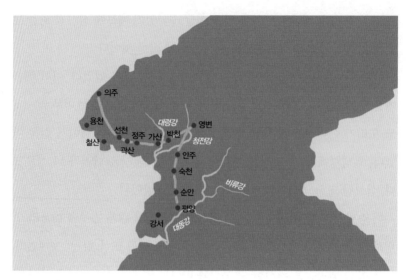

선조의 피란길과 주변 지역

길가에서 끌고 다니게 했다. 그들 뒤에서 군관들이 외쳤다.

"창고를 터는 도적놈들을 사로잡아 곧 목 베어 죽일 것이다."

이 모습을 본 사람들은 뿔뿔이 흩어지기 시작했다. 이렇게 해서 정주 창고 안의 곡식은 지킬 수 있었으며, 용천·선천·철산 등 주변 고을의 창고도 보전되었다.

정주 판관 김영일은 무인武人이었는데, 평양에서 도망쳐 돌아온 후 처자를 바닷가에 피란시켰다. 그러고는 창고의 곡식을 빼내려 했다. 이 말을 들은 나는 즉시 그를 잡아들이도록 했다.

"너는 무장으로서 싸움에 패하고도 죽지 않았으니 그 죄만으로도 목숨을 부지하기 어려울 것이다. 하물며 나라의 곡식까지 빼내려 하다니 어이가 없구나. 이 곡식은 장차 명나라 병사들을 먹일 군량미이지 네가 먹을 것이 아니다."

그러고는 곤장 60대를 쳤다.

얼마 후 평양을 떠난 윤 좌상, 김 원수(김명원) 그리고 무장 이빈李蘋 등이 정주에 도착했다. 임금께서 떠나시면서 윤 좌상이 오면 정주에 머무르도록 하라고 하셨기에 그에게 명령을 전했다. 그러나 윤두수는 대답도 하지 않고 바로 임금을 향해 떠났다. 나 또한 김명원과 이빈에게 정주를 지키라고 일러 놓고 임금의 행렬을 뒤쫓아 용천으로 떠났다.

평양성이 함락되었다는 소식이 전해지자 모든 백성이 숨어 버려 가는 곳곳마다 텅 비어 있었다.

곽산산성[145] 밑에 이르자, 앞에 두 갈래 길이 나타났다. 하졸에게 물었다.

"이 길은 어디로 가는 길이냐?"

"예, 구성으로 가는 길입니다."

말을 세우고 종사관 홍종록을 불러 일렀다.

"길가의 창고가 하나같이 비어 있으니 명나라 구원병이 온다 해도 무엇으로 먹이겠느냐? 이 부근에서는 구성의 창고만이 온전한 것 같다. 그렇지만 그곳도 아전과 백성이 모두 사라져 옮길 재주가 없구나. 그대는 오랫동안 구성에 있었으니 그곳으로 가거라. 그대가 왔다는 말을 들으면 숨어 있던 사람들이 나와서 이것저것 물을 것이다. 그러면 이렇게 말해라. '왜적들은 평양성에서 한 걸음도 나오지 않고 있는데, 명나라 구원병은 이미 출발했다. 그런데 안타깝게도 군량미가 부족하다. 그러니 신분을 따지지 않고 누구든 나서 군량미를 옮긴다면 후에 조정에서 큰 상이 내릴 것이다.' 그러면 정주나 가산까지 충분히 옮길 수 있을 것이다."

---

145 평안도 정주 서쪽 능한산에 위치한 산성.

이 말을 들은 홍종록이 숙연한 표정으로 고개를 끄덕이고는 구성을 향해 떠났다. 홍종록은 기축년 옥사獄事[146]에 연루되어 구성에 귀양 가 있었는데, 임금께서 평양에 들어오신 후 용서하시고 사옹정에 임명했다. 그는 충성스럽고 성실해 나라를 위해서는 몸까지 바칠 만한 인물로 아무리 험한 곳도 마다하지 않았다.

그가 떠난 후 나는 용천을 향해 출발했다.

임금께서 의주에 도착하셨다.

명나라 장수 참장參將 대 모라는 자와 유격장遊擊將 사유史儒 또한 군대를 이끌고 평양으로 향하던 중 암반역에서 평양성이 이미 함락되었다는 소식을 듣고는 의주로 돌아와 주둔하고 있었다. 한편 명나라 조정에서는 군사들에게 은 2만 냥을 내렸는데, 이를 가지고 온 관원이 의주에 도착했다.

그 전에 요동에서는 우리나라에 왜적의 침략이 있다는 보고를 조정에 올렸다. 그러나 조정에서는 의견이 분분했다. 심지어는 우리가 왜적의 길잡이 노릇을 하고 있다는 말까지 나올 정도였다. 유독 병부상서 석성石星만이 우리나라에 대한 지원을 강하게 주장했다. 당시 우리나라 사신 신점申點이 옥하관에 머물고 있었는데, 어느 날 석성이 그를 불렀다. 신점이 가자 그가 요동에서 보내온 왜적에 대한 보고서를 보여 주었다. 이를 읽고 난 신점은 소리 내어 울기 시작했다. 그러곤 아침저녁으로 일행과 함께 통

---

146 1589년 선조 때 정여립의 모반을 계기로 일어난 옥사.

곡하면서 구원병 파견을 요청했다. 석성은 이를 명나라 임금에게 보고했다. 이에 명나라 임금이 병사 두 개 부대를 파견해 우리 임금을 호위하도록 명하고, 경비로 은까지 하사한 것이다.

신점이 통주로 돌아올 무렵, 우리 조정이 띄운 고급사告急使[147] 정곤수鄭崑壽[148]가 뒤이어 도착했다. 석성은 그를 방으로 들인 다음 상황을 듣고는 눈물까지 흘렸다. 그 뒤로도 계속 파견된 사신들이 요동에 도착해 위급함을 알리고, 구원병을 요청했다. 심지어 우리나라에서는 합병할 것을 청하기까지 했다. 이미 평양까지 함락되었으니 하루 이틀 사이에 압록강마저 안전치 못하다는 생각에서 이렇게 서두른 것이다.

그런데 다행스럽게도 왜적이 평양성에서 몇 날 며칠을 꼼짝도 하지 않았다. 이렇게 되니 민심도 차츰 수습되고, 남은 군사들을 재정비하면서 명나라의 구원병을 맞이할 태세를 갖추게 되었다. 이야말로 나라의 회복에 기틀을 마련한 것이었는데, 이는 참으로 하늘이 도운 것이지 사람의 힘으로 이루어진 것이 아니다.

7월에 명나라의 요동 부총병 조승훈祖承訓이 5천의 지원병을 거느리고 우리나라로 온다는 기별이 전해졌다.

---

147 급하게 내용을 알리기 위해 보내는 사신.
148 1538~1602. 조선 중기 문신. 선조 때 과거에 급제해 상주 목사·강원도 관찰사·우승지·병조참판을 지내고 임진왜란 때 명나라에 구원병을 청하는 데 공을 세웠다. 판돈령부사, 예조판서를 거쳐 좌찬성을 지냈다. 저서로 《백곡집柏谷集》이 있다.

당시 나는 치질이 심해 자리에서 일어날 수조차 없었다. 임금께서 나 대신 좌상 윤두수에게 마중을 나가 군량을 지원토록 하셨다.

종사관 신경진을 시켜 임금께 아뢰도록 했다.

"행재소行在所[149]에 있는 현직 대신은 오직 윤두수 한 사람이온데 그가 자리를 비워서는 안 될 것입니다. 명나라 장수의 접대는 제 소임이므로 비록 병이 깊다 하오나 제가 나가겠습니다."

7월 7일, 행궁行宮[150]으로 엉금엉금 기다시피 나아가 임금께 아뢰었다.

"지금 소관을 떠나 행군하고 있는 명나라 군사들이 정주·가산까지 가는 동안에는 군량 부족은 없을 것입니다. 그러나 안주·숙천·순안을 거치는 동안에는 저장되어 있는 양식이 없습니다. 따라서 3일치 양식은 그 전에 준비해 가야 할 것입니다. 또 평양에 이르러서는, 즉시 성을 탈환하면 성안 군량이 충분하므로 문제가 없을 것입니다. 그렇지 못한 경우에는 평양 서쪽 고을에 있는 곡식을 운반해서 사용하면 별 문제가 없을 것입니다. 이런 사정을 감안하시어 대신들을 명나라 장수에게 보내 협의해 처리토록 하옵소서."

임금께서 고개를 끄덕이시며 수긍하셨다.

자리를 물러나오자 임금께서 웅담熊膽과 납약臘藥[151]을 내려주셨다. 또 내의원의 용운이란 사람이 성문 밖 5리까지 눈물을 흘리며 전송해 주었는데, 전문령 고개를 넘을 때까지 그의 울음소리가 들렸다.

그날 저녁 무렵, 소관역에 도착했으나 아전과 백성 모두 도망쳐 사람의

---

149 임금이 궁을 떠나 있을 때 머무르는 곳.
150 임금이 거둥할 때 머무는 별궁.
151 임금께서 신하들에게 하사하는 약재 가운데 하나로, 안심원·청심원 같은 것.

그림자도 찾아볼 수 없었다. 군관을 보내 수색하도록 했더니 겨우 몇 사람을 데리고 나왔다.

그들을 부드럽게 타일렀다.

"나라에서 평소에 그대들을 기르는 까닭은 오늘 같은 때에 쓰려고 한 것이다. 그런데 모두 도망치다니 무슨 짓이란 말이냐. 지금 명나라의 구원병이 도착한즉 이때야말로 모두가 나서 공을 세울 시기다."

말을 마치고는 공책을 꺼내 그곳에 모인 사람들의 이름을 썼다. 그리고 공책을 펴 보이며 말했다.

"후에 이것을 토대로 여러분의 공과 죄를 매긴 다음 임금께 아뢸 것이다. 그럼 그 내용에 따라 상도 받고 벌도 받게 될 것이다. 특히 이곳에 이름이 없는 자들은 누구도 죄를 면치 못할 것이다."

그들이 돌아가고 얼마 지나지 않아 여러 사람이 찾아왔다.

"소인들은 잠시 볼일을 보러 나갔을 뿐입니다. 결코 책임을 회피한 것이 아닙니다. 저희들 이름도 책에 올려 주십시오."

그들의 모습을 보면서 이곳 인심이 곧 수습될 수 있을 것이라 생각했다. 그리고 이 내용을 적어 여러 고을로 전하면서 이 방법을 활용하도록 지시했다.

이 방법은 큰 효과를 거두어 수많은 사람이 나와 땔감을 나른다, 마초馬草를 나른다 하면서 바삐 움직이고, 집을 짓거나 음식을 장만하는 등 대부분의 업무가 제자리를 찾았다.

이를 통해 난을 만난 백성들은 다그치기보다는 타이르는 편이 낫다고 판단해서 이후로는 매를 사용하지 않았다.

정주에 도착해 보니 홍종록이 구성 사람들을 모아 정주, 가산으로 날라다 놓은 것이 말먹이 콩과 좁쌀을 합해 2000석이나 되었다. 오히려 안주 이후가 걱정이었다. 그때 마침 충청도 아산 창고에 있는 세미稅米 1200석이 행재소를 향하던 중 정주 입암에 머무르고 있었다. 즉시 임금이 계신 곳으로 달려가 아뢰었다.

"멀리 있는 곡식이 때를 맞춰 왔으니 하늘이 저희를 돕는 것이라 여겨집니다. 이 곡식을 군량으로 쓸 수 있도록 해 주옵소서."

임금께서 승낙하시자 수문장 강사웅을 입암으로 보냈다. 그곳에서 200석은 정주로, 200석은 가산으로, 나머지 800석은 안주로 운반토록 했다. 그런데 안주는 적의 진영과 가까운 곳이라 일단은 배에 둔 채 기다리도록 했다.

그 무렵 선사포 첨사 장우성은 대정강에 부교浮橋[152]를 놓고, 노강 첨사 민계중은 청천강에 부교를 만들어 명나라 군사가 건널 수 있도록 만반의 준비를 했다.

나는 우선 안주로 들어가 정세를 살폈다. 당시 적병은 평양에 계속 머무르고 있었으며, 순찰사 이원익은 병사 이빈과 함께 순안에 주둔한 상태였고 도원수 김명원은 숙천에 있었다.

19일, 조승훈이 평양성 공격에 실패하고 후퇴했으며 사유는 전사했다.

조승훈이 의주에 도착하자 사유가 부대의 선봉이 되었다. 조승훈은 요

---

152 강 위에 임시로 만들어 띄워 놓은 다리. 배나 뗏목 여러 척을 잇대어 매고 그 위에 널빤지를 깔아 만든다. 배다리舟橋라고도 한다.

칠성문
평양시 경상동에 있는 성문. 6세기 중엽 고구려가 평양성을 쌓았을 때 그 내성의 북문으로 세운 것이다. 현재의 문루門樓는 1712년에 복구한 것이다. 이름은 북두칠성에서 따온 것으로 '북문'이라는 뜻이다. 북한 보물급 문화재 4호.

동에서 이름난 장수였는데 오랑캐와의 싸움에서 큰 공을 세운 바 있었다. 그는 이번에도 왜적을 반드시 물리칠 수 있다고 장담했다. 가산에 도착해서 그가 물었다.

"평양성에 머무르고 있는 적이 아직 그대로 있는가?"

"예, 그렇습니다."

그가 술잔을 들어 하늘에 빌면서 말했다.

"적이 아직 있다니 하늘이 내게 큰 공을 세우도록 돕는 것이다."

그날 밤 자정 무렵에 평양성을 향해 순안에서 출진했다. 마침 큰비가 내려 성 위에는 아무도 지키고 있지 않았다. 이 틈을 노려 명나라 군사들이 칠성문七星門을 통해 성안으로 쳐들어갔는데 길도 좁고 꼬불꼬불해서 말이 달리기 힘들었다. 게다가 험한 곳에 숨어 있던 적들이 조총을 쏴 대자 어찌할 수가 없었다. 이곳에서 사유는 총알을 맞고 전사했으며, 병사와 말도 많이 죽었다. 조승훈은 할 수 없이 후퇴를 명령했다. 그렇지만 진흙 구덩이를 빠져 나오지 못한 병사들은 모두 적에게 죽고 말았다.

남은 군사를 이끌고 순안·숙천을 거쳐 밤이 깊어 안주성 밖에 이른 조승훈이 통역관 박의검에게 이렇게 말했다.

"우리가 적을 많이 죽였으나 불행히도 유격대장을 잃었다. 또 날씨마저 좋지 않아 적을 섬멸하지는 못했다. 허나 군사를 보충해 다시 공격할 것이다. 너희 재상께 말해 조금도 동요치 말고 부교도 철거하지 않도록 하라."

말을 마친 그는 그대로 대정강과 청천강을 건너 공강정에 도착해 진을 쳤다.

싸움에 패하자 적이 뒤쫓아올까 겁이 나서 이렇게 빨리 후퇴했을 것이다. 나는 신경진을 보내어 그를 위로하고 양식과 음식도 보내 주었다.

명나라 군사가 공강정에 머물고 있는 이틀 동안은 계속 큰비가 내려 노숙하고 있는 병사들의 옷이 다 젖었다. 병사들 사이에 조승훈을 원망하는 소리가 커졌는데, 얼마 지나지 않아 그는 요동으로 돌아갔다. 이로 인하여 또다시 민심이 동요될까 봐 나는 안주에 머무르면서 지원병이 오기를 기다리기로 했다.

전라 수군절도사 이순신이 경상 우수사 원균·전라 우수사 이억기李億祺[153]
등과 함께 거제도 앞바다에서 적을 크게 물리쳤다.

　처음에 적이 바다를 건너 상륙하자 원균은 적의 규모에 놀라 나가 싸우
지도 못하고 오히려 100여 척의 배와 화포, 무기를 바닷속에 던져 버렸다.
그런 후 비장 이영남李英男,[154] 이운룡李雲龍[155] 등만 대동하고 배 네 척에 나
누어 탄 채 달아나 곤량 바다 어귀에 상륙해 적을 피했다. 이렇게 되자 그
수하의 수군 만여 명이 모두 사라지고 말았다.

　이 모습을 본 이영남이 말했다.

　"공께서는 임금의 명을 받아 수군절도사에 오르셨습니다. 그런데 군사
를 모두 버리고 육지로 피한다면 훗날 조정에서 죄를 물을 때 뭐라고 답하
시겠습니까? 제 생각으로는 전라도에 구원병을 요청해 적과 부딪쳐 보고,
싸움에서 지면 그때 도망쳐도 늦지는 않을 것입니다."

　이 말을 들은 원균은 좋은 생각이라고 말하며 이영남을 이순신에게 보
냈다. 그러나 이순신은 구원을 요청하는 이영남에게 이렇게 답했다.

　"병사에게는 제각기 역할과 임무가 주어져 있다. 따라서 조정의 명이

153　1561~1597. 조선 중기 무신. 무과에 급제한 뒤 온성 부사를 지내면서 북방 경비를 담당했다. 1591년(선
　　조 24) 순천 부사를 거쳐 전라우도 수군절도사가 되고, 이듬해 임진왜란이 일어나자 이순신을 도와 옥포·
　　안골포·절영도 등의 해전에서 왜적을 크게 격파했다. 이순신이 무고로 투옥되자 이항복·김명원 등과 함
　　께 그의 무죄를 주장했다. 1597년 정유재란 때 원균 휘하에서 부산에 있던 왜적을 공격하다가 칠천량 해
　　전에서 전사했다.
154　?~1598. 조선 중기 무신. 임진왜란 때 옥포 만호로 원균을 도와 적과 싸웠고, 정유재란 때에는 이순신 휘
　　하에서 진도 해전에 참전, 공을 세웠다. 이어 노량해전에서 적을 추격하다가 전사했다. 후에 병조참판에
　　추증되었다.
155　1562~1610. 조선 중기 무신. 임진왜란 때 옥포 만호로 원균이 패전한 뒤, 이순신을 도와 왜적을 물리쳐
　　공을 세우고 그 추천으로 경상 좌수사가 되었다.

판옥선

조선 명종 때 개발되어 임진왜란 때 크게 활동한 전투함. 갑판, 노를 젓는 격군이 있는 곳, 그
아래의 식량이나 침실이 있는 곳의 3층 구조의 목선. 전 시대의 전함들이 평선으로 전투원과
비전투원이 함께 있어 전투 효율이 떨어지는 데 비해 판옥선은 비전투원인 격군을 판옥 내에
숨기고 전투원은 상장 위에서 적을 내려다보며 공격할 수 있다. 또한 판옥선의 상장 위 넓은
갑판은 대포를 설치하기에도 좋고 사정거리도 늘릴 수 있는 장점이 있다.

있기 전에는 내 마음대로 경계를 넘어갈 수 없다."

그러나 원균은 그 후에도 대여섯 차례에 걸쳐 이영남을 보내 원군援軍
을 청했으며, 그때마다 뱃머리에 앉아 통곡하곤 했다. 얼마 후 이순신이
판옥선板屋船 40척을 거느리고 이억기와 함께 거제로 나와 원균의 군사와
합세했다. 그리고 견내량見乃梁[156]에서 적과 부딪치게 되었다. 그때 이순신
이 말했다.

"이곳은 바다가 좁고 물이 얕아서 배를 움직이기가 어렵습니다. 거짓으
로 도망친 후 적을 넓은 바다로 유인해 싸우도록 합시다."

그러나 원균은 분한 마음에 즉시 나아가 싸우려고 했다. 이 모습을 본

---

156 경남 거제시 사등면 덕호리와 통영시 용남면 장평리를 잇는 거제대교의 아래쪽에 위치한 좁은 해협. 임진
     왜란 때 옥포해전과 한산해전의 주요 배경지였다.

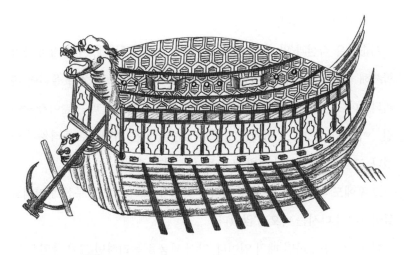

거북선

임진왜란 때 이순신 장군이 실전에 효과적으로 사용한 세계 최초의
돌격용 철갑전선鐵甲戰船.

이순신이 다시 말했다.

"공께서는 병법을 모르는구려. 그렇게 하다가는 반드시 패하고 말 것
이오."

그러고는 깃발을 흔들며 패한 것처럼 달아나기 시작했다. 이 모습을 본
적들은 옳다구나 싶었던지 앞다퉈 우리 배들을 뒤쫓았다. 배가 너른 바다
로 나오자 이순신은 북소리를 크게 한 번 울렸다. 그러자 모든 배가 일제
히 뱃머리를 돌리고 열을 지어 벌려 섰다. 적선과의 거리는 수십 보에 불
과했다.

당시 이순신이 탄 배는 거북선이었는데, 판자로 배 위를 덮어 그 모습이
꼭 거북이 같았기 때문이다. 전투병과 노 젓는 인부는 모두 안에서 활동했
으며, 사방에는 화포를 싣고 이리저리 움직이는 모습이 마치 베를 짜는 북

이 오락가락하듯 했다.

이순신은 적선과 만나자 대포를 쏴 이들을 공격했는데, 여러 척의 배가 합세해 공격하자 수많은 적선이 연기와 불꽃을 공중으로 쏘아 올리며 파괴되었다. 그 와중에 적장이 탄 배 또한 파괴되었는데, 그 배는 높이가 두어 길[157]이나 되었으며 그 위에는 망루가 있는데, 붉은 비단으로 둘러싸여 있었다. 그 배에 타고 있던 적병 모두 물 속에 빠져 죽었다.

그 후에도 왜적들은 한 번도 이기지 못했다. 그러자 모두 부산과 거제로 들어가더니 다시는 나오지 않았다.

이순신이 전투하던 때의 일이다. 앞서 싸움을 독려하던 그가 총알을 맞았다. 피가 어깨에서 발꿈치까지 흘러내렸지만 그는 아무런 반응도 보이지 않았다. 싸움이 끝난 뒤에야 비로소 박힌 총알을 뺐냈다. 칼로 살을 가르고 5, 6센티미터나 박힌 총알을 빼내는 동안 곁에서 보던 사람들의 얼굴은 까맣게 변했지만 태연히 말하고 웃는 모습이 전혀 아픈 사람 같지 않았다.

승전보가 조정에 전해지자 임금께서는 대단히 기뻐하시며 이순신의 품계를 올려주려고 했다. 그렇지만 주위에서 반대했다. 너무 지나치다는 것이었다. 할 수 없이 이순신은 정헌대부正憲大夫[158]로 승급시켰고, 이억기와 원균은 가선대부嘉善大夫[159]로 승급시켰다.

그보다 앞서 고니시 유키나가가 평양에 당도했을 때 우리 진영에 이런

---

157 한국 관습상의 길이 단위. 원래 사람의 키를 기준으로 하는데 8척 또는 10척을 한 길이라 한다. 척尺은 '자'라고도 하며 1치寸의 열 배로서 1902년 이후 30.303센티미터로 통용된다.

158 조선 시대 정2품 문관과 무관의 품계.

159 조선 시대 종2품 문관과 무관의 품계.

글을 보내왔다.

'우리 수군 10만이 또 서해로부터 도착할 것입니다. 조선 임금께서는 이제 어디로 가실 예정인지요?'

원래 적은 수군과 육군이 합세해 서쪽을 공략하려 했다. 그런데 거제 싸움에서 패함으로써 한 팔이 끊어진 것이다. 이렇게 되니 평양성을 점령한 유키나가라 할지라도 지원군이 사라지게 되어 더 이상 진격할 수 없었다.

결국 전라도와 충청도를 보전하고 아울러 황해도와 평안도 연안 지방까지 지키게 됨으로써 군량의 조달과 통신체계가 확립될 수 있었다. 이는 곧 나라를 회복할 수 있는 기반이 되었다. 뿐만 아니라 요동과 천진 지방에 왜적의 손길이 닿지 않게 되어 명나라 군사들이 육로를 통해 우리나라를 구원할 수 있었다.

이 모든 것이 이순신이 한 번 이긴 결과였다. 실로 하늘의 도움이었다고 하겠다. 그 뒤로도 이순신은 삼도의 수군을 거느리고 한산도에 머물면서 적의 교통로를 막았다.

전 의금부義禁府[160] 도사 조호익曺好益[161]이 강동 지방에서 군사를 모집해 적을 물리쳤다.

---

160 조선 시대 특별사법관청으로 금부禁府라고도 했다. 왕명을 받들어 죄를 다스리는 일을 관장했다. 의금부의 관원으로는 판사(종1품), 지사(정2품), 동지사(종2품) 등의 당상관과 경력(종4품), 도사(종5품), 나장(죄인을 때리고 잡는 일을 한 직책) 등이 있었다.

161 1545~1609. 조선 중기 문신. 대구 부사 등을 지냈으며, 1575년에는 검독직을 거절했다 하여 평안도 강동에 유배된 후 그곳에서 많은 학자를 길러 냈다. 임진왜란이 발발하자 의병을 모아 중화·상원 등지에서 공을 세웠고 이듬해 평양성 싸움에서도 큰 전공을 세웠다. 후에 이조판서에 추증되었다.

평양 주변 지역

　조호익은 창원 출신으로 지조가 강하고 덕이 높은 인물이었다. 그런데도 무고를 당해 온 가족이 강동으로 옮겨 살았다. 살림이 빈곤해 아이들을 가르치면서 살았는데 20여 년 동안을 입에 풀칠이나 하면서 살았다. 그렇지만 결코 뜻을 굽힌 적은 없었다.

　임금께서 평양에 당도했을 때 그는 사면되었다. 그리고 의금부도사에 임명되었다. 평양이 왜적에게 포위되자 그는 강동에서 군사를 모집해 구원하려고 했다. 그러나 평양이 함락되자 행재소로 돌아갔다. 그때 그를 양책역에서 만났다. 그러곤 이렇게 말했다.

　"명나라 구원병이 곧 올 것이네. 자네는 강동으로 돌아가 군사를 모집하게. 그리고 명나라 군사가 오면 평양에서 합세해 평양을 치도록 하게."

　내 말을 들은 그는 그렇게 하겠다고 말했다. 나는 그 내용을 적어 장계를 올린 후 군사를 일으킬 수 있는 권한을 적은 공문과 무기를 제공해 주었다. 그 길로 강동으로 간 그는 수백 명의 군사를 모았다. 그러고는 상원에 진을 치고 수많은 적의 목을 베었다.

　그는 글 읽는 선비였으나 나라에 대한 충성과 의리를 앞세워 군사들을 격려하고 이끌었다. 동짓날 군사를 거느리고 행재소를 향해 네 번 절하고 밤새워 통곡하자 군사들 모두 엎드려 울기도 했다.

왜적이 전라도를 침범하자 김제 군수 정담鄭湛[162]과 해남 현감 변응정邊應井[163]이 이에 맞서 싸우다가 전사하고 말았다.

　당시 왜군은 경상우도에서 전주 부근으로 들이닥쳤다. 이들을 웅치 고개에서 맞은 정담과 변응정은 목책을 이용해 산길을 가로질러 막고 왜적과 싸워 수많은 적을 물리쳤다. 적은 물러서려는 기색이 역력했다. 그러나 저녁 무렵이 되자 다시 쳐들어왔다. 이미 화살도 다 떨어진 우리 군사는 온 힘을 다해 싸웠으나 결국 당하지 못하고 무너졌으며, 정담과 변응정, 두 장수 또한 결국 목숨을 잃고 말았다.

　다음 날 적군이 전주에 다다르자 관리들은 도망가기에 바빴다. 그러나 전적 벼슬을 지낸 이정란은 성안으로 들어가 아전과 백성들을 독려하면서 성을 지켜 냈다. 적 또한 웅치 전투에서 많은 피해를 입어 기가 꺾인 상태인 데다가, 전라 감사 이광이 가짜 병사를 많이 만들어 세워 놓은 후 낮에는 깃발을 이용하고 밤에는 횃불을 이용해 적을 혼란에 빠뜨리자 공격할 엄두를 내지 못하고 물러갔다.

　물러가던 적들은 웅치 고개에 이르자 우리 군사들의 시신을 모아 길가

162　?~1592. 조선 중기 무신이자 의병장. 1583년 무과에 급제한 후 1592년 김제 군수에 올랐다. 임진왜란이 일어나자 의병을 모집하고 나주 판관 이복남, 의병장 황박 등과 함께 웅치를 방어하다가 전사했다.
163　1557~1592. 조선 중기 무신. 선조 때 무과에 급제해 임진왜란 때 해남 현감으로 정담과 함께 웅치 고개에서 왜적을 쳐부수다가 전사했다.

웅치 전적비
웅치 싸움 후 왜군이 순국한 조선군의 무덤을 만들고 팻말을 세웠는데, 그 자리에 1979년 웅치 전투의 정신을 기리는 비를 세웠다. 전북 완주군 소양군 신촌리 소재

에 묻고는 큰 무덤을 만들었다. 그 앞에 나무 비를 세운 후 '조선의 충성스런 정신과 의로운 기운을 기린다(朝鮮國忠肝義膽)'라고 써 놓았다. 정담과 변응정을 위시한 우리 군사들의 행동이 적마저 감동시킨 것이다.

이로써 전라도만은 끝까지 안전하게 남을 수 있었다.

8월 1일, 순찰사 이원익과 순변사 이빈 등이 평양성을 공격했으나 실패하고 물러났다.

당시 이원익과 이빈은 수천의 군사를 거느리고 순안에 머무르고 있었다. 별장 김응서 등은 용강·삼화·증산·강서의 네 고을 군사를 20여 개 부대로 배치한 후 평양 서쪽에 진을 쳤으며, 수군을 이끈 김억추는 대동강 하류에서 합세할 태세였다.

그날 이원익 등은 평양성 북쪽으로 병사를 보내 왜적 선봉대 20여 명을 물리쳤다. 그런데 갑자기 적의 대부대가 몰려오자 깜짝 놀란 우리 병사들이 순식간에 무너지고 말았다. 많은 병사를 잃은 우리 군은 다시 순안으로 물러나 진을 쳤다.

9월, 명나라 유격장군 심유경沈惟敬이 왔다.

그 전에 조승훈이 패하고 돌아가자 왜적들은 의기양양해져 '염소 떼가 호랑이를 치는구나' 하는 내용의 글을 보내오기도 했다. 명나라 군대를 염소에 비유한 것이다. 그러곤 곧 서쪽을 공격하겠다고 떠들고 다녔다. 그러자 의주 백성들이 모두 짐을 싸고 기다릴 판이었다.

심유경은 원래 절강성 사람이었는데 상서 석성이 왜적의 의중을 떠보기 위해 유격장군이라는 칭호를 거짓으로 붙여 파견했다. 순안에 도착한 그는 '조선이 무슨 잘못을 했기에 일본이 군대를 일으키는 등 난리를 피우느냐?' 하는 내용의 명나라 황제 편지를 적진에 전달했다.

그때는 왜적의 움직임이 활발하고 그 잔인함이 극에 달해 아무도 접촉하려고 하지 않았다. 그러나 심유경은 노란 보자기에 편지를 싸서 심부름꾼에게 보냈다. 편지를 등에 진 심부름꾼은 보통문으로 말을 달려갔다. 편지를 읽은 고니시 유키나가는 이내 '직접 만나 협의합시다' 하는 답장을 보내왔다.

답장을 받은 심유경이 몸소 나섰다. 그러자 사람들이 모두 나서 말렸다. 심유경이 웃으며 말했다.

"저들이 감히 나를 해치겠느냐?"

서너 명의 부하를 대동한 그가 평양성에 당도하자 유키나가·요시토시·겐소 등이 평양성에서 10리나 떨어져 있는 강복산 아래 군대를 도열시키고 그를 맞았다. 우리 군사들은 대흥산 정상에 올라 그 모습을 지켜보았는데, 수많은 왜군의 창칼이 번뜩이는 사이로 심유경이 걸어 들어갔다. 그때 사방에서 왜군이 그를 에워쌌다. 이 모습을 본 사람들은 그가 잡히는 것이 아닌가 의심했다.

날이 어두워져 심유경이 돌아왔는데 왜적은 아주 공손한 태도로 그를 배웅했다. 다음 날 유키나가는 다음과 같은 편지를 보내 심유경의 안부를 물었다.

'대인께서는 칼날 위에서도 얼굴빛 하나 변치 않으시니 비록 일본인이라 할지라도 더 당당할 수는 없을 것입니다.'

이에 심유경은 다음과 같이 답변했다.

'너희는 중국의 곽영공郭令公[164]을 알지 못하느냐? 그는 회흘回紇[165]의 만 군 사이를 홀로 들어가면서도 전혀 두려워하지 않았다. 하물며 내 어찌 너희들을 두려워하겠느냐?'

그러고는 다음과 같이 덧붙였다.

'내가 돌아가 황제께 보고하면 처분을 내리실 것이다. 그러니 앞으로 50일 동안 왜군은 평양성 10리 밖으로 나와 약탈하는 일이 없도록 하고, 조선 병사들은 10리 안으로 들어가지 않도록 하라.'

그런 후에 그는 경계선에 나무로 금지 표시를 세워 놓았다. 그렇지만 우리는 이것이 무엇을 뜻하는지 알지 못했다.

경기 감사 심대沈岱[166]가 왜적의 습격을 받아 삭녕朔寧[167]에서 전사하고 말

---

164 당나라의 유명한 장수 곽자의郭子儀(697~781)를 가리키는 말. '안록산의 난'을 평정했다.
165 중국 동북쪽의 부족으로 흉노족의 후예로 알려져 있다.
166 1546~1592. 조선 중기 문신. 1572년 문과에 급제했다. 임진왜란 당시 근왕병을 모집했고, 선조를 호종 해 평양에서 의주까지 수행했다. 그 해 9월 권징의 후임으로 경기도 관찰사가 되어 한양 수복 작전을 계획 하다 왜군의 야습을 받아 전사했다. 후에 이조판서에 추증되었다.

았다.

심대는 대단히 정의로운 사람인 까닭에 왜란이 발발하자 분을 참지 못했다. 그때부터 명령을 받아 출전하게 되면 어떤 위험도 피하질 않았다.

그 해 가을, 그는 권징 후임으로 경기 감사에 임명되어 출발했다. 가던 길에 안주에 머물고 있던 나를 백상루로 찾아온 적이 있었다. 그때 이야기 끝에 그는 적을 만나면 직접 나가 싸우고야 말겠다는 뜻을 펼쳐 보이는 것이 아닌가. 그를 달래며 말했다.

"옛말에 '밭을 가는 일은 종에게 시켜라' 하고 일렀네. 그대는 선비라 싸우는 일에는 서투를 테니 그만두게. 대신 양주 목사로 있는 고언백이 대단히 용감하고 뛰어나니 그에게 군사를 넘겨 주게. 그가 병사를 이끈다면 큰 공을 세울 수 있을 것이네. 부디 조급하게 덤비지 말게."

그러나 그는 내 말을 듣는 둥 마는 둥 건성으로 "예, 예" 하고 대답할 뿐 별로 마땅찮은 눈치였다. 혼자 떠나는 그가 걱정되어 활에 능숙한 군관 장모를 딸려 보냈다. 그 뒤로 그는 행재소에 연락을 취할 일이 있으면 연락병을 통해 꼭 내게도 안부를 물었다. 나도 그때마다 연락병에게 그의 안부를 물었는데, 대답은 다음과 같았다.

"경기도는 왜적의 피해가 극심합니다. 하도 불 지르고 약탈을 일삼아 성한 곳이라곤 하나도 없습니다. 그런 까닭에 전에 감사나 관원들은 깊은 곳에 숨어 지내거나, 다닐 때도 평복을 입고 다니면서 적의 공격을 피했습니다. 그런데 지금 감사께서는 왜적을 전혀 두려워하지 않으십니다. 오히

백상루

안주읍성 서북쪽에 있는 장대. 고려 때 처음 세워졌으며 1753년 읍성의 면모가 완성되면서 고쳐 지었다. 관서 팔경의 하나로 꼽히며 백 가지 아름다운 경치를 다 볼 수 있다는 데서 백상루라 이름 붙여졌다.

려 다닐 때 공문을 띄워 알리는 것은 물론 깃발과 나팔을 앞세우고 다니십니다."

이런 말을 듣자 더욱 걱정이 되었다. 그래서 부디 조심하라는 편지를 연이어 띄웠다. 그러나 심대의 행동은 변하지 않았다. 그는 "한양을 회복할 것이다" 하는 말을 퍼뜨리며 군사를 모았다. 또 사람을 성안에 침투시켜 공격 시 내응할 사람을 모집하기도 했다. 성안 사람들이 후에 적에게 협조했다는 죄를 뒤집어쓸까 봐 연명부에 이름을 적어 보냈다. 이렇게 모인 사람이 하루에도 1000여 명을 넘었다. 그들은 약속을 받아온다느니, 무기를 담당한다느니, 적정을 보고한다느니 하면서 거리낌 없이 왕래를 일삼았다. 당연히 왜적의 앞잡이 노릇을 하는 자들도 다니며 정보를 수집했다. 그러나 심대는 개의치 않았다.

심대가 삭녕군에 머물고 있을 무렵, 정보를 수집한 적군이 밤을 이용해 습격했다. 놀란 심대가 급히 달아났으나 결국 적의 추격을 받아 죽고 말았다. 내가 딸려 보낸 군관 장 모 또한 죽었다.

왜적이 물러간 후 경기도 백성들이 그의 시신을 거두어 삭녕군 내에 임시로 모셔 두었다. 그런데 며칠 후 왜적이 다시 나타나 그의 머리를 베어 갔다. 그러곤 종로 한복판에 매달아 놓았는데, 두 달이 지나도 얼굴빛이 산 사람처럼 빛났다. 그의 충심에 감동한 사람들은 재물을 모아 그를 지키고 있는 왜병을 매수한 다음 머리를 찾아 강화도로 옮겼다가 왜적이 완전히 물러간 후 시신과 함께 고향에 보내 장사 지냈다. 그는 청송 출신으로 자字는 공망公望인데, 아들 대복이 후에 아버지 대신 벼슬을 받아 현감을 지냈다.

강원도 조방장 원호가 구미포에서 왜적을 크게 물리쳤으나, 춘천 전투에서 목숨을 잃고 말았다.

당시 왜적의 대부대는 충주와 원주에 진을 쳤는데 한양 근교까지 영향을 미치고 있었다. 충주에 진을 친 적은 죽산·양지·용인을 왕래했고, 원주에 진을 친 적들은 지평·양근·양주·광주 등을 거쳐 한양으로 향했다.

이때 원호는 여주에 있는 구미포에서 적을 맞아 크게 물리쳤다. 이천 부사 변응성 또한 궁사弓師들을 배에 태우고 안개가 자욱한 틈을 이용해 여주의 마탄에서 적을 크게 물리쳤다. 그러자 원주 부근의 왜적들은 길이 막혀 충주 방면으로 우회하게 되었으며, 이천·여주·양근·지평의 백성들은 왜적의 손아귀에서 벗어날 수 있었는데 모두 원호의 공이라고 칭찬했다.

그러자 순찰사 유영길이 원호에게 춘천에 있는 왜적도 공격할 것을 명령했다. 원호는 적을 물리쳤다는 자신감 때문에 적을 깔보게 되었다. 그러나 적군은 이미 공격에 대비해 복병을 배치하고 기다렸다. 이러한 사실을 알지 못한 원호는 복병을 만나 결국 죽고 말았다. 이로써 강원도에 적에 대항할 만한 인물은 하나도 남지 않게 되었다.

훈련부 봉사 권응수權應銖[168]와 정대임鄭大任[169] 등이 의병을 거느린 채 영천의 적을 공격, 격파하고 영천을 되찾았다.

담력이 세고 용감한 권응수는 정대임과 함께 1000여 명의 군사를 거느리고 영천성을 포위했다. 그러나 아무도 두려워해 공격하지 않았다. 할 수 없이 그중 몇 사람을 베자 모든 병사가 앞장서 공격에 나서기 시작했다. 우리 병사가 성안에 들이닥치자 왜적들은 창고로 숨거나 명원루 위로 피

---

168 1546~1608. 조선 중기 무신. 1584년 무과에 급제해 훈련원봉사로 근무하던 중 임진왜란이 일어나자 고향에 내려가 의병을 일으켜 영천성을 탈환하고 병마우후가 되었다. 또한 문경의 당교 싸움에서 적을 격파, 경상도 병마절도사 겸 방어사에 특진되었다.
169 1553~1594. 조선 중기 의병장. 임진왜란이 일어나자 의병을 모아 당지산에서 적을 크게 무찌르고, 영천 전투에 참가해 영천 수복에 공을 세웠다. 1594년, 무과에 급제했으나 품계를 받기도 전에 적군과 싸우다 죽었다.

했으며, 그곳에 불을 지르자 사람 타는 냄새가 몇 리 밖에까지 퍼졌고, 살아남은 수십 명의 왜적은 경주로 도망가 버렸다.

이때부터 신령·의흥··의성·안동 등지의 왜적들도 한 곳으로 모이게 되어 동부 지방이 안정을 되찾았다.

경상 좌병사 박진이 경주를 수복했다.

밀양에서 도망쳐 산속에 숨어 있던 박진은, 전 병사 이각이 성을 버리고 도망쳤다 해서 참수당하자 이각의 뒤를 이어 병사에 임명되었다.

당시 경상도 지방에는 왜적들만 우글거려 조정의 소식은 전혀 전해지지 않고 있었다. 때문에 사람들 또한 갈피를 못 잡고 있었는데, 박진이 병사에 임명되었다는 소식이 전해지자 백성들이 속속 모여들었고, 수령들 또한 업무에 복귀하기 시작해서 정부가 존재한다는 사실을 비로소 확인할 수 있었다.

권응수가 영천을 수복하자 박진 또한 병사 만여 명을 이끌고 경주성에 이르렀다. 그러나 왜적의 기습을 받아 안강까지 후퇴하고 말았다.

그날 밤 박진은 군사를 성 밑에 매복시킨 후 비격진천뢰飛擊震天雷를 쏘도록 했다. 뜰 안에 떨어진 비격진천뢰를 처음 본 왜적들은 신기한 듯이 모여들어 이리 굴려도 보고 밀어도 보는 등 구경에 여념이 없었다. 그러다 포가 큰소리를 내며 폭발하면서 수많은 쇳조각을 흩뜨리자 그 자리에서 서른 명이 넘는 적이 즉사하고, 맞지 않은 자들도 큰소리에 놀라 한참 뒤에야 정신을 차렸다. 이때부터 적들은 한편으론 놀라고 또 한편으론 두려

비격진천뢰
조선 선조 때 군기시의 화포장 이장손이 만든 작렬
탄으로 표면은 무쇠로 둥근 박과 같고, 내부는 화약
등을 장전하게 되어 있다. 전쟁기념관 소장

대완구
대포로 '댕구'라고도 한다. 본래는 돌을 이 속에 넣
고 화약을 터뜨려 쏘았으나, 임진왜란 때는 진천뢰
를 넣고 쏘았다. 국립중앙박물관 소장, 보물 857호

워하면서 어떻게 만들었는지 궁금해 했다.

다음 날이 되자 적들은 경주성을 버리고 서생포로 도망가 버렸다.

경주성에 입성한 박진은 남아 있던 곡식 만여 석을 얻게 되었다. 이 소
식을 들은 임금께서는 그를 가선대부로 승진시키고 권응수는 통정대부,
정대임은 예천 군수로 승진시켰다.

진천뢰를 날려 보내 공격하는 방식은 예전에는 없던 병법인데, 군기시
의 화포장으로 근무하던 이장손李長孫[170]이 창안한 것이다. 진천뢰를 대완
구에 넣고 쏘면 500, 600보는 충분히 날아가 떨어지고, 잠시 후에는 저절

---

170 ?~?. 조선 중기의 화기 전문가. 군기시에 소속된 화포장으로서 임진왜란이 일어나자 비격진천뢰라는
새로운 무기를 만들어 공을 세웠다. 폭발 시간을 조절할 수 있는 목곡이 들어 있는 비격진천뢰는 경상좌
도 병마사 박진이 경주성을 공격할 때 사용해 큰 효과를 거두었으며, 수군도 사용해 많은 적선을 파괴시
켰다.

로 폭발했다. 그런 까닭에 적들은 이 무기를 가장 두려워했다.

그 무렵, 각 도에서 수많은 의병이 일어나 왜적을 물리치기 시작했다.

전라도에서는 전 판결사 김천일金千鎰[171]과 첨지 고경명高敬命[172] 그리고 영해 부사로 일한 최경회崔慶會[173]가 일어났다. 김천일은 자를 사중이라고 했으며, 의병을 이끌고 경기도로 진격했다. 그러자 조정에서는 그에게 창의군이라는 군호를 내렸다. 그러나 성공하지 못하고 강화로 들어갔다.

고경명은 자를 이순而順이라고 했으며 부친은 맹영이었다. 그 또한 의병을 이끌고 여러 고을을 돌아다니며 왜적에 대항했는데, 싸움터에서 전사했다. 그러자 그의 아들 종후가 다시 일어나 '복수군'을 결성했다.

최경회는 후에 경상 우병사에 올랐는데 진주 싸움에서 왜적에게 죽고 말았다.

경상도에서 활약한 사람은 의령의 곽재우와 고령에서 봉기한 전 좌랑 김면, 합천의 전 장령 정인홍, 예안의 전 한림 김해, 교서정자校書正字 유종

---

171 1537~1593. 조선 중기 문신이자 의병장. 담양 부사·수원 부사 등을 지냈다. 임진왜란이 일어나자 나주에서 의병 300명을 모아 수원에 도착했고, 수원에서는 독성산성을 거점으로 활동했다. 이후 강화도로 진을 옮겨 전투 태세를 재정비했다. 한편 관군 등과 합세해 양화도 전투에서 대승을 거두었다. 행주산성 싸움에도 출전했고, 진주성에 들어가 관군과 함께 싸웠으나 성은 함락되었고, 그 또한 전사했다. 후에 좌찬성에 추증되고, 다시 영의정에 가증되었다.

172 1533~1592. 조선 중기 문신이자 의병장. 1558년 문과에 장원 급제해 홍문관 교리·동래 부사 등을 지냈다. 임진왜란이 일어나자 광주에서 모집한 의병 6000여 명을 이끌고 금산에서 왜적과 싸운 끝에, 아들 인후와 함께 전사했다. 뒤에 의정부 좌찬성에 추증되었다.

173 1532~1593. 조선 중기 문신. 선조 때 문과에 급제, 임진왜란 때 의병장으로 각처에서 왜적을 처부수고, 경상 우병사가 되어 김천일 등과 함께 진주성에서 왜적을 막다가 전사했다.

의병장의 유품
위에서부터 순서대로 김성일의 철퇴, 최진립의 칼,
곽재우의 칼, 최경회의 칼이다.

개, 초계의 이대조 그리고 군위 교생 장사진 등을 들 수 있다.

기략이 뛰어난 곽재우郭再祐[174]는 곽월의 아들이다. 그와 부딪친 적들은 이후로 그를 두려워했다. 그가 정진을 지키자 적들은 의령으로 진출할 수 없었으며, 백성들은 이것이 곽재우의 공이라고 여겼다.

김면金沔[175]은 무장인 김세문의 아들로 거창의 우척현 고개에서 적을 막아냈다. 이 사실이 조정에 알려지자 그를 우병사에 발탁했다. 후에 전쟁터에서 병을 얻어 목숨을 잃었다.

유종개는 군사를 일으킨 지 얼마 되지 않아 왜적과의 싸움에서 전사했다. 그의 뜻을 높이 산 조정에서는 예조참의를 추증했다.

---

[174] 1552~1617. 조선 중기 의병장. 1585년(선조 18) 문과에 급제했으나 왕의 뜻에 거슬린 글귀 때문에 취소되었다. 임진왜란이 일어나자 의령에서 의병을 일으켜, 천강홍의장군天降紅衣將軍이라 불리며 왜적을 무찔렀으나, 김수와의 불화로 모함을 받아 체포되었다가 김성일의 장계로 무죄임이 밝혀져 석방되었다. 정유재란 때에는 경상좌도 방어사가 되어 화왕산성을 지켰다.
[175] 1541~1593. 조선 중기 의병장. 거창·고령 등지에서 의병을 일으켜 거창 우척현에서 왜적을 격파하고 합천 군수가 되었으며, 의병대장의 호를 받았다.

장사진은 여러 번에 걸쳐 왜적을 물리쳐 왜적들조차도 장 장군으로 부르며 두려워했다. 이 때문에 군위로는 적이 침범하지 못했다. 그러던 어느날, 적들은 복병을 숨겨 두고 그를 유인했다. 이 사실을 알지 못한 그는 왜적을 끝까지 뒤쫓다가 덫에 걸리고 말았다. 끝까지 큰소리로 외치며 적에 대항하던 그는 한 팔이 잘리자 남은 팔만으로 계속 싸웠다. 그러나 결국 힘이 다해 죽고 말았다. 이 사실을 알게 된 조정에서는 그에게 수군절도사를 추증했다.

충청도에서는 승려 영규靈圭[176]와 전 도독관 조헌趙憲,[177] 전 청주 목사 김홍민金弘敏, 서얼 출신 이산겸李山謙, 선비 박춘무朴春茂, 충주 출신 조덕공趙德恭, 내금위 조웅趙熊, 청주 출신 이봉李逢 등이 활약했다.

용맹이 뛰어난 영규는 조헌과 함께 청주를 수복했으나, 두 사람 모두 후에 금산 전투에서 전사했다.

조웅은 말 위에 서서 달릴 만큼 맹위를 떨쳤으며 수많은 왜적을 죽였으나 그 또한 후에 전사했다.

경기도에서는 전 사간 우성전禹性傳,[178] 전정 정숙하鄭淑夏, 수원 출신 최흘, 고양 출신 진사 이노, 이산휘, 전 목사 남언경南彦經, 유학 김탁, 전 정랑 유대진兪大進, 충의위 이질, 서얼 출신 홍계남洪季男[179]과 선비 왕옥 등이 활

---

176 ?~1592. 조선 중기 승려. 계룡산 갑사에 들어가 출가해 휴정休靜의 제자가 되었다. 임진왜란이 일어나자 승장이 되어 승려로 구성된 의병 수백 명을 규합, 관군과 함께 청주성의 왜적을 공격해 수복했다. 조헌과 함께 금산에서 전라도로 향하는 일본군과 전투를 벌여 일본군의 호남 지방 진출을 저지했다. 그러나 두 사람 모두 이 싸움에서 전사했다. 임진왜란이 일어난 뒤 승병을 모은 것은 그가 최초로서 전국에서 승병이 궐기하는 도화선이 되었다.

177 1544~1592. 조선 선조 때의 문신이자 의병장·학자. 임진왜란 때 옥천, 홍성 등지에서 의병을 일으켜 활약했으나 금산에서 700의병과 함께 전사했다.

178 1542~1593. 조선 중기 문신. 임진왜란 때 경기도에서 의병을 일으켜 추의군秋義軍이라 이름하고 왜적과 싸워 공을 세우고 대사성大司成에 이르렀다.

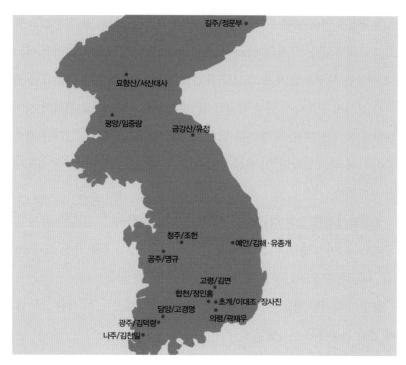

주요 의병장과 궐기 지역

동했다.

　그 가운데 홍계남은 빠르고 용맹스러웠다. 나머지 인물들은 자기 고장에서 수십, 혹은 수백 명을 모아 활동했는데 그 수가 꽤나 많았으나 뚜렷한 공적을 남기지는 못했다.

　금강산 표훈사에는 유정惟政[180]이라는 승려가 있었다. 왜적들이 산속으

179 　?~?. 임진왜란 때 아버지 홍언수洪彦秀를 따라 의병을 일으켜 공을 세웠고, 아버지가 전사한 후 경기 조방장으로 활약했다.

180 　1544~1610. 조선 중기 승려. 호는 사명당泗溟堂. 1561년 승과에 급제했고, 묘향산에서 서산대사 휴정休靜 밑에서 수도했다. 임진왜란이 일어나자 승병을 이끌고 휴정 휘하에서 왜군과 대적, 명나라 군사와 협력해 평양성을 수복하는 등 전공을 세웠고, 적진에 들어가 왜장 가토 기요마사와 네 차례에 걸쳐 화의 담

로 들어오자 다른 승려들은 모두 도망가고 말았으나 그만은 제자리에서 꼼짝도 하지 않았다. 그를 본 적들은 감히 다가가지도 못하고 오히려 합장하면서 예의를 갖추고 돌아섰다.

사명당 유정 영정

나는 안주에서 모두 의병을 일으켜 나라를 구하라는 공문을 사방으로 띄워 보낸 적이 있었다. 그 공문이 금강산에 닿자 유정은 공문을 부처님 앞에 펼쳐 놓고 다른 승려들과 함께 읽으며 눈물을 흘렸다. 드디어 승군僧軍을 일으킨 그가 평양에 도착할 무렵에는 병력이 1000여 명에 육박했으며, 평양 동쪽에서 순안의 관군과 함께 합세하게 되었다.

종실의 호성감도 100여 명의 의병을 모아 행재소로 달려갔다. 조정에서는 그를 호성도정에 임명하고 관군과 합세하도록 했다.

북도에서는 평사 정문부鄭文孚[181]와 훈융첨사 고경민이 가장 큰 활약을 했다.

판을 하고 적정을 탐지하기도 했다. 1597년 정유재란 때에는 명나라 장수 마귀麻貴·유정劉綎 등과 합세하여 공을 세움으로써 동지중추부사에 올랐다. 1604년에는 일본에 가 도쿠가와 이에야스를 만나 임진왜란 때 잡혀간 3500여 명의 동포를 데리고 귀국했다.

181 1565~1624. 조선 중기 문신. 문과에 급제, 북평사가 되었으며 임진왜란 당시 경성에서 이붕수 등과 의병을 일으켜 국경인의 반란을 진압하고 1593년 영흥 부사, 1597년 길주 목사가 되었다. 1624년 '이괄의 난'에 연루되어 고문을 받다 죽었다. 저서에 《농포집農圃集》이 있다.

창의토왜도

《북관유적도첩》중 정문부가 이봉수 등과 의병을 일으켜 활약한 업적을 그린 〈창의토왜도
倡義討倭圖〉. 고려대학교박물관 소장

이일을 순변사에 임명하고 이빈을 행재소로 불러들였다.

이일은 대동강 기슭을 지키다 평양성이 함락되자 황해도 안악을 거쳐 해주로 갔다. 그곳에서 다시 강원도 이천으로 가 세자를 수행하면서 수백 명의 군사를 모았다. 적이 평양성에 들어간 다음 꼼짝도 하지 않는다는 소식에 이어 명나라 구원병이 도착한다는 말이 전해지자 그 또한 평양으로 향했다. 평양에서 10여 리 떨어진 임원역에 진을 친 후 의병장 고충경 등과 합세해 꽤나 많은 적을 물리쳤다.

당시 이빈은 순안에 있었는데, 싸우기만 하면 패해 무군사無軍司[182] 종사관들이 이일과 교체하려고 했다. 그러나 도원수 김명원이 그대로 둘 것을 주장해 양쪽이 충돌할 지경에 이르렀다. 조정에서는 나를 보내 해결토록 했다.

당시 조정의 의견은 이일이 이빈보다 낫다는 것이었다. 특히 명나라의 구원병이 도착한다면 순변사의 역할이 막중해질 것이므로 이일로 교체하는 것이 바람직하다고 판단했다. 결국 나는 이일을 순변사에 임명하고 이일의 자리는 박명현朴名賢[183]이 대신하도록 조치했다. 그렇게 해서 이빈은 행재소로 돌아오게 되었다.

간첩 김순량을 사로잡았다.

---

182 임진왜란 당시 설치된 기관으로 비변사의 분소와 같은 역할을 했다. 세자의 책임 아래 운영되었다.
183 ?~1608. 조선 중기 무신. '이몽학李夢鶴의 난'을 평정하는 데 공을 세우고 정유재란 때 충청도 방어사가 되었다.

12월 2일, 안주에서 수군장 김억추에게 전령을 띄웠다. 군관 성남成男이 가지고 간 전령에는 적을 공격하라는 내용이 담겨 있고 끝에는 이런 내용도 담겨 있었다.

'전령을 받은 지 6일 이내에 돌려보내도록 하라.'

그런데 아무리 기다려도 전령이 돌아오지 않았다. 성남에게 어찌된 일인지 따졌더니 의외의 대답을 했다.

"벌써 강서 군인 김순량에게 딸려 보냈습니다."

즉시 김순량을 잡아들이도록 명령했다.

"전령이 어디 있느냐?"

그에게 직접 추궁했다. 그러나 그는 전혀 모르겠다고만 말하는데 그 태도가 도무지 믿을 수가 없었다. 그때 성남이 말했다.

"저 자가 전령을 가지고 나간 지 며칠이 지나 소 한 마리를 끌고 오더니 가족과 가까운 사람들과 함께 잡아먹더군요. 그래 제가 물었습니다. '어디서 난 소냐?' 그랬더니 '친척집에 맡겨 기르던 제 소입니다' 했습니다. 지금 생각해 보니 아무래도 수상쩍습니다."

그에게 고문을 가할 것을 명령했다. 결국 그는 자백했다.

"소인은 적의 간첩입니다. 그날도 전령과 비밀공문을 가지고 평양성에 들어가 적에게 전했습니다. 적장은 공문은 본 후 찢어 버렸고 전령은 자기 책상 위에 두었습니다. 소는 상으로 받은 것입니다. 저와 함께 일한 서한룡에게는 비단 다섯 필을 주었고, 15일 이내에 또 다른 내용을 탐지해 가져오라는 명령을 받았습니다."

말이 끝나자 내가 다시 물었다.

"그렇다면 간첩이 너희들뿐이냐, 아니면 더 있느냐?"

"모두 40명이 넘을 것입니다. 순안, 강서의 진에도 파견되어 있고 숙천, 안주, 의주에 이르기까지 없는 곳이 없습니다. 그래서 일이 벌어지는 대로 보고되는 것입니다."

깜짝 놀라 임금께 그 내용을 보고하고 각 진에도 이 내용을 통지했다. 그렇게 해서 간첩을 잡아들이기 시작했다. 결국 도망간 자도 있으나 대부분 잡혀 들어왔다. 나도 성 밖에서 김순량의 목을 베었다.

이 사건이 있은 지 얼마 후 명나라 군사가 도착했는데, 이 정보는 왜적이 알지 못했다. 간첩 활동이 중단되었기 때문이다.

참으로 우연히 벌어진 사건이었지만 하늘이 우리를 돕는 증거라 아니할 수 없다.

징비록

2권

12월,
명나라에서 대부대를
우리나라에 파견했다.

12월, 명나라에서 대부대를 우리나라에 파견했다.

병부 우시랑 송응창을 경략經略으로 삼고, 병부 원외랑 유황상과 주사 원황을 찬획군무에 임명한 후 요동에 주둔케 하고, 제독 이여송을 대장에 임명하고 삼영장 이여백·장세작·양원과 남군 장수 낙상지·오유충·왕 필적 등을 휘하로 한 4만 군사를 압록강을 건너게 하여 파견한 것이다.

심유경이 돌아간 후 왜적들은 약속대로 움직이지 않았다. 그러나 50일이 지나도록 아무런 연락이 없자 속았다고 생각하고 다시 떠들기 시작했다.

"해가 바뀌자마자 말에게 압록강 물을 먹이자."

또 왜적의 소굴에서 빠져 나온 사람들도 이렇게 말했다.

"공격용 무기를 대대적으로 수리하고 있습니다."

이런 말이 퍼지자 백성들은 다시 두려워하기 시작했다.

12월 초, 심유경이 다시 와서는 평양성을 방문, 며칠 동안 머물다 돌아 갔다. 그러나 어떤 내용을 주고받았는지는 알려지지 않았다. 이 무렵 명나 라 대군이 안주에 도착해 병영을 설치했다. 역시 대군답게 진의 모습이 질서 정연하고 군율도 잘 지켜지고 있었다.

제독(이여송)에게 드릴 말씀이 있어서 찾아갔다. 제독이 동헌에서 나를 맞았는데, 풍채가 당당한 장수였다. 그와 마주한 나는 옷 속에서 평양성 지도를 꺼내 놓고 지형과 군의 배치 내용, 공격 통로 등을 알려 주었다. 그는 주의 깊게 듣고는 붉은 붓으로 중요한 곳에 점을 찍어 표시했다. 내 말이 끝나자 제독이 이렇게 말했다.

"왜적들은 오직 조총에 의지할 뿐이오. 그러나 우리 대포는 5, 6리를 날아가 맞춥니다. 왜적들이 당할 수 없을 것이오."

내가 물러 나온 다음 제독이 다음과 같은 시를 부채에 적어 보내왔다.

군사와 함께 밤에 압록강을 건너온 것은
조선 땅이 어려움을 겪고 있기 때문이다
황제께서 늘 마음속에 두고 계신 뜻
나 또한 즐기던 술도 그만두었다
살기를 띠고 왔건만 마음은 오히려 장해지고
이제 왜적들 간담이 서늘해질 것이라
어찌 말이라 하더라도 이기지 못한다 하리오
꿈속에서조차 말 위에서 싸움을 생각한다

당시 성안은 명나라 군사로 가득 차 있었다. 밤이 되어 백상루에 머물고 있는데, 갑자기 명나라 군사 하나가 오더니 군사상 비밀 세 가지를 내게 보여 주고는 이름을 묻는데 답도 하지 않고 떠났다.

이여송이 부총병 사대수査大受를 순안에 보내 왜적을 만나게 했다.

왜적을 만난 사대수는, "우리 조정에서는 이미 강화를 허락했다. 심유
경 또한 도착해 있다" 하고 말했다.
이 말을 들은 왜적들은 기뻐했다. 겐소는 시까지 지어 바쳤다.

싸움을 끝내고 중화를 복속시키니
온 세상이 한 가족이 되었구나
기쁜 기운이 문득 바깥 눈까지 녹이니
봄은 아직 이르건만 태평한 꽃이 피었구나

1593년(선조 26) 정월 초하루의 일이다.
왜적은 다이라 요시츠가사(平好官)에게 병사 20여 명을 붙여 주고는 순
안에서 심유경을 맞도록 했다. 이들을 유인해 함께 술을 마시던 사 총병은
복병을 동원했다. 결국 다이라 요시츠가사는 사로잡히고 나머지 병사들은
대부분 살해되었다. 오직 셋만이 제 나라 진영으로 도망쳤는데, 그제야 왜
적은 명나라 대군이 파견되었음을 알게 되었다.

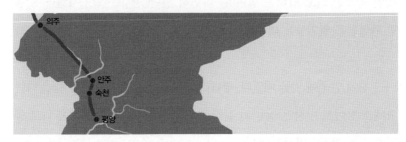

평양을 탈환하기까지의 명나라 군사 경로

명나라 군사가 숙천에 이르렀을 때였다. 날이 저물자 병사들이 진을 치고 밥을 짓고 있었다. 이 말을 들은 제독은 아무 말도 하지 않고 활을 잡고 쏘았다. 그러곤 몇몇 기병을 거느리고 순안으로 달렸다. 이 모습을 본 군사들은 즉시 진을 걷고 진군을 시작했다.

다음 날 아침이 되자 평양성을 포위하고 보통문과 칠성문을 공략했다. 왜적들은 성 위에 올라 홍백기를 세운 채 대항했다. 명나라 진영에서 대포와 불화살을 쏴 대자 온 천지에 그 소리가 울려 수십 리 떨어진 곳까지 땅이 흔들렸다. 또한 불화살 날아가는 모습이 마치 하늘에 베를 짜듯이 퍼지는데 온 성안이 불로 가득 차 타지 않은 것이 하나도 없을 정도였다.

그런 후 낙상지·오유충 등은 직접 군사를 거느리고 성을 기어올랐다. 앞선 병사들이 왜적의 칼날에 떨어져도 전혀 개의치 않고 계속 올라갔다. 성벽에 꼭 고슴도치 털처럼 빼곡히 세워 놓은 적의 창칼에도 아랑곳하지 않고 공격이 계속되자 왜적도 견디지 못하고 내성으로 후퇴하고 말았다. 그들이 떠난 자리에는 찔리고 불타 죽은 시체가 가득했다.

명나라 군사의 공격은 계속되었다. 내성에 들어간 왜적은 성 위에 흙벽을 쌓은 후 벌집처럼 수많은 구멍을 뚫어 놓고 그곳을 통해 조총을 쏴 댔다. 꽤나 많은 병사가 총에 쓰러지자 제독은 "도망갈 틈도 주지 않고 몰아대면 목숨을 걸고 덤비는 법이다" 하면서 일단 병사를 철수시켰다. 그날 밤 왜적들은 얼어붙은 대동강을 이용해 모두 도망쳐 나갔다.

그 전에 안주에 머물 때였다. 명나라 군사가 철수한다는 말을 들은 나는 황해도 방어사 이시언李時言'과 김경로에게 왜적이 후퇴할 길목을 막고 공격할 것을 지시하면서 말했다.

"두 장수께서는 길가에 복병을 배치한 다음 왜적이 지나갈 때 그 뒤를 치시오. 왜적들은 굶주리고 지쳐 대항할 수도 없을 것이니 한 놈도 남김없이 잡을 수 있을 것이오."

그러자 이시언이 즉시 중화를 향해 떠났다. 그러나 김경로는 머뭇거리며 떠나질 않았다. 나는 군관 강덕관을 보내 빨리 떠날 것을 독촉했다. 그제야 그도 중화로 떠났다. 그러나 왜적이 패주하기 하루 전 황해도 순찰사 유영경柳永慶[2]의 부대를 만나자 그를 피해 재령으로 달아났다. 해주에 있던 유영경은 자기 힘으로 막겠다는 욕심을 부렸고, 김경로는 왜적과 맞붙어 싸우고 싶지 않았기 때문에 그런 일이 벌어진 것이다.

고니시 유키나가·요시토시·겐소·야나가와 시게노부 등 왜장들은 남은 군사를 이끌고 밤새 도망쳤다. 병사들의 몸은 이미 많이 상했고 군량도 떨어져 밥을 얻어먹으며 행군했으나 그들을 공격하는 우리 군사는 하나도 없었다. 명나라 군사들도 뒤따르지 않았고 오직 이시언만이 그들을 뒤쫓았으나 겨우 뒤에 처져 가는 녀석들만 잡아 죽였을 뿐이다.[3]

당시 한양을 지키고 있던 왜장은 도요토미 히데요시의 조카라고도 하고 사위라고도 하는 우키타 히데이에(宇喜多秀家)[4]였다. 그는 나이가 어려

---

1 ?~1624. 조선 중기 무신. 임진왜란이 일어나자 충청도 병마절도사로서 경주 전투에서 공을 세워 가선대부에 올랐다. 1601년에는 '이몽학의 난'을 평정하는 데 공을 세웠으며, 1605년에는 함경도 순변사가 되었다. 후에 '이괄의 난'이 일어나자 그 일파로 몰려 사형당했다.

2 1550~1608. 조선 중기 문신. 1572년 문과에 급제해 정언 등을 지냈다. 1594년 황해도 관찰사가 되었으나 1597년, 지중추부사로서 가족을 먼저 피란시켰다는 혐의로 파직되었다. 후에 대사헌·이조판서·우의정·좌의정·영의정을 두루 거쳤다. 그러나 영창대군을 세자로 옹립하려다가 광해군이 즉위하자 경흥에 유배되었다가 사약을 받고 죽었다.

3 당시 고니시 유키나가의 부대원 가운데 요시노(吉野)라는 사람의 종군 일기에는 다음과 같은 기록이 남아 있는데, 이를 통해 일본군의 패전 행렬이 얼마나 비참했는지를 알 수 있다. '그날 밤 북풍이 심하게 불어 동상에 걸린 병사들은 화살도 잡을 수 없었으며, 아픈 다리를 나무토막처럼 끌면서 걸어갔다. 그러나 걸음을 멈출 수도 없었다. 멈추는 순간 얼어 죽거나 굶어 죽을 수밖에 없었기 때문이다.'

평양성 전투도
조선과 명나라 연합군이 평양을 탈환하는 모습을 잘 보여 준다.

어차피 모든 일을 유키나가의 명에 따라 집행할 뿐이었다. 게다가 가토 기요마사는 함경도에서 돌아오지 못한 상태였다. 만일 우리 병사들이 왜적을 공격해 유키나가·요시토시·겐소 등을 사로잡았으면 한양의 왜군은 저절로 무너졌을 것이요, 기요마사 또한 퇴로가 막혀 저절로 흩어졌을 것이다. 이렇게만 되었다면 한강 이남의 왜군 또한 연이어 무너졌을 것이고, 명나라 군사들은 단숨에 부산에 닿았을 것이다.

아! 이야말로 온 나라 안의 왜적을 순식간에 물리치고, 싫도록 술잔을 기울일 수 있는 기회였으니, 이를 놓치지 않았다면 이후 수년 동안 어렵게 싸울 필요도 없었을 것이다. 한 사람의 잘못으로 인해 천하의 큰일을 그르쳤으니 참으로 애석한 일이었다.

김경로의 목을 벨 것을 임금께 청했다. 당시 나는 평안도 체찰사였는데

---

4   원문에는 평수가平秀家(다이라 히데이에)라고 되어 있다.

그가 내 지휘를 받지 않았기 때문이다. 조정에서는 선전관 이순일을 개성부에 파견했다. 신표를 가지고 개성에 당도한 이순일은 목 베기 전에 먼저 제독을 만나 보고했다. 그러자 제독이 이렇게 말했다.

"그의 죄는 죽어 마땅하다. 그러나 적을 완전히 섬멸하기 전에 한 사람의 병사라도 없애기는 아깝지 않겠는가? 그러니 우선 백의종군토록 해 속죄할 수 있는 기회를 주는 것이 좋을 듯하다."

말을 마친 제독이 공문을 작성해 이순일에게 전해 주었다. 결국 그는 목숨을 건질 수 있었다.

이일 대신 이빈이 다시 순변사에 오르게 되었다.

평양성 싸움에서 이일과 김응서 또한 함구문을 통해 공격에 합세했다. 그 후 명나라 군사가 물러나자 함께 나와 성 밖에 주둔했다. 그러나 그들은 밤 사이 왜적들이 도망가는 것도 모르고 있다가 다음 날이 되어서야 알게 되었다. 제독이 우리 군사들의 경비가 허술해 이들을 놓쳤다고 문책했다.

그러자 순안을 왕래하며 이빈과 친하게 지내던 명나라 장수가 나서 말했다.

"이일은 장숫감이 되지 못합니다. 그보다는 이빈이 나을 듯합니다."

이 말을 들은 제독이 내용 그대로 우리 조정에 전해 왔다. 조정에서는 좌상 윤두수를 평양에 보내 이일을 문책하고 군법에 따라 다스리려 했으나 곧 용서해 주었다. 그리고 이빈을 순변사에 임명한 후 군사 3천을 주고 제독을 따라 남쪽으로 가도록 했다.

파주에 도착한 후 벽제 남쪽에서 적과 마주친 제독은 이기지 못하고 개성으로 물러나 주둔했다.

평양성이 수복되자 대동강 이남의 적은 모두 도망쳐 버렸다. 적을 뒤쫓으라는 명령을 내린 제독이 내게 말했다.

"우리가 진격하고자 하는데 말먹이와 군량이 부족하다는 말이 들립니다. 나라의 앞날을 걱정하시는 공께서 나서 군량 준비에 만전을 기해 주시기 바랍니다."

제독과 작별하고 나온 나는 그 길로 남쪽을 향했다. 그러나 길은 명나라 병사로 가득 차 말을 달릴 수도 없을 정도였다. 할 수 없이 옆길로 빠져 밤이 되어서는 중화를 거쳐 자정 무렵에 황주에 도착할 수 있었다.

그러나 그곳은 왜적이 막 지나간 뒤여서 아무것도 남아 있지 않은 상태였다. 급히 공문을 작성해 황해 감사 유영경에게 띄워 군량 운반을 다그쳤다. 평안 감사 이원익에게도 공문을 띄웠는데 내용은 다음과 같았다.

'김응서 등이 거느리고 있는 군사 가운데 전투를 할 수 없는 사람들을 모아 평양으로 보내 황주까지 군량 운반을 담당케 하시오. 또 평안도 세 고을의 양곡은 배에 실어 청룡포를 거쳐 황해도로 운반토록 하시오.'

그러나 하도 갑자기 추진하는 일인 데다가 뒤에서는 막 명나라의 대군이 뒤따르고 있어 일이 어긋날까 봐 마음이 조마조마했다. 당시 유영경은 꽤나 많은 곡식을 왜적을 피해 깊은 골짜기에 숨겨 두었다. 그가 백성들을 동원해 이 곡식들을 운반해 와 군량 부족 사태는 일어나지 않았고, 다행히 명나라 대군도 개성에 도착할 수 있었다.

1월 24일, 한양으로 도망쳐 온 왜적들이 우리 백성들이 내응할까 봐 겁이 난 데다가 평양에서 패한 것에 대한 분풀이로 백성들을 무참하게 죽이고 온 건물을 다 불태워 버렸다.

그런 후에 서쪽에 있던 적들 또한 모두 한양으로 집결해 대항을 준비했다.

이 소식을 들은 나는 하루라도 빨리 진군할 것을 건의했으나 제독이 계속 머뭇거려 여러 날 만에 겨우 파주에 닿을 수 있었다.

그 다음 날, 부총병 사대수가 우리나라 장수 고언백과 수백 명의 병사를 이끌고 정세 파악에 나섰다가 벽제역 남쪽에 있는 여석령 고개에서 적과 맞부딪쳤는데, 이 싸움에서 적 100여 명의 목을 베었다.

한편 이 소식을 접한 제독은 혼자서 기병 1000여 명만을 거느린 채 달려나갔다. 혜음령 고개를 넘을 무렵, 말이 갑자기 실족해 그가 땅에 떨어졌고 부하들이 겨우 일으켜 세워 주었다.

당시 적은 여석령 고개에 대군을 숨겨 두고 몇백 명만 고개 위에 보냈다. 이를 본 제독이 군사를 둘로 나눠 공격을 시작했다. 왜적들 또한 진격해서 두 군은 점점 가까워졌다. 그때 산 너머에 숨어 있던 수만의 적이 갑자기 나타나 진을 쳤다. 명나라 군사들은 겁이 더럭 났으나 이미 맞선 상태였기에 어쩔 수가 없었다.

당시 명나라 군사들은 북부 지방에서 싸우던 기병들로서 총기 대신 짧은 칼을 휴대하고 있었다. 반대로 왜적들은 보병들로서 3, 4척이나 되는 긴 칼을 휴대하고 있었다. 두 부대가 맞부딪치자 긴 칼에 말과 사람이 찔려 당할 수가 없었다. 위험에 처한 제독이 지원병을 불렀으나 그들이 도착도 하기 전에 크게 패하고 말았다. 그러나 적들 또한 더 이상 추격하지 않고 물러났다.

날이 저물어 파주로 돌아온 제독은 패한 사실을 말하진 않았으나 풀이 죽어 있었다. 밤이 되어서는 자신이 아끼던 부하들의 죽음을 안타까워하며 남몰래 울기까지 했다.

다음 날 제독은 동파로 후퇴하려 했다. 나는 우의정 유홍·도원수 김명원·순변사 이빈 등과 함께 제독을 찾았다. 우리가 도착할 무렵 제독은 막 장막을 나서고 있었다. 장수들도 옆에 서 있었다. 그에게 힘주어 말했다.

"이기고 지는 것은 장수에게 다반사라고 합니다. 새롭게 나서면 될 것을 한 번 패했다고 물러서려 하십니까?"

그러자 제독이 말했다.

"어제 전투에서 적을 크게 물리쳤으므로 우리에게 도움이 됩니다만, 이곳에 비가 많이 와 진흙구덩이가 되어 주둔하기에 불편해 동파로 돌아가고자 하는 것입니다. 정비를 한 뒤에 다시 진격할 것입니다."

그래도 우리 일행이 물러나지 말 것을 계속 이야기하자 제독은 황제께 보내기 위해 이미 적어 놓은 글의 초고를 보여 주었다.

'한양에 머물고 있는 적이 20만이 넘어 맞서 싸우기 어렵습니다'라는 글귀도 보이고 마지막에는 이런 말도 써 있었다. '신은 병이 심각해 더 이상 임무를 다하기 어렵습니다. 부디 다른 사람으로 대신하도록 해 주십시오.'

깜짝 놀라 글을 지적하면서 되물었다.

"적의 숫자가 얼마 안 되는 것이 분명한데 20만이라니오?"

"내가 어떻게 알겠소? 공의 나라 백성이 하는 말이 그렇다 하니 믿을 수밖에요."

그러나 이는 변명에 불과했다.

명나라 장수 가운데서도 장세작이란 자가 특히 앞장서 철군을 주장했다. 우리가 물러나지 않자 그는 화가 난 표정으로 순변사 이빈에게 발길질까지 해댔다.

그 무렵 비가 계속 왔다. 게다가 적들이 온 산에 불을 질러 말에게 먹일 풀 한 포기도 남아 있지 않았으며, 말에게 돌림병까지 생겨 만여 필의 말이 며칠 사이에 죽어 나갔다.

다시 세 진영의 군사들이 임진강을 건너와 동파역에 주둔하더니 다음 날 개성으로 돌아가려고 했다.

다시 한 번 청했다.

"병사들이 한번 물러나면 왜적의 기세는 더욱 등등해질 것이고, 주위의 백성들 또한 놀라 흩어지게 되면 임진강 북쪽도 지키기 어려워질 것입니다. 부디 좀 더 주둔하면서 형세를 판단한 후에 움직이도록 하십시오."

이에 제독도 그러마고 했으나 믿을 수가 없었다. 아니나 다를까 내가 물러 나오자 제독은 곧 개성으로 돌아갔고, 뒤이어 여러 부대도 개성으로 물러갔다. 이제 임진강을 지키는 부대는 부총병 사대수와 유격 관승선의 병사 수백 명밖에 없었다.

그대로 동파에 머물고 있던 나는 날마다 사람을 보내 다시 진격할 것을 요청했다. 그러면 제독은 이렇게 말하면서 시간만 끌었다.

"날씨가 좋아져서 길이 마르면 당연히 진격할 것이오."

명나라 군사가 개성에 머문 지 여러 날이 지나자 군량이 바닥을 드러내기 시작했다. 그러나 보급되는 양은 강화도에서 들어오는 조와 말먹이가 조금 있었고, 전라도와 충청도에서 배로 들어오는 세곡稅穀[5]이 전부였다. 도착하자마자 모두 소진될 정도였다.

하루는 명나라 장수들이 군량이 바닥났다는 핑계로 제독에게 돌아갈 것을 주장했다. 그러자 제독이 화를 내며 나와 호조판서 이성중李誠中,[6] 경기 좌감사 이정형李廷馨[7]을 불러들였다. 뜰 아래 우리를 꿇어앉히고는 큰소리로 문책했다. 나는 우선 사죄하면서 제독을 진정시켰다. 그러나 나라의 모습이 어쩌다 이 지경에 이르렀는가 하는 생각이 들자 눈물이 저절로 흘러내렸다. 내 모습을 본 제독이 민망했는지 자기 휘하 장수에게 화살을 돌렸다.

"예전에 나를 따라 서하를 공격할 때에는 여러 날을 굶어도 돌아가겠다고 하지 않고 끝까지 싸워 큰 공을 세우지 않았느냐? 그런데 조선에서는 겨우 하루 이틀 양식이 떨어졌다 해서 돌아가자고 하느냐? 돌아갈 자가 있으면 돌아가거라. 나는 적을 모두 섬멸하기 전에는 결코 돌아가지 않겠다. 말가죽으로 내 시체를 싸서 돌아가겠다."

그러자 모든 장수가 머리를 숙이며 사과했다.

문을 나온 나는 군량 조달의 책임을 물어 개성 경력 심예겸을 곤장형에 처했다. 그러자 배 수십 척이 군량을 싣고 강화로부터 와 서강西江에 부려 놓았다. 이로써 군량 문제는 해결되었다. 그날 저녁 제독이 총병 장세작을

---

5   세금으로 거둔 양곡.
6   1539~1593. 조선 중기 문신. 선조 때 문과에 급제, 임진왜란 때 통어사統禦使로 한양을 방어하다가 의주로 가서 임금을 모셨다. 그 뒤 호조판서가 되어 군량 보급에 힘쓰다가 함창에서 순직했다. 저서로《파곡유고坡谷遺稿》가 있다.
7   1549~1607. 조선 중기 문신. 1568년 문과에 급제했으며, 대사성 등을 거쳐 1589년 형조참의가 되었다. 임진왜란 때 개성 유수로 특진했으나, 개성이 함락되자 황해도 지방에서 의병을 일으켜 왜적을 물리쳤으며, 그 공을 인정받아 경기도 관찰사 겸 병마수군절도사가 되었다.

시켜 나를 불렀다. 내가 가자 그는 위로의 말을 전하면서 새로운 작전에 대해 의논했다.

당시 왜장 가토 기요마사는 함경도에 머물고 있었는데, 한 사람이 이런 말을 전했다.

"가토 기요마사가 함흥을 나와 양덕陽德·맹산孟山을 거쳐 평양성을 공격하려 합니다."

그렇지 않아도 북쪽으로 가고 싶어 하던 이여송은 이 말을 듣자, "평양은 조선의 뿌리가 되는 곳이다. 그곳을 지키지 못하면 우리 부대의 퇴로는 완전히 막히는 것이다. 반드시 지켜야 한다" 하면서 곧바로 군사를 돌려 평양으로 돌아갔다. 이로써 개성은 왕필적이 맡게 되었다. 제독은 떠나면서 접반사接伴使[8] 이덕형에게 다시 말했다.

"이제 조선 병사도 홀로 남았으니 아무도 도와줄 수 없소이다. 모두 임진강 북쪽으로 돌아가는 편이 낫겠소이다."

당시 전라도 순찰사 권율은 행주에, 순변사 이빈은 파주, 고언백과 이시언은 해유령, 도원수 김명원은 임진강 남쪽 그리고 나는 동파에 머물고 있어 왜적이 그 틈을 노려 공격해 올까 두려워 그렇게 말한 것이었다.

종사관 신경진을 제독에게 보내 물러나서는 안 될 다섯 가지 이유를 설명했다.

"첫째, 역대 선왕의 분묘가 모두 경기 지역에 있어 적의 수중에 들어가 있습니다. 이런 까닭에 귀신과 인간이 모두 수복을 바라고 있으므로 버려

---

8   임금을 모시며 외국 사신의 접대를 맡은 임시직.

서는 안 될 것입니다.

둘째, 경기 남부의 백성들은 오직 구원병만을 기다리고 있습니다. 만일 구원병이 물러갔다는 말을 들으면 지키고자 하는 의지가 사라져 적 편으로 돌아서고 말 것입니다.

셋째, 우리 땅은 한 걸음, 한 뼘도 쉽사리 포기할 수 없습니다.

넷째, 우리 병사들 또한 힘은 약하나 명나라 구원병과 힘을 합해 공격하고자 하는데, 이때 물러난다는 소식을 들으면 오직 한을 품고 쓰러지고 말 것입니다.

다섯째, 구원병이 물러난 다음 적이 공격해 온다면 그 강한 기세에 눌려 임진강 이북도 지킬 수 없을 것입니다."

그러나 보고를 들은 제독은 아무 말도 하지 않고 돌아갔다.

전라도 순찰사 권율이 행주에서 적을 크게 무찌르고 파주로 들어갔다.

광주 목사로 근무하던 권율이 이광의 후임으로 순찰사가 되어 왕을 돕게 되었다. 그는 이광 등이 들판에서 적과 맞서다 실패한 것을 거울삼아 수원의 독성산성禿城山城에 진을 쳤다. 그러자 적들도 감히 공격하지 못했다.

명나라 구원병이 한양을 향했다는 소식을 들은 그는 한강을 건너와 행주산성에 진을 쳤다. 이를 본 한양의 왜적들은 대군을 이끌고 공격을 시작했다. 엄청난 왜적의 기에 눌린 병사들은 두려움에 떨며 도망치려 했으나 성 뒤는 강물이어서 달아날 곳도 없었다. 할 수 없게 된 병사들은 돌아와 목숨을 걸고 싸우게 되었다.

독성산성의 세마대

조선 시대 도성의 문호와 관련된 전략상의 요충지. 남한산성과 용인의 석성산성石城山城 등과 연계해 도성을 에워싼 산성. 상당히 견고한 성이나 물(정천)이 부족해 대군이 주둔하기에 적합치 않다. 물의 부족은 세마대洗馬臺의 전설을 낳았다. 1593년 권율 장군이 주둔하고 있을 때, 가토 기요마사가 이끈 왜군이 이 벌거숭이산에 물이 없을 것이라고 생각하고 물 한 지게를 산 위로 올려 보내 조롱했다. 그러나 권율은 물이 풍부한 것처럼 보이기 위해 백마를 산 위로 끌어 올려 흰쌀을 말에 끼얹어 목욕시키는 시늉을 했다. 이를 본 왜군은 산꼭대기에서 물로 말을 씻을 정도로 물이 풍부하다고 오판하고 퇴각했다고 한다. 경기도 오산시 지곶동 소재, 사적 140호

왜적들은 부대를 셋으로 나누어 번갈아 공격했으나 번번이 실패하고 말았다. 날이 저물자 왜적들은 결국 돌아가고 말았다. 권율은 길가에 흩어져 있는 왜적의 시체를 가져다가 나뭇가지에 걸어 놓고 그동안 맺힌 분을 풀었다.

후에 적이 다시 공격을 준비한다는 소식을 들은 권율은 병영과 울타리를 모두 헐고 임진강에 도착한 후 도원수 김명원과 합세했다.

이 소식을 들은 나는 홀로 파주산성으로 향했다. 그곳에서 형세를 살펴보니 요충지로, 지세도 험해 근거지가 될 만하다고 여겨져 즉시 권율과 순변사 이빈에게 명해 그곳에서 서쪽으로 내려오는 적을 지키도록 했다. 또

행주산성 대첩비와 행주대첩 기록화
1603년에 세운 행주대첩비가 대첩비각 내에 보관되어 있으며 행주산성 대첩기
념관 내에 행주대첩 기록화가 있다. 경기도 고양시 덕양구 행주내동 소재

방어사 고언백과 이시언, 조방장 정희현과 박명현 등은 유격병으로 삼아 해유령을 방어토록 했으며, 의병장 박유인·윤선정·이산휘 등은 오른쪽 길로 가 창릉昌陵과 경릉敬陵[9] 사이에 숨었다가 많은 적이 오면 피하고 적은 적이 오면 나가 싸우도록 지시했다. 이렇게 되자 적은 성 밖으로 나다닐 수가 없게 되어 땔감도 구하지 못하고 말먹이도 못 구해 말을 많이 잃게 되었다.

한편 창의사 김천일과 경기 수사 이빈, 충청 수사 정걸 등에게는 배를 이용해 용산과 서강을 쳐서 적의 세력을 분산토록 했다. 또 양성에 머물고

---

9 창릉은 조선 제8대 왕 예종과 안순왕후의 능이고, 경릉은 제7대 세조의 맏아들 덕종과 소혜왕후의 능이다. 모두 경기도 고양시 서오릉에 있다.

있던 충청도 순찰사 허욱에게는 돌아가 충청도를 지키도록 해 남부로 향하려는 적을 막도록 했다.

그리고 경기도·충청도·경상도의 관군과 의병에게 공문을 띄워 그들이 머물고 있는 지역에서 적의 길목을 막도록 했다. 양근 군수 이여양에게는 용진을 지키도록 하고 우리 장수들이 벤 왜적의 머리를 모아 개성 남문 밖에 매달아 놓도록 했다. 이 모습을 본 제독 이여송과 참군 여응종이 좋아하며 말했다.

"이제 조선 사람도 적의 머리를 공 자르듯 합니다그려."

어느 날, 동문에서 적들이 우루루 밀려 나오더니 양주·적성에서 대탄에 이르는 지역을 샅샅이 뒤졌다. 그러나 아무것도 찾지 못하고 있었다. 두려운 표정으로 이를 지켜보던 사대수가 내게 말했다.

"정탐병의 말을 들으니 왜적들은 사 총병과 유 체찰사를 사로잡으러 나왔다고 합디다. 그러니 잠시 개성으로 피하는 것이 어떻겠습니까?"

이 말을 들은 나는 단호히 대답했다.

"정탐병의 말을 어찌 믿겠습니까? 더구나 지금 적은 우리가 공격할까 봐 겁을 내는 형편인데, 하물며 저들이 강을 건너오다니요? 우리가 움직이면 공연히 민심만 동요될 것이니 가만히 있는 것이 좋겠습니다."

내 말을 들은 사대수가 웃으며 대답했다.

"옳으신 말씀이오. 만약 적이 들이닥친다 해도 나는 죽고 살기를 체찰사와 함께하겠소. 혼자 어디를 가겠소?"

그러고는 수십 명의 군사를 보내 나를 지키도록 했다. 그들은 잠시도 쉬지 않았으며, 비가 아무리 쏟아져도 움직이지 않고 경비를 섰는데, 왜적들이 성으로 돌아갔다는 소식을 듣고서야 경비를 멈췄다.

그 후 권율이 파주산성에 머물고 있다는 소식을 들은 왜적들이 전날의 원수를 갚으려고 광탄까지 진격했다. 그러나 파주산성에서 얼마 멀지 않은 이곳에서 그들은 더 이상 나아가지 않았다. 정오부터 한두 시간을 지켜보더니 돌아가서 더 이상 나오지를 않았다. 지형 파악에 익숙한 왜적이 그곳 지형이 매우 험하다는 사실을 알았기 때문이다.

공문을 적어 왕필적에게 띄웠다.

'지금 왜적이 험준한 곳에 머물고 있어 쉽게 칠 수 없습니다. 대군은 동파를 지키도록 하고, 파주산성에서는 그 뒤를 지키며, 남부에서 1만의 군사를 선발해 강화에서 한강 남쪽으로 나아가 왜적을 기습한다면 한양의 적들은 오갈 데가 없어져 필경 용진으로 달아날 것입니다. 이때 후속 병사들을 이용해 각 나루터를 공격하면 한 번에 적을 섬멸할 수 있을 것입니다.'

이를 읽어본 왕필적은 무릎을 치며 뛰어난 전략이라고 감탄했다. 그는 정찰대 36명을 충청도 의병장 이산겸의 진영으로 보내 적의 상황을 탐지토록 했다. 당시 적의 정예 병사는 모두 한양에 주둔하고 있어 후방의 군사들은 능력이 떨어지는 병사들이었다. 정찰대는 돌아와 신이 나서 보고했다.

"1만의 군사도 너무 많고 2000, 3000명이면 충분히 쳐부수겠습니다."

그러나 이 제독은 작전을 허락하지 않았다. 북부 출신인 그는 남부 출신 장수들을 계속 억눌렀는데 이번에도 그들이 성공하는 것을 꺼려한 것이다.

남은 군량을 풀어 굶주린 백성들을 구제할 것을 임금께 말씀드렸더니 임금께서 허락하셨다.

왜적이 한양을 점령한 지 벌써 2년, 온 국토가 쑥밭이 되어 농사지을 땅도 남아 있지 않은 까닭에 백성들은 굶어 죽는 것이 다반사였다. 내가 동파에 머물고 있다는 소식이 알려지자 성안의 백성들이 서로 밀고 끌며 모여들었는데 그 수가 헤아릴 수조차 없었다.

한편 마산 가는 길에 죽은 어머니의 젖을 빨고 있는 아기를 본 사 총병은 아기를 데려다 기르기 시작했다.

"아직 왜적이 물러가지도 않았는데 이 지경이니 어찌하면 좋겠소?"

사 총병이 한숨을 쉬며 말했다.

"하늘도 한탄하고 땅도 슬퍼할 일입니다."

나 또한 눈물이 주르륵 흘러내렸다.

그 무렵 계속 대군이 내려온다는 소식이 전해졌다. 그런 까닭에 양곡을 싣고 남쪽에서 올라온 배들은 많았지만 한 톨의 곡식도 전용할 수는 없었다. 때마침 전라도 소모관召募官[10] 안민학安敏學[11]이 겉곡식 1000석을 배에 싣고 당도했다. 즉시 임금께 장계를 올려 이를 굶주린 백성들에게 나눠 먹이기로 했다. 우선 전 군수 남궁제를 감진관監賑官[12]에 임명한 후 솔잎을 따다 가루를 낸 후 솔잎 가루 열 푼에 쌀가루 한 홉을 섞어 물에 타서 마시게

---

10 조선 시대에 병란이 일어났을 때 향병鄕兵을 모집하기 위해 임명된 임시 관직. 중앙에서 파견되는 경우도 있었으나 주로 그 지방의 지방관리나 유력한 인물이 임명되는 경우가 많았다.

11 1542~1601. 조선 중기 문신. 선조 때 학행學行으로 뽑혀 감찰·현감을 지내고, 임진왜란 때 소모관으로 활약했다. 저서에 《풍애집楓厓集》이 있다.

12 조선 시대에 흉년이 들었을 때 백성의 생활을 살피고 구제하는 사명을 띠고 지방에 파견되던 관리.

했다. 그러나 곡식은 적고 사람은 많아 큰 효과를 거두지 못했다.

이 모습을 본 명나라 장수들이 자신들의 군량 30석을 내놓아 백성들에게 나눠 주기까지 했다. 그러나 터무니없이 부족했다.

언젠가 큰비가 내린 날이었다. 굶주린 백성들이 밤중에 내 숙소 곁에서 모여 신음 소리를 내는데 차마 들을 수가 없었다. 다음 날 주위를 살펴보자 굶어 죽은 사람들의 시체가 즐비했다.

경상 우감사 김성일 또한 전 전적 이로李魯를 통해 다급한 사정을 전해왔다.

"전라도 지방의 곡식을 내다 백성들에게 나눠 주도록 하시고 봄에 종자로도 사용하도록 해 주십시오. 전라도사 최철견은 제 청을 들어주려 하지 않습니다."

그 무렵 지사 김찬金瓚[13]이 체찰부사로 호서에 머물고 있었는데, 그에게 공문을 띄워 남원 등지의 곡식 1만 석을 영남 지방으로 보내 백성들을 구제할 것을 지시했다.

당시 한양에서 남부 해안 지방까지 왜적들이 즐비하게 늘어서 있어, 4월인데도 보리 심는 백성을 찾아볼 수가 없었다. 만일 이 상태가 몇 달 동안 계속되었다면 우리 백성은 하나도 남김없이 굶어 죽었을 것이다.

유격대장 심유경이 한양에 들어가 적에게 후퇴를 권유했다.

13　1543~1599. 조선 중기 문신. 대사헌·이조판서 등을 지냈으며, 임진왜란 때 선조를 호종하고 체찰부사로 활약했다. 일본과 강화 회담을 벌일 때 공을 세웠으며, 그 뒤 예조판서·의금부지사·대사헌·이조판서를 지냈다. 1596년에는 돈령부지사를 거쳐 우참찬이 되었다.

4월 7일에는, 제독이 군사를 이끌고 평양에서 나와 개성으로 돌아왔다.

그 전에 김천일 휘하에 있던 이진충이라는 자가 이렇게 제안했다.

"제가 한양으로 숨어 들어가 적의 상황을 탐지하고 두 왕자 및 장계군 황정욱의 근황도 알아보고 오겠습니다."

그렇게 하라고 허락하자 한양으로 갔다가 얼마 후 돌아와 보고했다.

"적들이 강화하고자 하는 뜻을 가지고 있습니다."

얼마 후 용산에 머물고 있는 우리 수군 진영에 왜적의 서한이 전해졌다. 김천일이 그 편지를 내게 보내왔는데 강화를 청하는 내용이었다. 나는 이렇게 생각했다.

'제독은 이미 싸울 마음이 없다. 그러니 강화를 빌미로 적을 물리치고자 한다면 다시 개성으로 돌아와야 할 것이다. 그렇게 되면 일은 끝나게 된다.'

그러고는 편지를 사대수에게 보여 주었다. 그는 가정家丁[14] 이경을 보내어 평양의 제독에게 이 내용을 알리도록 했다. 그러자 제독이 심유경을 다시 불러들였다. 그때 김명원이 심유경에게 말했다.

"적들은 지난번 평양에서 자신들이 속은 것을 분하게 생각하고 있을 것이오. 그러니 다시 적진에는 가지 않는 것이 좋을 듯하오."

그러나 심유경은 고개를 저었다.

"그들이 빨리 물러가지 않아 일어난 일인데 내게 무슨 상관이 있단 말이오?"

그러곤 적진으로 들어갔다. 그가 왜적 앞에서 무슨 말을 했는지는 듣지

---

14 집에서 신임하고 부리는 복역伏役들을 말한다.

못했지만 '왕자와 수행원을 돌려보내고 부산으로 물러난 후에 강화하겠다'라는 문책성 내용이었을 것이다. 적군이 심유경의 제안을 받아들이겠다고 하자 그제야 제독은 개성으로 돌아왔다.

제독에게 글을 보내 내 뜻을 전했다.

'강화를 맺는 것만이 최선은 아닙니다. 어서 공격하십시오.'

그러자 제독은 '내가 먼저 생각한 것도 그와 같소이다' 하고 회답을 보내 왔으나 정말 그렇게 할 뜻은 없어 보였다.

제독은 유격장군 주홍모를 적의 진영으로 보냈다. 그때 나는 도원수와 함께 권율의 진중에 머물다가 그를 파주에서 만났다. 그는 우리를 보내 기패旗牌[15]에 참배하도록 권유했다. 나는 말했다.

"이 기패는 왜적에게 보낼 기패요. 나는 여기에 참배할 수 없소이다. 또한 송 시랑이 왜적을 죽이지 말라는 내용도 기록해 놓았으므로 더욱 받들 수가 없습니다."

그럼에도 주홍모는 계속 참배를 강요했다. 나는 끝까지 거절하고 동파로 돌아와 버렸다. 그러자 주홍모는 제독에게 사람을 보내 이 내용을 보고했다. 제독이 불같이 화를 내며 말했다.

"기패는 곧 황제의 명령이다. 오랑캐들조차 그 앞에서는 고개를 숙이는데 어찌 절하지 않겠단 말인가? 내 군법으로 처리할 것이며 그 후에 돌아가겠다."

일이 벌어지자 접반사 이덕형이 내게 사람을 보내 알렸다.

"당장 내일 아침에 가서 사과해야 할 것 같소이다."

---

15 임금의 명령을 적은 깃발.

나는 김 원수와 함께 아침 일찍 개성으로 제독을 찾아갔다. 그러나 우리를 만나 주지 않았다. 김 원수는 할 수 없이 물러가려 했다. 나는 좀 더 기다리자며 말했다.

"제독이 우리를 시험할 수도 있으니 조금만 더 기다려 봅시다."

그러자 비가 내리기 시작했다. 두 사람이 빗속에 기다리고 있자니 제독이 보낸 사람들이 왔다갔다 하며 동정을 살폈다. 잠시 후 들어오라는 전갈이 전해졌다. 나는 들어가 제독에게 예의를 표하고 사과했다.

"우리가 아무리 어리석다 해도 기패의 소중함을 모르겠습니까? 그렇지만 기패에 적혀 있는 글에 우리나라 사람들이 왜적을 치는 것을 금지한다는 내용이 있으니 어찌 분하지 않겠습니까? 그러나 큰 죄를 지은 것은 마땅하다 할 것입니다."

내 말을 다 들은 제독이 얼굴을 붉히며 답했다.

"공의 말씀은 옳소이다. 그러나 그 글은 송 시랑이 쓴 것이라 나는 모르는 내용이오. 게다가 요즘에는 근거 없는 소문도 많이 떠돌아다닙니다. 만일 신하가 기패에 참배하지 않았는데도 내가 문책하지 않았다는 말이 퍼지면 나까지 어려움을 겪게 될 것이오. 그러니 올리는 글을 하나 써 두기로 합시다. 만일 송 시랑이 문책하면 그것으로 해명하고, 문책이 없으면 없던 일로 합시다."

우리는 인사하고 물러나와 약속대로 글을 써서 보냈다.

그때부터 제독은 수시로 적진에 사람을 파견했다.

하루는 도원수와 함께 제독을 뵌 다음 동파로 돌아오는 길에 천수정 앞을 지나고 있었다. 그때 동파에서 개성으로 향하던 사대수의 하인 이경을 만났다. 우리는 서로 말 위에서 인사를 하고 지나갔다.

그런데 초현리쯤 왔을 때 명나라 군사 셋이 달려오면서 큰소리로 물었다.

"체찰사가 어디 계십니까?"

말을 멈추고 돌아보며 대답했다.

"내가 체찰사요만 무슨 일이오?"

그러자 그들은 큰소리로 외쳤다.

"말을 돌리시오."

그중 한 사람은 채찍으로 내 말을 때리며 재촉하기까지 했다. 영문도 모른 채 개성까지 올 수밖에 없었는데 이미 나를 수행하던 사람들은 멀리 뒤처진 상태였고, 오직 군관 김제와 종사관 신경진만이 안간힘을 다해 뒤를 따르고 있었다. 청교역을 지나 토성 모퉁이에 이를 무렵, 성안에서 다른 기병이 달려 나오더니 나와 함께 온 군사들에게 무언가 수군거렸다. 그러자 그들이 갑자기 내게 절하면서 이렇게 말했다.

"이제 돌아가십시오."

나는 어안이 벙벙해져서 돌아오고 말았다. 나중에 이덕형이 알려 주어서 사건의 내막을 알게 되었는데, 그 전말은 다음과 같았다.

제독이 신임하는 하인 하나가 밖에 나갔다 들어와 제독에게 고했다.

"유 체찰사가 강화講和를 못 하도록 임진강의 배를 모두 없애 버려서, 우리 사절 일행이 왜군 진영에 드나들지를 못하고 있습니다."

이 말을 들은 제독은 즉시 나를 잡아와 곤장 40대를 때리라는 명을 내렸다. 내가 도착하기 전에 제독은 자리에도 앉지 않으면서 울그락불그락하고 있었다. 그런데 얼마 후 이경이 도착했고 제독은 그에게 임진강의 정세를 물었다.

"배가 있어 강을 오가는 데 아무런 불편이 없습니다."

말이 끝나자 제독은 즉시 사람을 보내 나를 그냥 돌려보내도록 명하고, 하인은 불러다가 거짓을 고했다고 해 곤장 수백 대를 때려 결국 죽이고 말았다.

제독은 자신의 행동을 뉘우치며 사람들에게 이렇게 말했다고 한다.

"체찰사를 만나면 내 무슨 낯으로 대할 것인가?"

제독은 내가 강화를 반대한다고 불만을 품고 있던 차에 하인이 그런 말을 전하자 앞뒤 가리지 않고 화부터 낸 것이다. 그때 사람들은 내 목숨이 위태로울 것이라고 생각했다고 한다.

며칠 후 제독은 유격장군 척금戚金과 전세정錢世禎을 동파로 보내 나와 도원수 김명원, 관찰사 이정형을 만나도록 했다. 그들은 우리에게 조용히 전했다.

"적이 두 왕자와 수행원들을 돌려보낸 후 한양에서 물러나 돌아가기를 원하고 있습니다. 그러니 그들의 청을 들어주는 척하며 성 밖으로 끌어낸 다음 계책을 써서 공격하기로 합시다."

이는 제독이 사람을 보내 내 뜻을 떠보려는 것이 분명했다. 나는 소신을 굽히지 않았고, 그들은 계속 나를 설득했다. 그러자 성미가 급한 전세정이 성을 내며 말했다.

"그렇게 강화를 반대하면서 왜 당신네 국왕은 성도 버리고 도망쳤소?"

나는 차분하게 대답했다.

"일단 수도를 옮긴 후 후일을 도모하는 것도 한 방법이 아니겠소?"

그때 척금은 수시로 나를 살피면서 전세정과 웃음을 주고받을 뿐 아무 말도 하지 않았다. 그들은 결국 돌아가고 말았다.

4월 19일, 제독이 대군을 거느리고 동파에 와서는 사대수의 막사에 머물렀다. 왜적이 한양에서 물러날 것을 약속했기 때문에 한양으로 진입하기 위한 준비였다. 나는 처소로 제독을 찾아 인사를 했으나 만나 주지도 않고 통역관을 통해 한마디 전할 뿐이었다.

"체찰사께서는 내게 불만을 가지고 있을 터인데 무엇 때문에 안부는 묻는 것입니까?"

4월 20일, 한양이 수복되었다.

명나라 병사들이 도성으로 들어오고 이 제독은 소공주 댁[16]에 숙소를 정했다. 왜적들은 전날 이미 빠져나간 후였다.

나도 명나라 병사들과 함께 들어갔다. 성안의 백성들은 백에 하나도 남아 있질 않았는데, 살아 있는 사람들조차 모두 굶주리고 병들어 있어 얼굴빛이 귀신 같았다. 날씨마저 더워서 성안이 죽은 사람과 죽은 말 썩는 냄새로 가득했는데 코를 막지 않고는 한 걸음도 떼기가 힘들었다.

건물은 관청과 개인 집을 막론하고 모두 없어져 버렸고, 왜적들이 거처하던 숭례문에서 남산 밑에 이르는 지역만 조금 남아 있었다. 종묘와 세 대궐·종루·각사各司·관학 등 대로 북쪽에 자리잡은 모든 것이 하나도 남김없이 재로 변해 있었는데, 소공주 댁은 왜장 히데이에가 머물던 곳이라

---

16 지금의 서울시 중구 소공동 조선호텔 자리에 있던 별궁. 태종의 둘째 딸 경정공주慶貞公主가 출가해 거주하던 저택으로 소공주 댁으로 불리다 임진왜란 중에는 왜장 히데이에와 명나라 장수 이여송 등이 머물기도 했다. 이후 남별궁이라 불렀다.

건재했다.

나는 먼저 종묘를 찾은 다음 엎드려 통곡했다. 다음으로는 제독의 거처를 찾아갔는데, 그곳에서 여러 대신을 만나 서로 붙잡고 눈물을 흘렸다. 다음 날 아침 다시 제독을 찾아 안부를 묻고 말했다.

"왜적들이 물러갔다 하나 멀리는 못 갔을 것입니다. 한시바삐 군사를 일으켜 추격해 주십시오."

그러자 제독이 고개를 끄덕이며 답했다.

"나 또한 그렇게 해야 한다고 생각하오. 그런데 한강에 배가 없으니 급히 서두를 수가 없소."

나는 다가서며 말했다.

"만일 어른께서 추격에 나서기만 하신다면 내가 먼저 나아가 배를 준비하도록 하겠습니다."

제독도 기쁜 빛을 지으며 대답했다.

"그렇게만 된다면 아주 좋지요."

나는 나오는 즉시 한강으로 향했다. 그 전에 이미 공문을 경기 우감사 성영과 수사 이빈에게 보내 한강의 모든 배를 모아 두라고 지시해 놓았는데 모인 배가 80여 척이나 되었다. 곧 사람을 제독에게 보내 알렸다.

"배가 준비되었습니다."

잠시 후 영장 이여백이 1만여 군사를 이끌고 강변으로 나왔다. 그때부터 부지런히 군사들이 강을 건넜는데도 절반쯤 건넜을 때 해가 저물었다. 그러자 이여백이 갑자기 발병이 낫다며 가마를 타더니 성안으로 돌아가는 것이 아닌가. 결국 강을 건넌 군사들마저 되돌아오더니 모두 성안으로 들어가고 말았다. 나는 가슴을 치며 안타까워했지만 다른 방도가 없었다.

제독은 싸울 뜻이 없으면서도 내 뜻에 정면으로 반박하기 어려우니까 그런 거짓 행동을 한 것이다.

4월 23일, 나는 병을 얻어 자리에 눕고 말았다.

5월에 제독은 적의 뒤를 쫓아 문경까지 내려갔다 돌아왔다. 송 시랑이 제독에게 적을 추격하라는 글을 보냈기 때문이다. 그러나 적이 내려간 지 수십 일이 지난 후라 별 성과가 없었다. 송 시랑은 제독이 틀림없이 적을 뒤쫓지 않을 것이라 판단하고 그런 글을 보내온 것인데 사실이 그러했다.

그때 적들은 느긋하게 후퇴하고 있었다. 그들의 길목에 머물고 있던 우리 군사들 또한 적이 나타나면 이리저리 피하기만 할 뿐 아무도 공격하지 않았다.

한양에서 물러난 적들이 해안가에 진을 쳤다.

울산·서생포에서부터 동래·김해·웅천·거제에 이르는 지역에 촘촘히 무려 열여섯 곳에 진을 쳤는데, 오래 머무를 작정으로 지형을 이용해

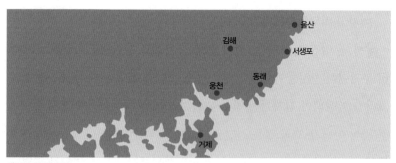

왜적의 주요 진지

성을 쌓고 참호를 팠다. 이로 보건대 바다를 건너 제 나라로 돌아갈 뜻은 전혀 없어 보였다.

그러자 명나라 조정에서는 사천 총병 유정을 지휘관으로 복건福建·서촉西蜀·남만南蠻 등에서 모집한 군사 5000명을 보내 성주·팔거에 진을 치도록 했으며, 남부 장수 오유충은 선산·봉계에 주둔시켰다. 또 이영·조승훈·갈봉하는 거창에, 낙상지·왕필적은 경주에 주둔토록 했는데, 이들은 사방을 둘러싸고 대치할 뿐 공격하지는 않았다.

그들의 군량은 호서와 호남 지방에서 조달했는데 험한 산길을 통해 운반해야 했으므로 백성들의 노고가 심했다.

제독은 심유경을 시켜 왜적들이 바다를 건너 돌아가도록 설득했다. 또 서일관과 사용재를 낭고야에 보내 관백(도요토미 히데요시)을 만나보도록 했다.

6월이 되자 왜적은 임해군과 순화군 그리고 수행하던 재신 황정욱과 황혁 등을 석방하고 심유경에게 보고하도록 했다. 그러나 한편으로는 진주성을 포위하고 지난해의 원수를 갚겠다고 설쳐 댔다. 임진년에 진주성에서 목사 김시민에게 패하고 물러난 것을 일컫는 말이었다.

포위 8일째, 진주성이 결국 함락되었다. 목사 서예원·판관 성수경·창의사 김천일·의병복수장 고종후 등은 모두 전사하고, 6만 명에 이르는 병사와 백성이 목숨을 잃었으며 닭과 개마저 남은 것이 없었다. 왜적들은 성을 파괴하고 참호를 메웠을 뿐 아니라 우물도 묻어 버리고 나무도 모조리 베어 버리는 만행을 저질러 지난 패배의 분풀이를 했다. 6월 28일의 일이었다.

이보다 앞서 조정에서는 왜적이 남하한다는 소식을 듣고는 모든 장수에게 왕명을 내려 왜적을 추격토록 했다. 그렇게 해서 도원수 김명원·순찰사 권율 이하 관군과 의병이 모두 의령에 모이게 되었다. 권율은 이미 행주대첩에서 승리를 거둬 자신감이 넘쳐 기강을 건너 공격하려 했다. 이를 본 곽재우와 고언백이 말했다.

"지금 적의 힘이 강한데 우리 병사들은 오합지졸을 모아놓은 것에 불과하오. 또 앞에는 군량도 부족하니 신중히 나아가야 할 것입니다."

그 말을 들은 다른 사람들도 동의를 표했다. 그때 이빈의 종사관으로 일하는 성호선成好善이 사람들을 질책하고 나섰다. 그러곤 권율과 뜻이 맞자 기강을 건너 함안으로 진격했다. 그러나 함안성은 텅 비어 있었으며 양식 또한 아무것도 남아 있지 않았다. 병사들은 익지도 않은 파란 감을 따서 먹어야 했으니, 싸울 기력은 이미 소진된 후였다.

다음 날 김해로부터 적이 쳐들어온다는 첩보가 전해졌다. 그러자 어떤 이는 '당연히 함안을 지켜야 한다'라고 하고 또 어떤 이는 '돌아가 정진을 지켜야 한다'라는 등 의견이 분분해 결정을 내리지 못하고 있었다. 그때 어디선가 왜적의 포 소리가 들려오자 병사들은 겁에 질린 채 우루루 몰려 성 밖으로 빠져 나가다가 수많은 병사가 적교弔橋[17]에서 떨어져 목숨을 잃었다.

정진으로 물러나 바라보니 적은 다시 육지와 강을 통해 몰려오고 있었다. 들판과 강이 왜적으로 가득해서 막아 낼 엄두가 나지 않자 장수들은 모두 달아나 버렸는데, 권율과 김명원·이빈·최원 등은 전라도로 가고, 김천일·최경회·황진黃進[18] 등은 진주성으로 들어갔다. 뒤따라온 적이 진주

---

17 성이나 참호 위에 설치하는 다리. 밧줄이나 쇠사슬로 매어 내리게 만들었다.
18 1550~1593. 조선 중기 무신. 무과에 급제해 임진왜란 때 근왕병을 모집해 각처에서 왜적을 격파하고 충청 병사가 되어 진주성에서 왜적을 막다가 전사했다.

성을 포위했다.

한편 진주 목사 서예원과 판관 성수경은 명나라 장수를 지원하는 임무를 띠고 오랫동안 상주에 있었는데, 적이 진주를 공격한다는 말을 듣고는 부랴부랴 돌아왔다. 적은 그들이 도착하고 겨우 이틀 만에 들이닥쳤다.

진주성은 원래 사면이 험준한 지형으로 둘러싸여 있었으나, 임진년에 동쪽으로 옮겨 평지에 쌓았다. 적들은 비루飛樓[19] 여덟 개를 세워 놓은 후 그 위에서 성을 관찰했다. 그런 후 성 밖의 대나무 숲에서 대를 베어다가 촘촘히 세워서 화살과 돌을 막았으며 이를 방패로 조총을 쐈다.

한편 김천일 휘하의 병사는 모두 한양 거리에서 모은 자들에 불과했으며, 김천일 역시 군사에는 어두워 제멋대로였다. 특히나 서예원과는 평소 사이가 좋지 않아 주인과 손님이 서로 헐뜯었으니 명령이 제대로 전달될 수가 없었다. 결국 질 수밖에 없는 싸움이었던 것이다.

오직 황진만이 동쪽 성에서 여러 날을 버텼으나 결국 총알을 맞고 전사했다. 그가 죽자 병사들의 사기는 크게 떨어졌는데 구원병도 오지 않았다. 더구나 비까지 내려 성이 무너지자 적들이 개미떼처럼 몰려들었다. 그렇지만 성안 사람들이 나무로 막고 돌을 던지며 싸워 겨우 왜적을 물리칠 수 있었다.

한편 북문을 지키고 있던 김천일의 병사들은 성이 함락되었을 것이라고 지레짐작하고는 도망치기 시작했다. 이 모습을 산 위에서 지켜보던 적들이 때를 놓치지 않고 공격해 오자 우리 병사들은 삽시간에 무너졌다.

촉석루에서 이 모습을 지켜보던 김천일과 최경회는 손을 붙잡고 통곡

19　성을 공격하기 위해 성에 기대어 놓고 오르는 기구. 높이 만든 다락.

촉석루

고려 말 진주성을 지키던 주장의 지휘소였고, 임진왜란 때 왜적이 침입하자 총지휘는 물론 남쪽 지휘대로 사용해 남장대南將臺라고도 했다. 한편 임진왜란 때 논개가 죽은 곳으로도 유명하다. 현재의 건물은 6·25전쟁 때 화재로 소실된 것을 1960년에 재건한 것이다.

하더니 함께 강물에 뛰어들어 자결하고 말았다. 이 싸움에서 살아남은 우리 병사와 백성은 손으로 꼽을 정도였으니, 왜적의 침입이 시작된 이래 이처럼 많은 사람이 죽은 적은 없었다.

조정에서는 김천일이 의롭게 죽었다고 해서 의정부 우찬성을 추증했고, 권율은 용맹스러워 적을 두려워하지 않는다 해 김명원의 뒤를 이어 도원수에 임명했다.

명나라 장수 총병 유정은 진주성이 함락되었다는 소식을 듣자 팔거에서 합천으로 달려나갔고, 오유충은 봉계에서 초계로 나가 경상우도를 방어했다.

한편 진주성을 함락시킨 적들은 부산으로 돌아가, 명나라의 강화 통지를 받은 후 돌아가겠다고 선언했다.

10월이 되어 임금께서 한양으로 돌아오셨다. 그리고 12월에는 행인사行人司[20]의 행인 사헌司憲이 명나라 사신으로 우리나라에 파견되었다.

그에 앞서 심유경은 왜장 나이토 조안(內藤如安)[21]과 함께 관백의 항복문서를 가지고 명나라로 돌아갔다. 그러나 명나라에서는 이 문서가 고니시 유키나가 등이 거짓으로 만든 가짜라고 생각했다. 심유경 또한 자기가 돌아오자마자 진주성이 함락되었다는 말을 듣고는 강화가 저들의 본심이 아니라고 판단했다. 그는 데리고 온 나이토 조안을 요동에 머무르게 한 뒤 회답을 주지 않았다.

당시 제독과 여러 장수는 귀국하고 유정·오유충·왕필적 등의 부대 만여 명만이 팔거에 주둔하고 있었다. 게다가 조선 전역이 굶주림에 허덕이고 있었으며, 군량 운반에 지친 노인과 어린아이들이 곳곳에 쓰러져 있었다. 힘이 있는 자들은 모두 도적이 되었으며 전염병이 창궐해 살아남은 사람도 별로 없었다. 심지어 아버지와 아들이 서로 잡아먹고 남편과 아내가 서로 죽이는 지경에 이르러 길가에는 죽은 사람들의 뼈가 잡초처럼 흩어져 있었다.

얼마 후 유정의 군사가 팔거에서 남원으로 옮겼다가 다시 한양으로 돌아와 열흘 남짓 머무르더니 제 나라로 떠나 버렸다. 그러나 왜적들은 바닷

---

20 임금을 찾아뵙는 등의 사무를 관장하던 명나라의 관청.
21 원문에는 소서비小西飛(고니시 히)라고 되어 있다.

선조의 국문교서

1592년 4월 30일 피란길에 오른 선조는 이듬해 10월 1일에야 한양으로 돌아왔다. 선조는 한양으로 오기 전 9월에 교서를 내려 백성들에게 당부했다. 〈백성에게 이르는 글〉이라는 글로 백성들을 회유하는 내용이 담겨 있으며 백성들이 쉽게 알 수 있도록 한글로 되어 있다.

부산시립박물관 소장, 보물 951호

가에 머무르면서 돌아갈 생각을 안 하므로 민심이 흉흉해졌다.

그 무렵 명나라 경략 송응창이 탄핵을 받아 소환되고 고양겸이 새 경략에 임명되어 요동에 왔는데, 그는 참장 호택胡澤을 시켜 한 장의 공문을 우리 조정에 전달했다. 그 공문의 길이는 꽤나 길었는데 내용을 요약하면 다음과 같았다.

'그대의 나라를 무단침입한 왜적은 파죽지세로 한양, 개성·평양을 점령하고 나라의 8, 9할을 빼앗았으며, 왕자와 수행하는 대신들까지 사로잡았다. 이에 분노하신 우리 황제께서 그들을 쳐서 한 번 싸움으로 평양을 수복하고, 두 번 싸움으로 개성까지 되찾으셨다. 왜적들은 결국 도망치고 왕자와 수행 대신들을 석방했으며 2000리에 이르는 영토 또한 되찾게 되었다. 그러나 이 과정에서 입게 된 황제의 재산과 병사 그리고 마필의 손실도 대단했다. 이처럼 우리 조정에서 조선을 위해 큰 은혜를 베풀었으니 황제의 은덕 또한 한이 없다.

이제 식량도 더 이상 조달할 수 없고 군사 또한 동원할 수 없다. 다행스럽게도 왜적들 또한 우리의 위세를 두려워해 항복을 청하면서 봉공을 요청하고 있다. 우리 조정에서는 그들의 청을 들어주고 신하 되기를 허락해 조선 땅에서 왜적을 한 명도 남김없이 몰아내고 다시는 그대 나라를 침략하지 않도록 하고자 한다.

그런데 그대들은 다시 병력을 요청하고 있으니 어찌된 일이냐? 나라에는 양식이 바닥나고 백성들은 굶주림에 지쳐 서로 잡아먹고 있는 실정인데도 말이다. 우리가 왜적들이 청하는 봉공을 받지 않고, 군사를 거두어 돌아간다면 분노한 왜적이 다시 공격할 것이니 그대 나라는 멸망하고 말 것이다. 하루라도 빨리 대책을 마련할 일이다.

옛날 월나라 구천句踐이 회계산에서 굴욕을 당하던 순간, 어찌 오나라 부차夫差의 살을 씹어 먹고 싶지 않았겠는가?[22] 그러나 그 굴욕을 참고 견딘 것은 훗날을 기약했기 때문이다. 스스로 부차의 신하가 되고 아내는 적의 여자가 되면서도 견뎠는데, 하물며 지금 적들은 명나라에 신첩臣妾이 되고자 하는 뜻을 전해오고 있는데, 이를 받아들인 후 차분하게 후일을 도모하는 것은 구천의 방법에 비하면 훨씬 낫다 할 것이다. 이 정도도 받아들이지 못한다면 이는 졸장부의 뜻일 뿐 원수를 갚겠다고 다짐하는 영웅의 자세는 아닐 것이다.

그대 나라가 왜적에게 봉공을 청하도록 해서 이루어지게 되면 왜나라는 명나라에 감동할 것이고, 조선에도 고마운 마음을 품게 될 것이니 전쟁을 그치고 돌아가게 될 것이다. 그런 후에 조선의 군신君臣이 성심으로 와신상담하면서 구천의 길을 좇는다면 하늘의 도움으로 왜적의 원수를 갚을 날이 멀지 않을 것이다.'

호택이 숙소에 머문 지도 3개월이 지났건만 우리 조정에서는 결론을 내지 못하고 있었다. 병으로 쉬고 있던 나는 장계를 올렸다.

"왜적에게 봉공을 청하게 함은 사리에 맞지 않는 일로 불가합니다. 현재의 상황을 상세히 적어 명나라에 알리고 다시 결과를 기다리는 것이 좋겠습니다."

임금께서도 처음에는 받아들이지 않으셨으나 내가 여러 번 올리자 결

---

22 월나라의 구천은 오나라를 공격해 왕 합려에게 상처를 입힌 끝에 죽게 만들었다. 합려는 죽으면서 아들 부차에게 복수할 것을 유언으로 남기었다. 이후 부차는 구천을 회계산에서 크게 물리쳤다. 그러자 목숨을 구하기 위해 구천은 부차에게 신하의 예를 갖추었으며, 왕비까지 바쳤다. 항복을 받은 부차는 퇴폐와 향락에 빠졌다. 그러나 절치부심한 구천은 결국 부차를 공격해 오나라를 멸망시키기에 이르렀다. 구천과 부차의 관계는 '와신상담臥薪嘗膽'이라는 고사성어를 통해 널리 알려져 있다.

국 내 뜻을 받아들이셨다. 조정에서는 진주사陳奏使[23] 허욱을 명나라에 파견했다.

당시 요동에서는 고 경략이 해임되고 후임으로 손광이 와 있었다.

그 무렵 명나라 병부에서는 황제께 청해 일본 사신 조안을 한양으로 불러들인 다음 세 가지 문제를 확인했다.

첫째, 봉작만 받고 조공은 요구하지 말 것.

둘째, 한 사람의 병사도 부산에 머물지 말 것.

셋째, 향후 영구적으로 조선을 침략하지 말 것.

그리고 약속을 지킬 것이면 즉시 봉을 내릴 것이요, 그렇지 않으면 없던 일로 하자는 것이었다.

나이토 조안은 하늘을 향해 맹세하며 약속을 지키겠다고 말했다. 그러자 심유경이 조안을 데리고 가 설득했다. 다시 명나라 조정에서는 이종성과 양방형을 상사와 부사로 삼아 일본에 보내 도요토미 히데요시를 일본 국왕에 봉하도록 했는데, 두 사람은 가는 길에 한양에서 왜군이 철수하는 것을 확인한 후 일본으로 떠나도록 했다.

을미년(1595) 4월, 이종성 일행이 한양에 들어와 왜적에게 계속 사람을 보내 빨리 바다를 건너 돌아갈 것을 재촉했다. 그러자 왜적들은 웅천의 여러 진과 거제·장문·소진포 등에 주둔하고 있던 군대를 철수해 믿음을 보였다. 그러더니 사람을 보내 이렇게 말했다.

"지난번에 평양에서 당한 것과 같이 혹시 속을까 두려우니 명나라 사신께서 우리 진영으로 들어오시면 약속대로 집행하겠습니다."

---

23 상대국 황제에게 사정을 자세히 설명해 아뢰는 사명을 가지고 가는 사신.

8월이 되자 양방형이 병부의 공문을 받고 부산에 가 보았으나 왜적은 머뭇거리며 철수하지 않고 있었다. 그러곤 다시 상사上使를 보내 줄 것을 요청했다. 여러 사람이 그들의 행동을 의심했으나 병부상서 석성은 심유경의 말을 믿고는 의심하지 않았다. 그는 의견이 분분했으나 자신이 책임지겠다고 주장하며 이종성에게 왜의 진영에 가도록 지시했다.

9월이 되어 이종성 또한 부산에 도착했으나 고니시 유키나가는 찾아보지도 않았다. 그러곤 이렇게 말할 뿐이었다.

"곧 우리 왕께 보고하고 결정이 내려지면 그때 사신을 맞이하겠습니다."

일본으로 건너간 고니시 유키나가는 이듬해 1월이 되어서야 돌아왔으나 철수에 대해서는 아무런 언급이 없었다.

당시 심유경은 두 사신을 부산에 남겨둔 채 혼자 유키나가와 일본에 가서 후에 명나라 사신을 맞이하는 절차에 대해 의논하겠다고 해서 사람들을 의아하게 만들었다. 일본에 갈 때 그는 비단옷을 입고 배에 올랐는데, '두 나라를 조정해서 싸움을 말리겠다'라고 쓴 깃발을 달고 갔다. 그러나 그가 일본에 닿은 후 한참 동안 아무런 답변도 오지 않았다.

부산에 남은 상사 이종성은 본래 개국공신 이문충의 후손으로 공을 인정받아 벼슬길에 올랐으나 겁이 매우 많은 인물이었다. 어느 날 누군가가 다가와 이렇게 말했다.

"도요토미 히데요시가 실제로는 봉을 받을 뜻이 없으면서도, 명나라 사신들을 유인해 잡은 다음 욕을 보이려고 한답니다."

이 말을 들은 그는 밤이 이슥하자 평복으로 갈아입고는 하인이고 인장이고 다 버리고 도망치고 말았다. 다음 날 아침, 이 사실을 알게 된 왜적들이 여러 길로 나누어 그를 찾았으나 결국 찾지 못했다. 혼자 남은 양방형은 왜군도 무마시키고 우리 진영에도 글을 띄워 경거망동하지 말 것을 당부했다.

한편 도망에 나선 이종성은 큰길로도 못 가고 산길로 들어가 몇 날 며칠을 굶으며 경주를 거쳐 서쪽으로 도망쳤다.

얼마 후 심유경과 고니시 유키나가가 부산으로 돌아왔다. 그때부터 서생포, 죽도 등에 머물고 있던 왜적들이 철수했고 이제 남은 것은 부산의 네 주둔군뿐이었다. 그러자 심유경은 양방형을 데리고 일본으로 갔는데, 가는 길에 우리 사신도 동행할 것을 요구했다. 우리 조정에서는 탐탁지 않게 생각했으나 하도 다그치기에 어쩔 수 없이 무신 이봉춘 등을 보내려고 했다. 그때, "무인이 일본에 가면 자칫해서 실수할 것이니, 문관을 보내는 편이 낫겠습니다" 하며 나서는 이가 있었다. 결국 심유경의 접반사로 왜군 진영에 가 있던 황신黃愼[24]을 보내기로 했다.

양방형과 심유경이 일본에서 돌아왔다.

한편 양방형 일행이 일본에 도착한다는 소식이 전해지자 도요토미 히데요시는 관사를 성대하게 꾸며 놓고 맞이하려 했다. 그러나 갑자기 지진이 일어나는 바람에 모두 부서져 다른 곳에서 맞이하게 되었다. 그는 처음에 사신 일행을 만나자 봉작을 받을 것처럼 행동했다. 그러나 다음에는 갑

---

24 1560~1617. 조선 중기 문신. 선조 때 알성과에 급제했다. 임진왜란 때 통신사로 일본에 다녀왔고 전라 감사로 활약했다. 대사헌·호조판서 등을 지냈다. 저서로《추포집秋浦集》·《대학강어大學講語》등이 있다.

자기 성을 내며 외쳤다.

"우리가 조선의 왕자를 되돌려 보냈으니 조선에서도 왕자가 와서 사의를 표하는 것이 도리일 것이다. 그러나 일개 벼슬아치를 사신으로 보냈으니 이는 분명 우리를 업신여기는 처사다."

결국 황신 일행은 임금의 국서도 전달하지 못했으며, 양방형·심유경 또한 되돌아올 수밖에 없었다.

그때 적장 고니시 유키나가는 부산포로 돌아왔고, 가토 기요마사는 계속 서생포에 머무르면서, "반드시 왕자가 사의를 표해야만 철군하겠다" 하는 말만 되풀이했다.

도요토미 히데요시는 원하는 것이 너무 지나쳐 봉공封貢[25] 이상을 요구했다. 그러나 명나라에서는 겨우 봉封만을 허락하고 있었으니, 심유경이 고니시 유키나가와의 친분을 이용해 적당히 일을 처리하려다가 오히려 더 복잡하게 만들어 버린 것이다. 우리나라에서는 이러한 내용을 명나라 조정에 알리기 위해 사신을 파견했다. 결국 석성과 심유경은 죄를 짓게 되었고, 명나라 군사가 다시 파견되는 상황이 발생했다.

수군통제사 이순신을 하옥시켰다.

이순신이 원균을 구원해 준 후로 둘 사이는 아주 좋았다. 그러나 얼마

---

25 봉작과 조공. 봉작이란 제후에 임명하고 관작을 내리는 것을 말한다. 조공은 제후국이 종주국에게 예물을 바치는 것으로, 종주국인 중국은 그 대가로 많은 하사물을 내렸는데, 이로부터 조공 무역이라는 용어가 탄생할 정도로 조공을 통한 물물교역 규모는 큰 것이었다.

후 공을 따지게 되면서부터 사이가 벌어지기 시작했다. 성품이 음흉하고 간사한 원균은 여러 사람과 접촉하면서 이순신을 모함했다.

"처음에 이순신은 구원을 오지 않으려 했소. 그러나 내가 여러 번 요청하자 할 수 없이 온 거요. 그러니 공으로 치자면 내가 가장 클 것이오."

조정의 의견 또한 둘로 나뉘어 있었다. 이순신을 추천한 것이 바로 나였기 때문에 나와 사이가 좋지 않은 사람들 또한 원균을 지지하고 나섰다. 그러나 우상 이원익이 잘못된 것을 밝히고 나섰다.

"이순신과 원균이 담당한 지역이 서로 다르기 때문에 처음에 구원하지 않았다 해서 문제될 것은 없습니다."

그 무렵 적장 고니시 유키나가는 수하 병사인 요시라를 경상 우병사 김응서의 진에 출입시키면서 친하게 지내고 있었다. 그때 가토 기요마사가 다시 공격해 온다는 소식이 전해졌다. 요시라가 몰래 김응서를 찾아왔다.

"장수께서 말씀하시길, '이번에 강화가 이루어지지 못한 것은 가토 때문이다. 나 또한 그를 제거하고 싶다'라고 했습니다. 그런데 며칠 후 그가 바다를 건너올 예정이라 합니다. 수전에 뛰어난 조선 군사가 나선다면 반드시 이를 격퇴시킬 수 있을 것입니다. 놓치지 마십시오."

김응서는 이 내용을 조정에 알렸다. 조정에서도 이 내용을 믿었는데, 특히 해평군海平君 윤근수尹根壽[26]는 기회가 왔다면서 계속 임금께 보고드리고 이순신에게도 빨리 전진할 것을 재촉했다. 그러나 이순신은 적의 계략에 빠지는 것은 아닐까 고민하면서 주저했다.

---

26 1537~1616. 조선 중기 문신. 윤두수의 아우. 명종 때 문과에 급제해 대사성·부제학·경기 관찰사·이조 참판을 거쳐, 호조판서·예조판서·우찬성 등을 지냈다. 임진왜란 때 판중추부사·좌찬성으로 명나라 구원병 문제로 활약했다. 정유재란 때는 의금부도사로 활약했다.

그러자 요시라가 다시 찾아왔다.

"가토가 이미 상륙했소이다. 왜 그를 치지 않는 것입니까?"

그러면서 안타깝고 애석하다는 표정을 지었다.

이 소식을 들은 조정에서는 모두 나서서 이순신의 잘못을 지적했다. 대간은 그를 잡아 국문할 것을 요청했으며, 현풍에 사는 박성朴惺[27]이라는 자는 이순신을 목 베어야 한다는 상소문을 올리기까지 했다. 결국 조정에서는 의금부도사를 보내 이순신을 잡아오도록 하고 대신 원균을 통제사에 임명했다.

그러나 임금께서 이 내용이 모두 진실인지 의문을 품으시고는 성균관 사성 남이신南以信[28]을 한산도에 파견, 사실을 조사해 오라고 했다. 그가 전라도 땅에 닿자 병사와 백성 모두 나와 길을 막고 이순신이 무고하게 잡혀갔다고 호소했다. 그러나 남이신 또한 사실대로 보고하지 않았다.

"가토가 섬에 7일이나 머물러 있었습니다. 그때 우리 군사가 공격했다면 반드시 적장을 잡을 수 있었을 것입니다. 그러나 이순신이 머뭇거리는 바람에 기회를 놓치고 말았습니다."

이순신은 옥에 갇히게 되었고 대신들이 그의 죄를 의논하기 시작했다. 그때 판중추부사判中樞府事[29] 정탁鄭琢[30]이 홀로 일어서서 간했다.

---

27 1549~1606. 조선 중기 문신. 임진왜란 때 초유사 김성일의 막하에 있었고 정유재란 때 체찰사 이원익의 막하에서 일하다가 후에 안양 현감이 되었다. 저서로《대암집大菴集》이 있다.

28 1562~1608. 조선 중기 문신. 1590년 문과에 급제한 후 예조정랑·병조참판을 거쳐 1600년 경기도 관찰사가 되었다.

29 중추부는 조선 시대 중앙 관청의 하나로, 부사는 출납·병기·경비 등의 일을 맡아보던 정2품 관직.

30 1526~1605. 조선 중기의 문신. 1558년(명종 13) 문과에 급제, 대사헌·예조판서·형조판서·이조판서 등을 지냈다. 임진왜란 당시에는 좌찬성으로 선조를 호종했으며, 우의정·좌의정을 거쳐 1603년 영중추부사에 올랐다. 1604년 서원부원군에 봉해졌다.

교룡산성
해발 518미터인 교룡산의 천연 지형지세를 이용해 돌로 쌓은 산성으로 둘
레는 약 3킬로미터다. 전라북도 남원시 산곡동 소재

"그는 명장이오니 죽여서는 안 되옵니다. 군사상 문제는 다른 사람이
판단하기 어려운 부분이 있습니다. 그 또한 짐작하는 바가 있어 나가 싸우
지 않은 것이라 생각됩니다. 바라건대 너그러이 용서해서 후에 대비토록
하십시오."

조정에서는 한 차례 고문을 한 다음 사형을 감형하고 삭탈관직만 시켰
다. 이순신의 노모는 아산에 살았는데 그가 옥에 갇혔다는 말을 듣고는 고
통스러워하다 목숨을 잃고 말았다. 옥에서 나온 이순신은 아산을 지나는

길에 상복을 입고는 권율 휘하에 들어가 백의종군하게 되었는데, 그 소식을 들은 사람 모두 안타깝게 생각했다.

명나라 조정에서는 병부시랑 형개를 총독군문으로, 요동 포정사 양호를 경리조선군무로, 마귀를 대장에 임명한 후 군사를 다시 파견했다. 양원·유정·동일원 등도 잇달아 우리나라로 들어왔다.

  정유년(1597, 선조 30) 5월, 먼저 양원이 3000명의 군사를 거느리고 와서 한양에 며칠 머무르더니 전라도 남원으로 내려가 주둔했다. 남원은 호남과 영남의 요충지로 성도 튼튼하고 무너진 곳이 없었는데, 지난날 낙상지가 성을 증축하고 잘 방어했기 때문이다.
  남원성 밖에는 교룡산성이 있었는데 사람들은 이 산성을 지키려 했다. 그러나 양원은 본성을 지켜야 한다면서 성 위에 담을 올리고 호를 팠으며, 호 안에는 양마장羊馬牆³¹까지 설치했는데, 한 달이 지나서야 겨우 완성했다.

1597년 8월 7일, 한산도의 수군이 패했다. 이 싸움에서 통제사 원균과 전라 우수사 이억기가 전사했고 경상 우수사 배설은 도망쳐 죽음은 모면했다.

---

31 밖의 호로, 작은 성을 쌓고 그 위에 다시 담을 세운 것.

제승당

1592년(선조 25) 이순신은 이곳에 운주당을 짓고 1593~1597년까지 해군의 중심 진영으로 삼았다. 그러나 1597년(선조 30) 칠천량 해전에서 원균이 지휘하던 조선 수군이 패한 뒤 이곳 군영은 모두 불타 버렸다. 그 후, 1739년(영조 15)에 운주당 자리에 제승당을 짓는 공사가 이루어졌고, 일제강점기 이후 지방 유지에 의해 다시 세워졌다. 경상남도 통영시 한산면 두억리, 사적 113호

　　이에 앞서 한산도에 도착한 원균은 이순신이 시행한 제도를 모두 바꾸고, 이순신이 신임하던 장수와 병사들 또한 모두 쫓아냈다. 특히 이영남은 예전에 자신이 패해 도망친 사실을 상세히 알고 있다 해서 더욱 미워했다. 이렇게 되자 군사들 마음속에는 원망만이 가득 차게 되었다.

　　이순신이 한산도에 머무르고 있을 때 운주당이라는 집을 지었다. 그는 그곳에서 장수들과 함께 밤낮을 가리지 않고 전투를 연구하면서 지냈는데, 아무리 졸병이라 해도 군사에 관한 내용이라면 언제든지 와서 자유롭게 말할 수 있게 했다. 그러자 모든 병사가 군사에 정통하게 되었으며, 전

투를 시작하기 전에는 장수들과 의논해 계책을 결정한 까닭에 싸움에서 패하는 일이 없었다.

그런데 원균은 그 집에 첩을 데려다가 함께 살면서 이중 울타리를 쳐 놓아 장수들조차 그를 보기 힘들었다. 또한 술을 좋아해서 술주정이 다반사였다. 군중에서는 형벌이 무시로 이루어져 병사들은 이렇게 수군거렸다.

"왜놈들을 만나면 달아나는 수밖에 없네그려."

장수들 또한 그를 비웃으며 두려워하지도 않아 지휘관으로서의 품위나 명령이 지켜지질 않았다.

그때 적이 다시 쳐들어왔다. 고니시 유키나가는 요시라를 다시 김응서에게 보내 소식을 전했다.

"우리 배가 모일某日에 출범할 것이니 중간쯤에서 맞아 싸우는 편이 좋을 것입니다."

도원수 권율은 이 소식이 믿을 만하다고 생각했으며, 더욱이 이순신이 머뭇거리다가 죄를 받은 것을 알고 있었기 때문에 원균에게 빨리 공격할

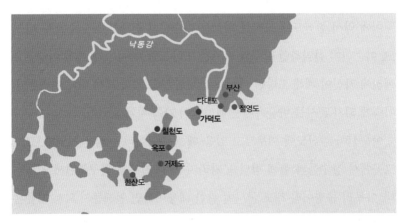

가덕도 · 칠천도 주변 지역

것을 명령했다. 원균 또한 이순신이 나가 싸우지 않았음을 비난한 덕에 그 자리에 임명되었기 때문에 싸움이 어려운 줄 알면서도 출전할 수밖에 없었다.

우리 배가 출전하자 언덕 위의 적 진영에서는 우리 측 움직임을 파악하면서 동정을 살폈다. 원균이 절영도에 이르자 바람이 불기 시작하면서 물결이 높아졌으며, 날은 저물기 시작했는데 배가 정박할 곳도 마땅치가 않았다. 그때 적의 배가 바다 한가운데 나타나자, 이를 본 원균은 군사들에게 공격을 명령했다. 그러나 한산도에서부터 쉴 틈도 없이 하루 종일 배를 저어 온 군사들은 배고픔과 목마름에 지쳐 더 이상 움직이기도 힘들었다. 배들은 이리저리 흔들리고 앞서거니 뒤서거니 해서 대열을 정비할 수 없었다. 왜적은 우리 군사들을 지치게 하기 위해 가까이 다가왔다가는 멀리 달아나기를 반복하면서 싸우지도 않았다.

밤은 깊고 바람은 점점 세지자 우리 배들은 사방으로 흩어져 표류하기 시작했다. 원균은 겨우 남은 배를 모아 가덕도加德島에 닿을 수 있었다. 섬에 닿자마자 병사들은 다투어 내려 물을 찾았다. 우리 군사들이 허둥지둥 물을 찾아다닐 순간, 갑자기 왜적이 섬에서 나타나 덮쳤다. 결국 400여 군사를 잃고 원균은 다시 거제의 칠천도七川島에 도착했다.

당시 고성에 머물고 있던 권율은 아무 성과도 거두지 못한다고 문책하며 원균을 불러 곤장을 쳤다. 진으로 돌아온 원균은 분한 마음에 술만 마셔 대더니 그만 누워 버렸고, 장수들이 군사를 의논하고자 했으나 만날 수조차 없었다.

그날 밤 왜적의 배가 기습, 우리 진영은 무너져 버렸다. 원균은 배를 버리고 언덕으로 기어올라 달아나려고 했으나 몸이 비대해 소나무 밑에 주

저앉고 말았다. 수행하는 사람도 없이 혼자였던 그는 왜적에게 죽었다고
도 하고, 도망쳐 죽음을 모면했다고도 하는데 정확한 사실은 알 수가 없
다. 이억기는 배 위에서 바다에 뛰어들어 죽었다.

이에 앞서 배설은 원균을 만나 여러 번 권고했다.

"이러다가는 반드시 패하고 말 것입니다."

그날도 배설은 이렇게 간했다.

"칠천도는 물이 얕고 좁아 배를 움직이기가 어렵습니다. 진을 다른 곳
에 옮기는 것이 좋겠습니다."

원균은 듣지 않았다. 배설은 자기 수하의 배만을 이끌고 지키고 있다가
적이 공격해 오자 달아났기 때문에 그의 군사들은 화를 면할 수 있었다.
한산도에 도착한 그는 무기와 양곡, 건물 등을 모두 불태워 버리고 남아
있는 백성들과 함께 대피했다.

한산도를 격파하자 적들의 기세는 서쪽을 향해 나아갔다. 남해·순천이
차례로 함락되었으며, 두치진에 이른 적들은 육지로 올라 남원을 포위했
다. 이렇게 되자 충청과 전라도가 모두 전란에 휩싸이게 되었다.

왜적은 싸움을 시작한 이래 오직 수군에게만 패했는데, 이를 분하게 여
긴 히데요시는 유키나가에게 어떻게 해서든 조선의 수군을 무찌르라고
명령을 내렸다. 정면으로 붙어서는 이길 수 없다고 판단한 유키나가는 계
략을 꾸몄다. 김응서에게 호감을 사면서 한편으로는 이를 이용해 이순신
이 모함에 빠지도록 술수를 부렸고, 그런 후에는 원균을 바다 한가운데로
유인해 습격한 것이다. 그의 간교한 계략에 빠져 큰 피해를 입었으니 얼마
나 슬픈 일인가!

왜적이 황석산성黃石山城[32]을 함락시켰으며, 안음 현감 곽준郭趁[33]과 전 함안 군수 조종도趙宗道[34]가 전사했다.

체찰사 이원익과 도원수 권율은 적을 방어하기 위해 도내의 산성을 수리하기로 의견을 모았다. 이후 공산·금오·용기·부산 등에 산성을 쌓았는데, 특히 공산산성과 금산산성 작업에는 백성들의 노고가 컸다. 성이 완성되자 여러 고을의 기계와 곡식을 가져다 저장했고 노약자를 포함한 모든 백성을 거느리고 들어가자 그 지방이 떠들썩해졌다.

왜적의 공격이 재개되었다. 가토 기요마사는 서생포에서 전라도로 향하면서 유키나가가 거느리고 오는 해군과 합세해 남원을 치고자 했다. 그러나 우리 군사들은 도원수까지 도망치기에 바빴고, 산성에 전령을 띄워 제각각 지키라고 할 뿐이었다.

그러나 의병장 곽재우는 창녕의 화왕산성火旺山城으로 들어가 죽기를 각오하고 성을 지켰다. 성 밑에 도착한 적들은 산세가 험할 뿐 아니라 조금의 동요도 없이 성을 지키고 있는 모습을 보고 그냥 물러났다.

안음 현감 곽준과 전 김해 부사 백사림은 황석산성으로 들어갔다. 백사

---

32 해발 1190미터인 황석산 정상에서 뻗은 산마루를 따라 육십령으로 통하는 요새지에 쌓은 삼국 시대 산성. 《동국여지승람》에 의하면 당시 성의 둘레가 2만 9240척(약 8.9킬로미터)이며, 성안에는 창고가 있었다고 한다. 1597년에 왜군이 침입하자 이원익은 왜군이 쳐들어올 것이라 판단해 주민들과 성을 지켰으나 백사림이 도망가는 바람에 결국 함락당했다. 경남 함양군 서하면 봉전리. 사적 322호.

33 1550~1597. 조선 중기 무신. 임진왜란 때 의병장 김면 아래에 들어가 공을 세워 자여도 찰방에 임명되었다. 정유재란 때에는 안음 현감으로 김해 부사 백사림과 함께 황석산성을 지키던 중, 가토 기요마사 휘하의 왜군과 격전을 벌이다가 아들 이상·이후와 함께 전사했다. 후에 병조참의에 추증되었다.

34 1537~1597. 조선 중기 문신. 1553년, 생원시에 합격한 뒤 양지 현감 등을 지냈다. 1596년(선조 29)에 함양 군수가 되었는데, 이듬해 안음 현감 곽준과 규합해 의병을 일으켰다. 황석산성을 고쳐 쌓은 후 그곳에서 왜병과 싸우다가 전사했다.

림은 무관 출신인 까닭에 사람들이 모두 그에게 의지하면서 든든해 했다. 그러나 적의 공격을 받은 지 겨우 하루 만에 백사림이 도망치자 부대는 순식간에 와해되고 말았다. 적이 성안으로 침입해 오자 곽준은 아들 이상, 이후와 함께 맞서 싸웠으나 전사하고 말았다. 한편 곽준의 딸은 유문호의 부인이었다. 그러나 유문호 역시 왜적에게 사로잡히자 성 밖에 피해 있던 곽씨 부인이 몸종에게 이렇게 말했다.

"아버지께서 돌아가신 후에도 내가 죽지 않은 것은 남편이 살아 있었기 때문이다. 이제 남편까지 잡혔다고 하니 내 살아 있을 까닭이 없다."

그러고는 스스로 목매 죽고 말았다.

전 함안 군수 조종도는 가족을 거느리고 성안으로 들어가면서 이렇게 말했다.

"내 일찍이 성인의 뒤를 따르던 사람이니, 도망치는 무리들과 떠돌다

공산산성 서문
백제의 산성으로 원래는 흙으로 쌓은 토성이었으나 조선 시대에 석성으로 고쳤다. 조선 인조 이후에는 쌍수산성으로 불렸다. 충청남도 공주시 산성동 소재, 사적 12호

화왕산성
가야 시대 때 화왕산에 돌로 쌓은 산성으로 추정된다. 험준한 북쪽의 바외산을 등지고 남쪽 봉우리 사이를 둘러싼 산성으로 둘레가 2.6킬로미터 정도로 현재 동문·서문·연못이 남아 있다. 임진왜란 때는 곽재우가 이끄는 의병의 본거지였으며, 밀양 부사 이영이 수성장을 맡아 왜군에 대한 유격전으로 전과를 올렸다. 경상남도 창녕군 창녕읍 옥천리 소재, 사적 64호

숲 속에서 죽을 수는 없고, 당연히 떳떳하게 죽어야 할 것이다."

그러곤 성안에서 이런 시를 지었다.

공동산 공동산崆峒山[35] 밖에서는 사는 것이 기쁨이고,

순원성巡遠城[36] 안에서는 죽음이 영광이로다

그리고는 곽준과 함께 적을 맞아 싸우다 죽고 말았다.

---

35 중국 감숙성에 있는 산. 중국의 황제가 이곳을 왔다 갔다는 고사에 빗대어 선조가 피란한 것을 뜻한다.
36 당나라 현종 때 안록산의 난을 맞아 장순과 허원이 순원성을 지키다 죽었다. 이 시에서는 황석산성을 순원성에 빗대어 노래하고 있다.

삼도 수군통제사에 이순신이 다시 기용되었다.

한산도가 적에 함락되었다는 소식이 전해지자 조정은 물론 백성들 또한 놀라 어쩔 줄을 몰랐다. 임금께서는 비변사의 신하들을 불러 향후 대책을 물었으나 아무도 대답을 하지 못했다. 그러자 경림군 김명원과 병조판서 이항복이 조용히 아뢰었다.

"이는 원균의 죄입니다. 다시 이순신을 불러 통제사에 임명하옵소서."

임금께서는 이 말을 듣고 그 뜻에 따르셨다.

권율은 원균이 패했다는 말을 듣자마자 이순신을 보내 뒷일을 수습토록 했다. 왜적이 곳곳에 출몰하고 있었는데 이순신은 군관 한 명만 대동한 채 경상도에서 전라도로 향했다. 밤낮을 가리지 않고 험준한 산길을 지나 진도에 이른 그는 즉시 군사를 정비해 적의 공격에 대비했다.

왜적이 남원을 함락했다.

이 싸움에서 명나라 장수 양원은 도망쳤고, 전라 병사 이복남李福男, 남원 부사 임현任鉉,[37] 조방장 김경로, 광양 현감 이춘원, 당장 접반사 정기원鄭期遠[38] 등이 모두 전사했다. 군기시 파진군破陣軍[39] 열두 명도 양원을 따라

---

37 1559~1597. 조선 중기 문신. 회양 부사·길주 목사·함경도 병마절도사를 지내고 정유재란 때 남원 부사
    로 왜적을 막다가 전사했다.
38 1559~1597. 조선 중기 문신. 문과에 급제해 벼슬이 참판에 이르렀다. 정유재란 때 양원의 접반사로 남원
    싸움에 참가해 왜적을 막다가 전사했다. 저서로《견산집見山集》이 있다.
39 적진을 파괴하는 임무를 띤 군대.

남원성

신라 신문왕(재위 681~690) 때 처음 쌓은 평지 읍성으로 군이나 현의 주민을 보호하고 군사적·행정적인 기능을
함께 하는 성이다. 1597년 왜군에 대비하여 수리했으나 1894년 동학농민전쟁 때 거의 다 허물어져 현재 약간
의 성터 모습만 남아 있다. 전라북도 남원시 동충동 소재, 사적 298호

그곳에 갔다가 모두 전사했다. 오직 김효의라는 사람만이 살아서 빠져 나
와 내게 그곳 상황을 자세히 알려 주었다.

남원에 도착한 양원은 성을 한 길 이상 더 쌓아 올리고 성 밖 양마장에
는 포 구멍을 뚫어 놓았으며, 성문에는 대포 두세 대를 설치하고 참호를
깊게 파 놓았다.

한산도를 함락시킨 적이 육지와 바다를 통해 남원성으로 진격해 온다
는 소식이 전해지자 성안은 술렁거렸다. 백성들은 도망치기에 바빴고 양
원이 이끌고 온 요동마군 3000명만이 남아 성을 지켰다. 양원은 전라 병
사 이복남에게 격문을 띄워 함께 싸울 것을 권했으나 머뭇거리며 오질 않

왔다. 양원이 계속 사람을 보내자 그제야 마지못해 수백 명의 군사만을 이끌고 왔다. 광양 현감 이춘원과 조방장 김경로 등이 그 뒤를 이어 성에 도착했다.

8월 13일, 적 선발대 100여 명이 남원성에 도착해 조총을 쏘기 시작하더니 여기저기 흩어졌다. 그들은 밭고랑 사이에 숨은 채 몇 명씩 몰려와 공격하다 물러서곤 했다.

성 위의 우리 군사들이 승자소포를 이용해 응사했지만 왜군의 진영은 너무 멀리 있었다.

게다가 이따금 몇 명의 적들만 기어와 여기저기 흩어져 싸우는 까닭에 포를 쏴도 맞지 않았다. 반대로 성 위에 있던 우리 병사들은 적의 조총을 맞고 자주 쓰러졌다. 잠시 후 성 아래 다다른 왜적이 큰소리로 우리 병사를 불렀다. 총병 양원은 통역을 시켜 그들의 말을 들어보게 했다. 그러나 그들이 보내온 편지에는 싸움을 전하는 내용이 적혀 있을 뿐이었다.

8월 14일, 성을 삼면에서 에워싼 적이 총포를 쏴 대며 공격해 왔다. 그 전에 성 밖에 민가들이 빼곡이 들어차 있었으므로 양 총병은 이를 모두 불태우도록 했다. 그러나 담이나 벽은 그대로 남아 있었는데, 적이 바로 이

승자총통勝字銃筒
총구에서 화약과 실탄을 장전하고 손으로 약선에 불씨를 점화, 발사하는 화기. 1575년 김지가 만든 화기로서 1583년 '이탕개의 난' 때 큰 몫을 했다. 그러나 임진왜란 때는 왜군의 조총으로 인해 그 위력을 잃었다. 형태는 통신(화살이나 탄환을 장전하게 하는 부분), 약실(화약이 들어가는 부분), 손잡이의 세 부분으로 구분된다. 육군박물관 소장

담과 벽을 이용해 몸을 숨긴 채 총을 쏴 댔으므로 성 위의 병사들이 많이 다쳤다.

8월 15일, 성 위에서 내려다보니 적들이 잡초와 벼를 베어 큰 다발을 수없이 만들어 담벽 사이에 쌓아 놓았다. 그러나 무슨 용도로 쓰이는지 아는 사람은 아무도 없었다.

남원성에 머물고 있던 군사들은 당시 전주에 3천의 군사와 함께 머물고 있던 명나라 유격장군 진우충에게 구원을 요청했다. 그러나 시간이 지나도 그들은 도착하지 않았고 성안의 군사들은 점점 불안해졌다.

그날 저녁 성첩을 지키던 병사들이 수근거리면서 말에 안장을 준비하는 모습이 부산했다. 도망치려는 것이 분명했다.

초경(저녁 6시)쯤 되었을 때였다. 갑자기 적진에서 시끄러운 소리가 들리면서 부산하게 움직이더니 일제히 포사격을 시작했다. 성 위로 탄환이 마치 우박 떨어지듯 쏟아졌다. 성 위의 우리 군사들은 모두 목을 움츠리고 쳐다보지도 못했다. 한두 시간쯤 지났을까. 조용해져서 성 밖을 쳐다보니 묶어 놓은 풀다발들로 호는 다 메워진 후였다. 또 양마장 안팎에도 풀다발이 무더기로 쌓여 이미 성과 비슷한 높이에 이르고 있었다. 적들이 이것을 이용해 성을 넘어오자 성안은 삽시간에 혼란에 빠졌다.

남문 밖의 양마장을 지키고 있던 김효의가 성안을 바라보니 이미 성 위에는 아무도 없었고 성안 곳곳에서는 불길이 타오르고 있었다. 깜짝 놀란 그가 즉시 달아나기 시작해 북문에 이르렀을 때였다. 말을 탄 명나라 군사들이 한꺼번에 성문을 나가려고 했으나 굳게 닫혀 있는 문 때문에 어려움을 겪었다. 잠시 후 문이 열리자 한꺼번에 쏟아져 나갔다. 그러나 밖에서는 왜적들이 두겹 세겹으로 둘러싼 채 기다리고 있었다.

결국 명나라 군사들은 고개를 내어 칼을 받는 꼴이 되고 말았으며 달까지 밝아 적의 칼을 피해 달아난 사람은 불과 몇 되지 않았다. 양 총병은 하인 몇 사람과 간신히 빠져나가 죽음은 면했다. 그러나 왜적들이 일부러 그를 죽이지 않았다는 소문도 전해지고 있었다.

　　김효의는 수행원 하나와 성문을 나왔는데 수행원은 죽고 그 자신은 논 속으로 뛰어들어 풀 속에 숨어 있다가 왜적이 물러난 후에 겨우 빠져 나왔다고 한다.

　　본래 양원은 요동에서 활동하던 장수라 오랑캐와 싸울 줄은 알았지만 왜적과의 싸움에는 미숙했기 때문에 패한 것이다. 또 평지에 있는 성을 지킨다는 것이 얼마나 어려운지를 모른 탓도 있었다. 김효의가 전하는 내용을 자세히 전하는 까닭은 훗날 성을 지키는 사람들에게 이러한 내용을 알

만인의총萬人義塚
정유재란 때 남원성을 지키기 위해 왜군 11만 명과 싸우다가 전사한 관리·군사·백성을 함께 묻은 무덤이다. 처음에는 남원역 부근에 있었으나 1964년 현재 자리로 이전했다. 전라북도 남원시 향교동 소재, 사적 272호.

려 주어 대비토록 하려는 까닭이다.

남원성이 함락되자 전주 북쪽은 모두 무너져 버려 어떻게 할 수가 없었다.

명나라 장수 양원은 패전의 책임을 물어 참형에 처해졌고 그의 머리는 효시당했다.

통제사 이순신이 진도 벽파정碧波亭[40]에서 왜적을 물리치고 왜장 마다시를 잡아 죽였다.

이순신이 진도에 도착해 보니 남아 있는 배가 10여 척에 불과했다. 한편 배를 타고 피란길에 나섰던 부근 해안가 백성들은 이순신이 돌아왔다는 소식을 듣자 모두들 기뻐 어쩔 줄 몰라했다. 이순신은 여러 방법으로 사람들을 모았다. 그러자 수많은 사람이 몰려들었는데, 이순신은 이들을 군의 배후에 배치해 병사들을 지원토록 했다.

적장 마다시는 수전에 뛰어난 것으로 이름이 높았다. 그가 200여 척의 배를 거느리고 서해로 가려다 진도 벽파정 아래에서 이순신과 마주치게 된 것이다. 열두 척의 배에 대포를 실은 이순신은 조류潮流의 흐름을 이용하기로 했다. 물의 흐름을 이용해 공격에 나서자 그 많은 적도 당하질 못하고 도망치기 시작했다. 이렇게 되자 이순신 부대의 명성은 날로 높아져

---

40 전라남도 진도군 고군면 지역을 가리키는 말. 진도의 동부 해안가에 있어 진도로 들어가는 관문 역할을 했다. 임진왜란과 정유재란 당시에는 수군영이 배치된 곳이며, 지금도 교통의 요지로서 기능하고 있다.

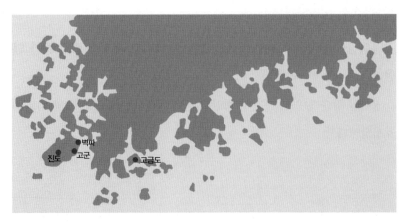

고금도
전라남도 완도군 고금면 농상리에 있는 섬.

갔다.

당시 이순신 휘하에는 8000명이 넘는 병사가 모여 들어 고금도古今島에 주둔하고 있었는데, 군량이 부족한 상태였다. 그는 해로통행첩을 만들기로 하고 명령을 내렸다.

"3도 연안 지방을 통행하는 모든 배 가운데 통행첩이 없는 배는 간첩선으로 간주하고 통행을 금지한다."

그러자 모든 백성이 와서 통행첩 발급을 요청했다. 이순신은 배의 크기에 따라 쌀을 받고 통행첩을 발급해 주었는데, 큰 배는 세 석, 중간 배는 두 석, 작은 배는 한 석을 받았다. 당시 피란을 떠나는 배들은 모두 양식을 싣고 다녔기 때문에 그 정도 쌀을 바치는 것은 어렵지 않았으며, 오히려 안전하게 다닐 수 있음을 기쁘게 생각했다. 이순신은 10여 일 만에 1만여 석의 군량을 얻을 수 있었다.

또한 백성들이 가지고 있던 구리, 쇠를 모아 대포를 만들고, 나무를 베어 배를 건조했다. 그가 추진하는 모든 일은 순조롭게 진행되었으며, 먼 곳에 있던 사람들까지 그에게 의지하기 위해 모여들어 집을 짓고 막사를 만들어 장사를 하게 되자 그들을 수용하기에 섬이 모자랄 지경이었다.

얼마 후 명나라 수병도독 진린陳璘이 고금도로 내려와 이순신과 합세하게 되었다. 그러나 진린은 성격이 포악하고 남과 어울리지 못하는 사람이어서 모두 그를 꺼려했다. 그가 출발할 때 임금께서는 청파 들판까지 나와 몸소 전송하셨다.

진린의 군사가 고을 수령을 함부로 때리고 욕하며, 찰방 이상규의 목을 새끼줄로 매어 끌고 다니며 피투성이를 만드는 모습을 본 나는 통역관에게 그를 풀어 주도록 했다. 그러나 그들은 말을 듣지 않았다. 나는 여러 대신에게 말했다.

"안타깝게도 이순신이 패할 것 같소이다. 진린은 장수의 권한도 인정해 주지 않을 것이고, 군사들 또한 제 마음대로 다룰 것이니 어찌 이기기를 바라겠소?"

모인 사람 모두 고개를 끄덕였다.

"그렇습니다."

진린이 내려온다는 소식을 들은 이순신은 병사들을 동원해 사냥을 한 다음 사슴·멧돼지·생선을 잡아 큰 잔치를 준비해 두었다. 진린의 배가 바다로 들어오자 이순신은 군사를 배치한 후 멀리까지 나가 그를 맞이했다. 그런 후 그들 일행을 성대하게 맞아들이니 진린은 물론 장수와 병사들까지 아주 흡족해 하며 입을 모았다.

"이순신은 참으로 뛰어난 장수요."

얼마 후 적선이 가까운 섬을 공격해 왔다. 군사를 보내 적선을 물리치고

완도 묘당도 이충무공 유적
묘당도는 정유재란 마지막 해인 1598년 2월 17일 이순신이 수군 8000여 명을 이끌고 고하도高下島에서부터
건너와 진을 쳤던 곳이다. 이 곳에는 충무사와 옥천사라는 절이 함께 자리하고 있다. 전라남도 완도군 고금면 덕
동리 소재, 사적 114호

적의 머리를 40여 개까지 벤 이순신은 이를 진린에게 보내 그의 공으로
돌렸다. 진린은 뜻밖의 대우를 받자 너무나 기뻐했다. 이때부터 그는 무슨
일이든 이순신과 협의해 처리했을 뿐 아니라 나들이를 나갈 때에도 이순
신과 가마를 나란히 하면서 절대 앞서 나가지 않았다.

이순신은 이후 진린과 합의해 명나라 군사와 우리 군사를 구별하지 않
고 누구든 잘못을 저지르면 데려다 매로 다스리기로 했다. 그러자 모든 병
사가 명령을 따르게 되어 섬 안에 질서가 유지되고 백성들 또한 걱정 없이
지내게 되었다.

그러자 진린은 임금께 이런 글을 올렸다.

'통제사는 천하를 다스릴 만한 인재요, 하늘의 어려움을 능히 극복해 낼

공이 있습니다.'

이런 글을 쓴 것은 그가 마음으로부터 감복했기 때문이다.

적이 물러갔다.

3도를 짓밟은 적은 가는 곳마다 민가를 불태우고 백성들을 죽였다. 게다가 우리나라 사람을 붙잡기만 하면 코를 베어 위세를 부린 까닭에 그들이 직산에 도착할 무렵부터 한양 사람들은 도망치기에 바빴다.

9월 9일, 왕비께서는 난을 피해 서쪽으로 향하셨다. 한양에 있던 명나라 장수 경리 양호와 제독 마귀는 평안도 군사 5천, 황해·경기도 군사 수천 명을 모아 강가에 배치해 지키도록 하고 창고도 방어하도록 했다.

다행스럽게도 적은 경기도 부근까지 왔다가 물러갔다. 이후 가토 기요마사는 울산에 주둔하고, 고니시 유키나가는 순천, 시마즈 요시히로(島津義弘)는 사천에 주둔하게 되어 그들이 움직이는 범위가 700, 800리에 이르렀다.

당시 한양을 지켜 낼 방법은 별로 없었다. 그러자 조신들이 모두 나서 피란할 것을 청했다. 그때 지사 신잡이 나서 말씀드렸다.

"임금께서는 당연히 영변으로 떠나셔야 합니다. 신은 병사로 일하면서 영변 사정을 잘 알게 되었습니다. 그곳에서 염두에 두어야 할 것은 장이 없다는 것이니, 미리 준비해 두지 않으면 낭패를 볼 수 있습니다."

이 말을 들은 사람들 모두 웃으면서 말했다.

"신일辛日에는 간장을 담그지 않는다더니, 헛헛헛!"

다른 대신이 또 간하고 나섰다.

"이번 적의 공격은 크게 걱정할 것이 못 되옵니다. 시간이 지나면 반드시 물러갈 것이니, 임금을 편안한 곳에 모시면 될 것입니다."

그때 도원수 권율이 한양으로 들어왔다. 임금께서 그를 불러 정세를 물으셨다. 그러자 권율이 대답했다.

"임금님께서 너무 빨리 돌아오신 것 같습니다. 서쪽에 머물러 계시면서 형세 파악을 하셨어야 할 줄 압니다."

그러나 곧이어 적이 물러갔다는 소식이 전해지자 권율은 부랴부랴 경상도로 내려갔다. 이를 본 대간들이 말했다.

"권율은 계략이 부족하고 겁이 많아 도원수로는 적합하지 않습니다."

그러나 임금께서는 듣지 않으셨다.

12월에 경리 양호와 제독 마귀가 기병과 보병 수만 명을 거느리고 경상도 울산의 적을 공격했다.

당시 가토 기요마사는 동해 바닷가의 험준한 곳에 성을 쌓고 있었는데, 명나라 기병대가 기습을 가하자 당해 내질 못했다. 적이 외성을 버리고 내성으로 쫓겨 들어가자 명나라 병사들은 전리품을 챙기느라 더 이상 공격에 나서질 않았다. 그 틈을 타서 적들은 성문을 굳게 닫고 지키기만 했다. 명나라 군사들이 사방을 포위했으나 13일이 지나도록 그들은 꼼짝도 하지 않았다.

그 달 29일, 울산에 당도해 두 장수를 만났다. 그때 왜적의 성루를 보니 조용하고 한가로워 정적만이 감돌 뿐이었다. 그러나 명나라 군사들이 성 가까이 접근하면 성을 지키던 적들이 모두 나서 총을 비오듯 쏴 댔다.

날마다 이런 상황이 계속되자 우리 군사들의 피해만 늘어갈 뿐이었다. 그리고 왜적의 배가 서생포에서부터 와 지원을 했는데, 정박한 배의 모습이 꼭 물오리 떼와 같았다. 한편 성안에는 물이 부족해서 밤만 되면 적병들이 밖으로 나왔다. 이를 본 양 경리는 김응서에게 날랜 군사를 주어 매복하도록 했다. 샘물 주위에 매복한 우리 군사들은 밤마다 100여 명의 적병을 사로잡았는데, 그들 모습은 굶주림에 지쳐 겨우 목숨만 부지할 뿐이었다.

그러자 장수들이 말했다.

"성안에 양식이 떨어졌으니 시간이 지나면 그들은 자연히 쓰러질 것이오."

그때는 겨울이라 날씨가 매우 추웠으며 비까지 내려 병사들은 동상으로 고생하고 있었다. 그런데 육지에서 적의 구원병이 오자 겁을 먹은 양 경리는 갑자기 군사를 돌리고 말았다. 이듬해 정월이 되자 명나라 장수들은 한양으로 돌아가 다시 공격할 계획을 수립했다.

무술년(1598), 7월에 경리 양호가 파면되고 만세덕이 새로 경리에 임명되어 부임했다.

당시 형개의 참모관으로 있던 병부주사 정응태가 양호의 20여 가지 죄를 탄핵했는데 이로 인해 그가 파면된 것이다.

그러자 임금께서는 양호를 구해 줄 것을 청하는 공문을 써서 좌의정 이

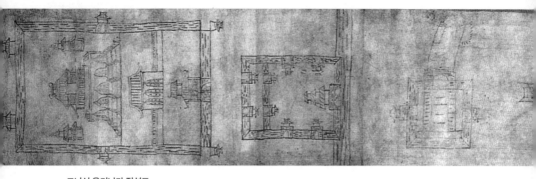

고니시 유키나가 작성도
왜군은 전쟁이 장기화되자 조선 남부 해안 각지에 이와
같은 일본식 성을 쌓고 주둔했다. 국립진주박물관 소장

원익을 통해 명나라 조정에 전달했다. 이는 명나라 경리 가운데 양호의 공
이 가장 크다고 여겼기 때문이다.

8월, 양호가 소환되어 떠나자 임금께서는 홍제원 동쪽까지 나가 전송했
는데, 눈물까지 흘리셨다. 만세덕은 출발했다고 전해 왔으나 채 도착하지
는 않았다.

9월, 형개는 장수들을 다시 배치했다. 마귀는 울산을 맡게 되었고, 동일
원은 사천, 유정은 순천, 진린은 바닷길을 맡도록 해서 일제히 진격했으나
모두 고전을 면치 못했다. 특히 동일원의 부대는 적에게 크게 패해 죽은
사람이 훨씬 많았다.

10월, 유정이 순천의 적 진영을 공격하고, 통제사 이순신은 적의 구원병
을 바다 가운데서 크게 물리쳤으나 이 싸움에서 그만 전사하고 말았다. 이

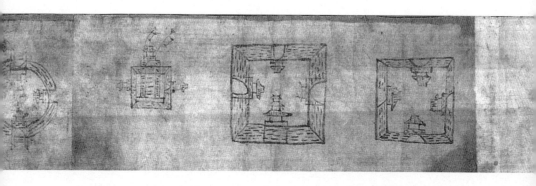

때 고니시 유키나가는 성을 버리고 도망쳤으며, 부산·울산·하동의 바닷가에 주둔하고 있던 적도 모두 물러갔다.

당시 유키나가는 순천 예교에 성을 쌓고 지키고 있었는데, 유정은 처음에 공격에 나섰다가 후퇴하고 다시 공격했다.

이순신이 명나라 장수 진린과 함께 바다 어귀를 지키다가 쳐들어가자 유키나가는 사천에 머물고 있던 시마즈 요시히로에게 구원을 요청했다. 이때 이순신이 요시히로를 공격, 적선 200여 척을 불태우고 수많은 왜적을 죽였으며, 도망치는 왜적을 노량까지 뒤쫓았다.

화살이 빗발치는 속에서도 이순신은 직접 나서 싸우다가 날아오는 총알에 맞고 말았다. 총알은 가슴을 관통하고 등 뒤로 빠져나갔다. 주위 사람들이 그를 부축해 장막 안으로 옮겨 놓자 그는, "지금 싸움이 급한 상태다. 내가 죽었다는 사실을 알리지 말라" 하고는 숨을 거두었다.

담력이 강하고 도량이 넓은 조카 이완李莞은 이순신의 뜻대로 죽음을 알리지 않은 채 이순신의 이름으로 명령을 내리면서 싸움을 지휘했다. 그때 진린이 탄 배가 적에게 포위되었다. 이를 본 이완이 군사를 이끌고 나아가 그를 구해 냈다. 왜적들이 달아난 후 진린은 사람을 보내 이순신에게 사례했다. 그때 이순신이 죽었다는 소식을 접한 그는 의자에서 떨어져 땅바닥에 주저앉으며 통곡했다.

"어른께서 오셔서 나를 구해 준 것으로 알았는데 이 무슨 일이란 말입니까?"

이 모습을 본 모든 군사가 엎드려 통곡하니 바다가 울릴 정도였다. 왜장 유키나가는 우리 수군이 적을 쫓아 진영을 지나간 틈을 이용해 빠져나갔다.

한편 7월에 도요토미 히데요시가 죽자 바다 주변에 진을 치고 있던 적들이 물러가기 시작했다.

이순신이 죽었다는 소식을 들은 우리 군사와 명나라 군사들은 각 진영에서 통곡을 그치지 않았는데, 마치 자기 부모가 세상을 떠난 듯 슬퍼했다. 그의 영구 행렬이 지나는 곳에서는 모든 백성이 길가에 나와 제사를 지내면서 울부짖었다.

"공께서 우리를 살려 주셨는데, 이제 우리를 버리고 어디로 가시나이까?"

수많은 백성이 영구를 붙들고 울어 길이 막히고 행렬은 더 이상 나아가지 못할 지경이었다. 나라에서는 의정부 우의정을 추증했다. 그러자 형개가 나서 말했다.

"당연히 그를 기리는 사당을 지어 충혼을 달래 주어야 합니다."

그러나 그 제안은 받아들여지지 않았다. 이에 바닷가 백성들이 모여 사당을 짓고 민충사愍忠祠라 이름 붙인 후 때마다 제사를 지냈으며, 장사치들과 어부들은 오가며 그곳에 들러 제사를 지냈다.

이순신의 자는 여해汝諧, 본관은 덕수德水다.

그의 조상 가운데 이변은 벼슬이 판부사에 이르렀는데 강직한 것으로 이름이 높았다. 또한 증조

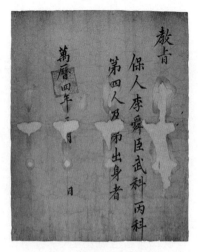

이순신이 무과에 급제했을 때 받은 홍패

부인 이거는 성종 임금을 모셨는데, 세자 연산을 가르쳤으나 너무 엄하다 하여 꺼려했다. 그가 장령으로 일할 때에는 탄핵받는 것을 두려워하지 않아서 모든 관료가 호랑이 장령이라 불렀다. 할아버지 이백록은 가문의 덕을 입어 벼슬을 했으며, 아버지 이정은 벼슬에 오르지 않았다.

그는 어릴 적부터 똑똑하고 활발했다. 아이들과 놀 때도 나무를 깎아 화살을 만들어 놓았는데, 마음에 들지 않는 사람을 보면 눈을 쏘려 했다. 그래서 어른들조차 그를 꺼려 해서 그의 집 문 앞을 함부로 지나지 못했다.

성인이 된 그는 활을 잘 쏴 무과에 급제했다. 그의 조상은 대대로 문관이었는데, 그가 비로소 무과에 올라 권지훈련원봉사에 임명되었다. 그때 병조판서 김귀영이 서출인 자기 딸을 이순신에게 첩으로 주려 했으나 거절했다. 다른 사람이 그 까닭을 묻자 이렇게 대답했다.

"내 처음 벼슬길에 올랐는데, 어찌 권세 있는 집안에 의지해 승진하기

를 원하겠는가?"

또 이런 일도 있었다.

병조정랑[41] 서익이 훈련원訓練院[42]에 근무하는 친구를 서열을 무시한 채 추천하고자 했다. 훈련원 장무관이던 이순신은 안 될 일이라고 주장했다. 서익이 그를 불러내 뜰 아래 세워 놓고 문책했다. 그러나 이순신은 낯빛 하나 변하지 않은 채 뜻을 굽히지 않았다. 서익은 점점 더 화가 나 큰소리를 질렀으나 그는 여전히 변치 않았다. 서익은 본래 지기 싫어하는 성격으로 동료들조차 그를 상대하기 싫어한 까닭에 둘이 싸우는 모습을 본 관리들은 고개를 절레절레 두르며 말했다.

"이순신이 병조정랑과 다투니 앞으로 어찌 지내려는 생각인지 모르겠네."

날이 저물 무렵, 서익은 얼굴을 붉히면서 그를 돌려보내고 말았다.

이 일이 있은 후부터 관료들 사이에 그의 이름이 알려지게 되었다.

이순신이 옥에 갇혔을 때에는 장차 어찌될지 알 수가 없었다. 그러자 한 간수가 그의 조카 이분에게 은밀히 말했다.

"뇌물을 쓰면 죄를 면할 수 있을 터인데……."

이 말을 들은 이순신이 크게 화를 내며 이분에게 말했다.

"죽으면 죽었지, 어찌 도리에 어긋난 짓을 해서 살기를 바라겠느냐?"

그의 뜻이 이와 같았다.

---

41 정랑正郞은 조선 시대 관직으로 정5품의 품계다. 이조·호조·예조·공조 등에는 세 명씩, 형조·병조에는 네 명씩을 두었는데, 특히 이조·병조의 정랑은 문관과 무관의 인사행정을 맡아보는 위치여서 품계는 낮았지만 핵심 요직으로 알려져 있었다.

42 조선 시대 군사軍士의 시재試才·무예의 연습·병서와 전진戰陣의 강습 등을 맡아보던 관청. 봉사는 여기에 속한 종8품 벼슬.

그는 말과 웃음이 적었고, 용모는 단정했으며 항상 마음과 몸을 닦아 선비와 같았다. 그러나 속으로는 담력과 용기가 뛰어났으며 자신의 몸을 돌보지 않고 나라를 위해 목숨을 바친 행동 또한 평소 그의 뜻이 드러난 것이었다.

형 이희신과 이요신은 그보다 먼저 죽었는데, 이순신은 그들의 자손까지 자기 자식처럼 아껴 길렀으며, 조카 모두 혼인시킨 후에야 자기 자식들의 혼례를 올렸다.

그는 뛰어난 재주에도 불구하고 운이 부족해 100가지 경륜을 하나도 제대로 펴 보지 못한 채 죽고 말았으니 참으로 애석한 일이다.

통제사 이순신은 군중에서 갑옷을 벗는 일이 결코 없었다.

견내량에서 적과 대치하고 있을 때였다. 달빛이 밝은 밤, 배들은 모두 닻을 내리고 있었다. 갑옷을 입은 채 북을 베고 누워 있던 이순신이 갑자기 일어나더니 장수들을 부르고 술을 내오도록 했다. 술 한 잔을 마신 그가 장수들을 향해 말했다.

"오늘 밤 달이 밝구나. 간교한 적들이라 꼭 달이 없는 날만 골라 공격해 왔는데, 달이 밝은 오늘도 기습해 올 것 같으니 경계를 엄중히 하라."

그러곤 나팔을 불어 모든 배의 닻을 올리게 했다. 또한 척후선에게 전령을 띄워 보니 척후병들이 모두 잠들어 있었으므로 그들을 깨워 기습에 대비토록 했다.

그런데 얼마 후 척후가 달려와 왜적의 기습을 알렸다. 달은 서산에 걸려 있었으며, 산의 그림자가 바다를 비쳐 어두웠는데, 그 어둠 속에서 수많은 적선이 몰려오고 있었다. 그 순간 이순신이 명령을 내리자 우리 군사들이 대포를 쏘면서 공격을 개시했다. 왜적들 또한 조총을 쏘며 대항하자 총알이 비 오듯 쏟아졌다. 그러나 우리 군사의 공격을 당해 내지 못한 적은 결국 후퇴하고 말았다. 이런 일을 겪고 난 장수들은 이순신을 귀신 장군이라고 생각했다.

녹후잡기

무인년(1578) 가을, 혜성이 하늘에 뻗쳤는데,
그 모양이 흰 비단을 편 것과 같았으며,
서쪽에서 동쪽을 향해 펼쳐져 있더니
몇 달이 지나 사라졌다.

무인년(1578) 가을, 혜성이 하늘에 뻗쳤는데, 그 모양이 흰 비단을 편 것과 같았으며, 서쪽에서 동쪽을 향해 펼쳐져 있더니 몇 달이 지나 사라졌다.

　무자년(1588)에는 한강의 물이 3일 동안이나 붉은 모습을 띠었다.

　신묘년(1591)에는 죽산 태평원 뒤에 쓰러져 있던 돌이 저절로 일어났다. 또 통진현通津縣에서는 쓰러져 있던 버드나무가 다시 일어섰다. 그러자 백성들 사이에서는 "곧 도읍을 옮길 것이다" 하는 말이 떠돌았다.

　또 동해에서 잡히던 물고기가 서해에서 잡히더니 한강에서까지 고기가 잡히기 시작했다. 해주에서 잡히던 청어는 근 10년 동안 전혀 잡히지 않았는데, 갑자기 요동 앞바다에서 잡히기 시작하자 그곳 사람들은 청어를 신어新魚라고 불렀다.

　또 요동 8참에 살던 백성들이 하루는 놀라서 말했다.

　"도둑들이 조선에서 몰려오고, 조선 왕자가 탄 가마가 압록강에 이르렀다."

　그러자 노약자들은 산으로 대피하는 등 요란을 떨기도 했다.

한편 우리 사신이 북경에서 돌아오던 길에 금석산 입구의 하씨라는 사람 집에서 묵게 되었다. 그때 집주인이 이렇게 말했다.

"어떤 조선 통역관이 내게 이렇게 말합디다. '너희 집에 3년 된 술, 5년 된 술이 있다고 하던데 아끼지 말고 마시면서 놀아라. 얼마 안 가 군사가 쳐들어올 것이니 그때는 있어도 마시지 못할 것이다.' 그래서 요동 사람들은 조선이 나쁜 마음을 품고 있는 것은 아닌지 놀라기도 하고 의심하기도 했습니다."

사신이 돌아와 이 말을 전하자 조정에서는 통역관들이 나라를 모함한 것이라 여겨 몇몇 통역관을 잡아다가 국문했다. 그러나 인정전 뜰에서 압슬형壓膝刑'을 당하면서도 누구 하나 자백하지 않고 죽었다. 이 일은 신묘년 무렵의 일이다.

다음 해에 왜란이 발생했으니, 큰일이 일어날 때에는 비록 사전에 알지는 못할지라도 이상한 조짐들이 나타난다는 사실을 깨닫게 되었다. 더구나 흰 무지개가 해를 꿰뚫고 금성이 하늘에 뻗치는 일이 매년 일어났음에도 불구하고 누구 하나 이상히 여기질 않았다.

또 도성 안에 항상 검은 기운이 퍼져 있었다. 연기도 아니고 안개도 아닌 것이 땅에서 피어올라 하늘까지 닿았는데 이런 일이 10여 년 동안 계속되었다. 그 밖에도 여러 이상한 일이 일어났으니, 하늘이 간절히 알려주었으나 사람이 깨닫지 못한 것이라 하겠다.

I   죄인을 심문할 때 죄인을 묶어 놓고 꿇은 무릎 밑에는 사기그릇 조각 등을 깔고, 무릎 위를 압슬기로 누르거나 무거운 돌을 올려놓는 형벌. 영조 대에 이르러 폐지되었다.

두보杜甫의 시에 이런 구절이 있다.

장안성 위의 머리 흰 까마귀
밤이면 연추문 위에 날아와 울고,
인가를 찾아 큰 집을 쪼아 대니
그 집의 고관들은 달아나 오랑캐를 피하네

이 시 또한 이상한 조짐을 기록한 것이다.

임진년 4월 17일, 왜적이 침략했다는 소식이 전해지자 조정과 백성 모두가 당황해 어찌할 바를 몰랐는데, 갑자기 이상한 새 한 마리가 대궐 후원에서 울다가 공중에서 왔다 갔다 했다. 겨우 한 마리에 불과했는데도 그 새 울음소리를 듣지 못한 사람이 하나도 없었다. 이로부터 10일 후 임금께서 피란길에 오르셨으며, 적들이 도성으로 들어와 궁궐과 종묘·사직·관청과 백성들의 집이 모두 텅 비게 되었으니 참으로 괴이한 일이었다.

5월에는 내가 임금을 모시고 평양 김내진의 집에 머물고 있었는데 김내진이 이렇게 말했다.

"연전에 승냥이가 수시로 성안으로 들어오고, 대동강 물이 붉게 변한 적도 있습니다. 그때 동쪽 물은 흐리고 서쪽 물은 맑았는데 지금 이런 변이 일어났습니다."

당시에는 적들이 평양에 오지 않았는데, 나는 이 말을 듣고 대답을 하지 않았지만 기분이 좋지 않았다. 그러더니 평양마저 함락되고 말았다. 들짐 승인 승냥이가 성안으로 들어온다는 것은 좋은 일이 아니며, 이는 '구욕새가 와서 집을 짓고 여섯 마리 익새가 날아가 버리고, 순록과 물여우 같은 짐승들이 나타나기 시작했다'라는 《춘추》의 내용과 흡사하다. 이야말로 하늘이 사람에게 알려 준 것이며, 성인께서 경고한 것이니 참으로 두려운 일이었다.

임진년 봄과 여름 사이에는 목성이 미성尾星[2]과 기성箕星[3]을 지켰다. 미성과 기성은 연燕나라를 뜻하는데, 예로부터 연나라는 우리나라와 같다고 간주되어 왔다.

그 무렵 왜적이 점차 다가와 민심은 흉흉해지고 백성들은 두려움에 떨었는데, 하루는 임금께서 하교하셨다.

"복성(목성)이 지금 우리나라를 비추니 적을 두려워할 것이 없다."

이는 백성들의 마음을 진정시키고자 하신 말씀이었는데, 후에 한양은 잃었다고 하나 결국 모든 것을 회복하고 적장 도요토미 히데요시 또한 죽어 버렸으니 우연한 일이 아니라 할 것이다. 모두 하늘의 뜻이라 할 만하다.

왜적은 대단히 간교한 자들로 용병 또한 단 하나도 속이지 않는 법이 없다.

임진왜란 당시의 경우만 보더라도 한양에서는 교묘한 방법으로 성공했으나 평양에서는 졸렬했다.

100년에 걸친 태평성대로 인해 우리 백성들은 전쟁을 잊고 지내다가 갑자기 왜적의 침입을 맞게 되자 우왕좌왕하다가 혼비백산하고 말았다.

---

2   28수의 여섯째 별자리 별들.
3   28수의 일곱째 별자리 별들.

당시 적은 파죽지세破竹之勢로 몰아닥쳐 불과 10일 만에 한양까지 들이 닥쳤으니 아무리 뛰어난 사람이라 하더라도 손을 써 볼 겨를이 없었으며, 용감한 장수라 하더라도 과감한 행동을 할 수 없었다. 그런 까닭에 민심 또한 흩어져 수습에 어려움을 겪었다. 이 방법이 한양을 함락시키는 데 뛰어난 계략이었던 것이다.

이때부터 적은 항상 이긴다고만 생각해 뒤를 돌아보지 않았다. 그러다 보니 여러 갈래로 흩어져 마음대로 날뛰었다. 그러나 군사는 나누면 약해지기 마련이다. 1000리에 걸쳐 전선을 형성하고 시간이 지나니, 아무리 강한 화살이라 해도 멀리 가다 보면 낡은 헝겊 한 장 뚫지 못하는 이치와 같았다.

또 장숙야張叔夜[4]가 "여진족이 용병을 모르는구나. 군사가 홀로 깊이 들어왔으니 살아서 돌아갈 수 있겠는가?" 하고 말한 것과 같은 상황이었다.

이렇게 해서 명나라는 4만의 군사로 평양성을 함락시키고, 평양이 함락되자 곳곳에 퍼져 있던 적들도 모두 기운을 잃고 말았다. 결국 한양은 점령하고 있다 하더라도 대세는 이미 기울기 시작했다. 전국의 의병이 곳곳에서 활동을 시작하자 적은 서로 통신이 두절되고 구원할 수 없게 되어 결국 후퇴할 수밖에 없었다. 이것이 평양의 계략이 졸렬한 까닭이다.

왜적의 계략이 잘못된 것은 우리에게는 천우신조였다. 우리에게 뛰어난 장수가 하나만 있었어도 길게 이어지던 적의 전선을 끊어 단절시킬 수 있었을 테고, 그렇게 되었다면 평양성에서 그들의 대군을 무찌를 수 있었을 것이다. 또한 그런 계책을 한양 남쪽에서 사용했더라면 한 놈도 살려

---

4   중국 송나라 때 인물로 금나라가 침략해 오자 근왕병을 일으켰다.

보내지 않았을 것이다.

그렇게 되었더라면 왜적들의 간담이 서늘해져서 수십 년, 아니 수백 년
이후에라도 우리 강토를 엿볼 생각은 하지 못했을 것이다. 그러나 우리는
너무 약하고 힘든 상태여서 이런 조치를 취할 수 없었고, 명나라 장수들
또한 그런 계략을 세우고 쓸 만한 인물이 없어 그저 적을 내쫓을 수는 있
어도 응징하거나 두려운 마음을 갖도록 하지는 못했다.

게다가 가장 낮은 계략으로 봉공封貢을 사용했으니 참으로 한탄할 만했
다. 지금 생각해 보아도 이가 떨리고 주먹이 불끈 쥐어질 정도다.

옛날 조조晁錯[5]가 병법에 대해 임금에게 이렇게 말한 적이 있다.

"군사를 거느리고 전투에 임할 때 중요한 세 가지가 있습니다. 첫째는
지형을 이용하는 것이요, 둘째는 군사들의 기강이 바로잡혀 있을 것이며,
셋째는 좋은 무기를 사용하는 것입니다. 이 세 가지야말로 병법의 기본이
요, 승패는 이로부터 결정되는 것이니 장수가 이를 몰라서는 안 될 것입
니다."

왜적은 전투에도 익숙했고 무기 또한 좋았다. 새로운 무기인 조총까지
보유하고 있었는데, 멀리까지 갈 뿐 아니라 정확도에서 화살을 월등히 능
가했다. 만일 넓은 들판에서 만나 병법에 있는 대로 맞붙었다면 우리 군사
는 결코 그들을 대적할 수 없었을 것이다. 우리가 사용하는 활은 겨우 100
보를 가는 데 비해 조총은 수백 보를 나갔으니 말이다. 게다가 비바람이
치듯 쏟아지니 활로 당해 낼 수 없음은 당연한 일이다.

---

5   ?~기원전 154. 중국 전한前漢 시대의 정치가. 법가 사상을 공부하고, 문제文帝에게 발탁되어 태자가령이
     되었다. 지략이 뛰어나 '지혜주머니'라고 불리며 문제를 보필했다.

그러나 험준한 산이나 우거진 숲을 적에 앞서 선점한 후에 매복하고 기습을 가했기 때문에 비록 조총을 가진 적이라 하더라도 무력화시킬 수 있었다.

그런 예를 하나 들어보겠다.

임진년, 한양에 들어온 적이 매일 성 밖을 다니며 노략질을 일삼아 원릉 園陵[6]마저도 지킬 수 없는 상태였다. 당시 고양 출신 진사 이로는 활도 잘 쏘고 담력도 있었다. 어느 날, 그는 두 친구와 함께 활을 가지고 창릉과 경릉에 갔는데, 그곳에서 갑자기 적의 무리를 만나게 되었다. 골짜기에 가득 찬 적을 본 이로 일행은 어쩔 줄 몰라 하다가 나무와 덩굴이 우거진 숲속으로 몸을 숨겼다. 그러자 적들이 그들을 찾아 숲을 찾았다. 이 모습을 본 이로 일행은 숲에 숨어 활을 당겼다. 왜적은 순식간에 활을 맞고 쓰러졌다. 그때부터 일행이 숲 이곳저곳으로 옮겨 다니며 화살을 쏴 대자 적은 속수무책으로 당할 수밖에 없었다.

그때 이후로 적은 숲만 보면 도망쳤기 때문에 두 능을 지킬 수 있었다. 이로부터 지형을 선점하느냐에 따라 승패가 정해짐을 알 수 있는 것이다.

적이 상주에 주둔하고 있을 때 신립과 이일 등이 이러한 계책을 쓸 수 있었다면 좋았을 것이다. 즉 토천과 조령 사이에 궁수 수천 명을 매복시켜 놓고 숲을 활용했다면 적은 우리 병사의 숫자도 파악하지 못한 채 당할 수밖에 없었을 것이다.

그러나 그들은 오합지졸을 데리고 험준한 숲을 떠나 평탄한 들판에서 대적했으니 질 수밖에 없었다. 앞서 이 내용을 기록했지만 다시 한 번 특

---

6   왕 또는 왕가의 무덤.

별히 기록하는 까닭은 후손들에게 경각심을 일깨워 주기 위해서다.

성은 적을 막고 백성을 보호하는 곳이므로 우선 견고해야 한다.

옛사람들은 성을 언급할 때 모두 성 위 담을 말했는데, 소위 천치, 백치하는 것이다. 나는 평소에 책읽기를 제대로 하지 않아 성 위 담이 무엇인지를 잘 모르면서, 살받이 터가 그것이라 판단하고 의문을 품었었다.

"살받이[7] 터가 1000개 또는 100개라면 성이 너무 작아서 많은 사람을 수용할 수 없을 텐데."

그런데 왜란이 일어난 후에 척계광戚繼光[8]이 지은《기효신서紀效新書》를 얻어 읽어 보니 성 위 담은 살받이 터가 아니라 곡성曲城[9]과 옹성甕城[10]이라는 사실을 알게 되었다. 성에 곡성과 옹성이 없으면 살받이 터에 방패를 세우고 피한다 해도 성 밑에 바싹 붙어 오는 놈은 보고도 막을 수가 없는 것이다.

《기효신서》에는 50개의 살받이 터마다 하나의 성 위 담을 만들어 바깥으로 두세 길 나오도록 하고, 두 성 위 담 사이에 50개의 살받이 터를 두게하면, 한 성 위 담에서 25개의 살받이 터를 담당하게 되어 활 쏘기가 위력

---

7   화살이 꽂힐 자리.
8   1528~1588. 중국 명나라 말기의 장수로서 왜구의 침입을 물리치는 데 큰 공을 세웠다. 그가 지은 병서 《기효신서》는 임진왜란 때 평양에서 명나라 장수들이 왜군을 물리치는 데 많은 도움이 되었으며, 선조는 이 책을 구해 연구하게 했다.
9   성문을 밖으로 둘러 가려서 곱게 쌓은 성벽.
10 큰 성문 밖의 작은 성. 원형 또는 네모 모양으로 성문 밖에 부설해 성문을 보호하고 성을 든든히 지키기 위해 만든 것.

포루

성벽   성위담

화성 서북포루

포루에 좁은 구멍을 내 밖에서는 공격할 수 없으나 안에서는 밖을 향해 포나 총을 쏠 수 있도록 총안과 포혈을 만들었다. 포루의 삼면에서 접근하는 적을 공격할 수 있다. 화성은 임진왜란 이후 약 200년 후에 만들어진 성이다. 경기도 수원시 장안구 연무동 소재, 사적 3호

적으로 되기 때문에 적이 성 밑으로 침범할 수 없다고 되어 있다.

1592년 가을, 내가 안주에 머물 때의 일이다. 생각해 보니 평양성의 왜적이 갑자기 공격을 시작하면 행재소 앞쪽으로는 그들을 막아 낼 곳이 한 곳도 없었다. 그런데도 안주성을 짓고 지키고만 있었다.

그런데 중양절(9월 9일), 청천강가에 나가 성을 바라보다가 우연히 한 가지 계책이 떠올랐다. 성 밖 형세에 따라 성 위 담과 같이 튀어나온 성을 쌓고 그 안에 사람을 배치한 다음, 사방에 대포 구멍을 뚫어 대포를 쏘도록 하는 것이다. 대포는 1000걸음 정도가 나가도록 하고, 대포 속에는 새알

만 한 탄환을 수백 개 넣어 두었다가 성 밖에 모여든 적을 향해 쏴 대면 쇠와 돌마저도 다 부서져 가루가 될 수밖에 없을 것이다. 그렇게 되면 다른 성가퀴를 지키는 병사가 없다 해도 적이 접근해 오지 못할 것이다.

이야말로 좋은 방법으로, 비록 성 위 담을 본떠 만들었다 해도 효과는 그것보다 나을 것이다. 1000걸음 이내로 접근하지 못하면 운제雲梯나 충차衝車 같은 기구도 소용이 없게 될 것이다.

이것을 우연히 생각해 낸 나는 행재소의 임금께도 알리고 후에도 여러 번 조정에서 제안했다. 또 그것의 효과를 확인시키기 위해 1596년 봄에는 한양 수구문 밖에 돌을 이용해 이 모형을 만들다가 그친 적도 있었는데, 결국 다른 의견이 많아 포기하게 되었다.

훗날 나라의 앞날을 깊이 생각하는 사람이 나온다면 나 같은 사람의 말이라고 해서 그냥 지나치지 말고 활용하기 바란다. 적을 막는 방법으로는 꽤나 효과적일 것이라고 생각한다.

내가 안주에 머물고 있을 때의 일이다. 경상 우감사에 임명된 친구 김사순이 편지를 보내왔다.

'진주성을 수리해서 죽기를 각오하고 지켜볼 셈이네.'

그 전에 적들이 진주성을 공격했다가 성공하지 못하고 물러간 적이 있었기에, 나는 답장에 이렇게 썼다.

'적이 조만간 다시 쳐들어올 것이네. 그들은 지난해의 원수를 갚기 위해 대부대를 동원할 것이니, 성을 지키기가 예전과 달리 쉽지 않을 것이네. 포루砲樓"를 세워 대비해야만 문제가 없을 것이네.'

그런 다음 편지 안에 자세히 적어 보냈다.

운제
삼국 시대 때부터 이미 사용해 온 것으로 긴 사다리를 차에 탑재한 후 성벽을 올라 넘어가거나 정찰하는 데 사용하던 장비.

충차
삼국 시대 때부터 사용해 온 것으로 앞부분에 철을 장갑한 쇠망치와 같은 것을 달고 움직여 성문을 부수기 위해 사용하던 차.

1593년 6월, 적이 진주성을 재차 공격한다는 소식을 듣고는 종사관 신경진에게 말했다.

"진주성이 위급한데, 포루가 설치되어 있으면 지킬 수 있을 것이고 그렇지 않으면 힘들 것이다."

그런데 얼마 후 합천에 내려갔다가 진주성이 이미 함락되었다는 소식을 들었다.

단성 현감 조종도 역시 김사순의 친구였는데 그가 내게 이런 말을 했다.

"지난해에 사순과 진주성에 머물 때의 일입니다. 그가 공의 편지를 보고는 정말 뛰어난 계략이라며 친구 몇 사람과 성을 돌아보고는 여덟 곳에 포루를 설치하기로 했습니다. 그러곤 나무를 베어 강물에 띄워 보내도록 했습니다. 그랬더니 고을 백성들이 모두 나서 '예전에는 포루 없이도 잘

11　포를 쏠 수 있도록 지은 포대.

지켜 적을 물리쳤는데 왜 이런 일로 백성들을 괴롭힙니까?' 했습니다. 그래도 사순은 물러서지 않고 작업을 시작했습니다. 그러나 얼마 후 그가 병이 들어 눕게 되자, 작업도 중단되었지요. 참으로 안타까운 일입니다."

김사순의 아픔이 곧 진주성 온 백성의 아픔이 된 것이다. 이것 역시 운이라, 사람의 힘으로 어찌할 수 없었다.

임진년 4월, 육지 여러 고을이 왜적의 공격에 함락되자 우리 군사들은 그 모습만 보고도 속절없이 흩어지면서 맞서 싸울 엄두를 내지 못했다.

비변사의 관리들도 매일 대궐에 모여 대책을 강구했으나 뾰족한 수가 없었다. 그때 누군가가 제안했다.

"적들이 창칼을 잘 사용하는데, 우리 병사들은 갑옷도 없이 대항하고 있는 실정입니다. 철을 이용해서 갑옷을 만들어 입는다면 적의 공격을 막아 낼 수 있을 것입니다."

모인 사람들이 고개를 끄덕이며 수긍했다. 그때부터 공인들이 모여 잠도 자지 않고 갑옷을 만들었는데, 나는 아니다 싶어 말했다.

"적과 싸울 때는 모였다 흩어졌다 하는 병법을 쓰므로 빨리 움직일 수 있어야 합니다. 그런데 두껍고 무거운 갑옷을 입는다면 그 무게를 어떻게 견뎌 내며, 또 움직이기도 힘든데 어떻게 적과 싸워 이길 수 있습니까?"

결국 며칠이 지나 갑옷 만드는 작업은 중단되었다.

또 대간臺諫이 대신들을 만나 계략을 의논했는데, 한 대간이 화를 내며 말했다.

"어찌 대신들께서는 아무런 계책도 내놓지 못하십니까?"

그러자 모인 사람들이 그에게 물었다.

"공께서는 무슨 계책이 있으시오?"

"당연하지요. 한강가에 높은 누각을 설치하는 것입니다. 그 위에서 활을 쏘면 백발백중이고 적 또한 감히 오르지 못할 것이외다."

그러자 다른 사람이 물었다.

"적의 총알도 오르지 못한단 말이오?"

계책이라고 내놓은 사람은 아무 말도 하지 못하고 물러가 버렸다. 이 이야기가 전해지자 듣는 사람마다 웃을 뿐이었다.

병법에는 정해진 형식이 없고 전투에는 특별한 법칙이 없다. 때에 따라서 그에 적절한 법을 시행하면서 나아갔다가는 물러나고 모였다가는 흩어지면서 특별한 묘책을 끝없이 활용해야 하는 것이다. 그런데 이는 결국 지휘관의 능력에 따라 달라진다. 그런 측면에서 본다면 천 마디 말이나 만 가지 계략이 다 필요 없고, 오직 뛰어난 장수 한 사람이 중요하다. 거기에 조조가 말한 세 요소가 누락되지 않고 더해진다면 다른 어떤 것도 필요 없다.

무릇 나라에서는 평소에 훌륭한 장수를 선발해 두었다가 유사시에 활용해야 한다. 따라서 그들을 선발할 때에도 정확해야 하고 그들을 활용할 때에도 빈틈이 없어야 한다.

당시 경상도 수군의 대장은 박홍과 원균이었으며, 육군 대장은 이각과 조대곤이었는데, 이들은 본래부터 장숫감이 되지 못했다. 난이 발생했을 때 순변사와 방어사, 조방장 등이 내려가 보니, 그들은 자기에게 주어진 권한만을 생각해 제각기 명령하고 제각기 행동해 부대는 통솔이 이루어지지도 않는 상태였다. 그러니 죽은 병사들을 수레에 신는 일 외에는 아무것도 할 수 없었다. 게다가 자기가 기른 군사는 쓰지 못하고, 써야 할 군사는 기르지도 않았으니 병사들끼리도 몰라볼 정도였다. 이야말로 병법에서 절대 금하는 것이니, 어찌 앞사람의 잘못을 뒷사람이 고칠 줄 모르고 그대로 답습해 일을 망친단 말인가!

이러고서도 무사하기를 바란다면 이는 요행에 기대는 것일 뿐이다. 더이상 말해 무엇하랴. 참으로 위험하구나!

계사년(1593) 정월, 명나라 군사가 평양에서 출발했는데, 나는 그들보다 앞서 출발했다.

그때 임진강의 얼음이 녹아 그냥은 건널 수 없었다. 그러자 제독이 사람을 계속 보내 부교 설치를 독촉했다.

금교역에 도착해 보니 황해도 수령이 수많은 아전과 백성을 데리고 명나라 병사들에게 식사를 대접하는 모습이 보였다. 나는 우봉 현령 이희원李希愿을 불렀다.

"그대가 데리고 온 백성이 몇이나 되는가?"

"수백 명쯤 됩니다."

그에게 지시를 내렸다.

"그대는 속히 사람들을 데리고 산에 가 칡덩굴을 뜯어 오도록 하라. 내일 낮 임진강 어귀에서 만나기로 하자. 절대 늦지 말라."

그는 곧 물러갔다. 개성에서 잠을 잔 나는 새벽에 말을 몰고 덕진당에

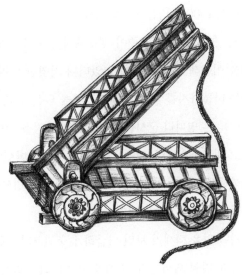

접첩교
삼국 시대 때부터 사용해 온 것으로
해자나 강을 건널 때 사용하던 부교.

갔다. 그곳 강의 얼음은 채 다 녹지 않아서 얼음 위로 물이 흐르고 있었고, 하류의 배도 올라오지 못할 상태였다.

그곳에 모여 있던 경기도 순찰사 권징, 수사 이빈, 장단 부사 한덕원韓德遠을 비롯해 창의추의군 1000여 명이 강가에 모여 있었으나 속수무책이었다.

나는 우봉 현령과 백성들을 불러, 그들이 모아 온 칡덩굴로 새끼를 꼬아 두꺼운 밧줄을 만들도록 했다. 밧줄의 크기는 몇 아름, 길이는 강을 건널 만큼으로 만든 다음 남쪽과 북쪽에 기둥을 둘씩 세우고 가로로 나무 하나를 걸었다. 그러고는 새끼줄 열다섯 가닥을 땋아 남북 기둥에 매었다. 그러나 강폭이 넓고 멀어서 밧줄은 반이 물에 잠겨 보이지 않았다. 그러자 모인 사람들이 말했다.

"쓸데없이 힘만 썼구나."

다시 1000여 명을 동원해 짧은 막대기를 이용해서 새끼줄을 몇 바퀴씩 감게 했다. 그랬더니 줄이 팽팽해지면서 마치 빗살처럼 퍼졌다. 다시 밧줄을 이용해 가로로 묶어 놓았더니 어엿한 다리 모양이 되었다. 이 위에 가는 버들가지를 꺾어다가 깔고 풀을 덮은 후 다시 흙을 덮었다.

이를 본 명나라 군사들이 좋아하면서 강을 건넜다. 말을 탄 채 건너기도 하고 대포와 무기도 모두 강 건너편으로 운반했다. 건너는 사람이 늘수록 새끼줄이 늘어져 물 위에 닿으려고 했는데, 병사들은 얕은 여울을 이용해 건넜으므로 문제가 없었다.

지난 일을 되새겨 보면 다급하게 추진했기 때문에 칡이 모자란 것이 안타깝다. 만일 새끼줄 30여 개를 꼬아 다리를 만들었으면 줄이 늘어지는 일은 일어나지 않았을 것이다.

후에 《남북사》라는 책을 보니 이런 내용이 있었다. 제齊나라 군사가 양梁나라를 공격할 때, 양나라 임금 귀가 주나라 육등과 함께 방어에 나섰다. 그때 주나라 병사들이 골짜기 언덕에서 군량을 옮기기 위해 새끼줄을 강 위에 당겨 매고 갈대를 엮어 다리를 만들었다.

나는 "우연히 생각이 떠올라 이런 방법을 사용했는데, 알고 보니 옛사람들은 이미 사용했구나" 하면서 웃었다.

이 일을 기록해 놓는 까닭은 후에 갑자기 도움이 될까 보아서다.

계사년 여름, 병이 든 나는 한양 묵사동[12]에 누워 있었다.

하루는 명나라 장수 낙상지가 오더니 공손한 태도로 문병하면서 이렇게 말했다.

"지금 조선 군대는 약한데 적은 아직도 물러가지 않고 있으니 걱정입니다. 하루라도 빨리 군사를 양성해서 적을 막을 수 있어야 하지 않겠습니까? 그러니 명나라 군사가 머물고 있는 이때 훈련법을 익혀 한 사람이 열 사람을 가르치고, 열 사람이 백 사람을 가르치도록 한다면 얼마 안 가서 정예 군사로 거듭날 것입니다."

그 말에 감격한 나는 즉시 임금께 알렸다. 그런 다음 금군禁軍[13] 한사립을 시켜 70여 명의 군사를 이끌고 가 낙상지에게 훈련을 청하도록 했다. 낙상지는 휘하 장수 가운데 진법에 능통한 장육삼 등 10여 명을 선발, 교관으로 삼은 다음 밤낮으로 창과 칼 훈련을 시켰다.

그 후 내가 남쪽으로 내려가게 되자 훈련도 흐지부지되었으나, 다시 임금께서 내가 올린 글을 보시고 비변사에 명해 따로 훈련도감訓鍊都監[14]을 설치토록 하셨다. 이곳에서는 군사훈련을 담당했으며 윤두수가 그 일을 맡아보았다.

그해 9월, 다시 임금께 부름을 받고 해주에서 임금을 모시고 한양으로 돌아오는데, 연안에 이르자 내게 훈련도감을 맡으라는 명령을 내리셨다.

---

13 조선 시대 궁중을 지키고 임금을 호위하던 군대.
14 조선 시대 5군영의 하나. 임진왜란으로 인해 조선의 전통적 진관체제가 무너지자 류성룡의 건의에 따라 1593년(선조 26) 임시기구로 설치했다. 정예병사 양성과 굶주린 백성 구제 업무를 담당하다가 1594년부터 수도 방위와 국왕 호위 임무를 겸해 종래 5위가 담당하던 기능을 대신했다. 이후 5군영 체제가 갖추어지자 어영청·금위영과 함께 3군문으로 불리면서 궁성과 한양을 방위했는데, 그 가운데서도 핵심에 위치했다. 포수砲手·살수殺手·사수射手의 삼수군三手軍으로 조직되었고 그 수가 약 1000명 정도였다. 삼수군은 1개월에 쌀 여섯 말을 급료로 받는 일종의 직업군인으로 그 전의 군대와 큰 차이가 있었다. 1881년(고종 18) 군제 개혁으로 신식군대인 별기군別技軍이 조직되자 훈련도감은 이듬해 폐지되었다.

당시 한양 백성들은 굶주림에 허덕이고 있었다. 나는 용산 창고에서 명나라 좁쌀 1000석을 꺼내 날마다 병사 1인에게 두 되씩 나누어 주었다. 그러자 사방에서 병사가 되겠다고 사람들이 몰려들었다. 교감당상 조경趙儆이 이 사람들을 다 받을 수 없으므로 선발 기준을 세우자고 했다.

이렇게 해서 큰 돌 하나를 놓고는 먼저 돌을 들어보도록 했다. 다음에는 한 길쯤 되는 담을 뛰어 넘도록 했다. 이 과정을 통과한 사람은 선발했는데, 굶주리고 기운 빠진 사람들이 대부분이라 열에 한둘 정도밖에 통과하지 못했다. 어떤 사람은 시험을 기다리다가 쓰러져 목숨을 잃기도 했다.

이렇게 한 끝에 수천 명의 병사를 얻게 되자 파총把摠[15]과 초관哨官[16]을 임명하고 배속시켜 이끌게 했다. 또 조총법도 가르치려 했으나 화약이 없었다. 그때 마침 군기시에 있던 장인 대풍손이 사형을 기다리고 있었는데, 적에게 화약을 만들어 주었다는 죄 때문이었다.

그의 죄를 사해 주면서 대신 화약을 만들라고 했더니 그는 감격해서 하루에도 수십 근씩을 만들었다. 이를 각 부대에 나눠 주면서 총 쏘는 기술을 익히게 했는데, 잘 쏘는 자에게는 상을 주고 못 쏘는 자에게는 벌을 내렸다. 한 달이 지나자 날아가는 새를 맞추기 시작했고, 몇 달이 지나자 항복한 왜적이나 남방의 군사들과 비교해서도 뒤떨어지는 자가 없었으며, 오히려 그들을 능가하는 사람이 여럿 나왔다.

그런 다음 임금께 글을 올렸다.

---

15 조선 시대의 무관직. 임진왜란 후 생겨난 새로운 군사편제의 하나인 사司(지금의 대대급)의 지휘관으로, 약 600명 단위부대의 우두머리였다. 1594년(선조 27) 훈련도감에 좌사·우사의 파총 두 명을 두었으며, 1606년에는 다섯 명으로 늘어났다.

16 약 100명으로 이뤄진 초를 거느리던 군영의 무관으로 종9품직이었다.

'군량을 확보한 다음 병사를 모아 만 명이 되면 2000명씩으로 나눠 부대를 만들고, 매년 그 반은 성안에서 훈련시키고 나머지 반은 성 밖의 넓고 기름진 땅을 골라 둔전으로 지급하십시오. 이를 번갈아 시행한다면 몇 해 뒤에는 군사와 식량이 충분해질 것이고 따라서 나라의 토대 또한 단단해질 것입니다.'

조정에서는 이에 대해 의논했으나 병조에서 실시하지 않아 결국 아무런 효과도 거두지 못했다.

심유경이 평양에서 적진을 오가느라 고생도 많이 했다.

그러나 그의 출입은 강화를 목적으로 했기에 우리나라에서는 좋아하지 않았다.

마지막에 적이 부산에 머물면서 돌아가지도 않을 때였다. 책사 이종성이 도망쳐 돌아오자 명나라 조정에서는 심유경을 부사로 삼아 양방형과 함께 일본에 보냈으나 아무런 보람도 없이 돌아왔고, 고니시 유키나가와 가토 기요마사도 다시 해상에 주둔했다.

그러자 명나라와 우리 조정에서도 의견이 분분했는데 모두 그 책임을 심유경에게 돌렸고, 심지어 "심유경이 적과 공모해서 배반하는 것이 아닌가?" 하는 말까지 나왔다.

당시 우리나라 승려 송운(사명당 유정)이 서생포에서 가토 기요마사를 만나고 나와 이런 말을 했다.

"왜적이 명나라를 치려고 하는데 그 말이 참으로 오만합니다. 이 사실을 즉시 명에 알려야 할 것입니다."

이 말을 듣자 사람들의 노여움은 극에 달했다. 그러자 신변에 위협을 느낀 심유경이 고민 끝에 김명원에게 글을 띄웠다.

세월이 어느덧 흘러 지난 일이 어제 일 같습니다. 돌이켜보면 귀국을 침략한 적이 거침없이 평양까지 닿았으니 두려움이라곤 찾아볼 수 없었습니다. 황제의 명령을 받아 적을 정탐하던 나는 귀공과 이 체찰사(이원익)를 혼란 속에서 만났습니다. 당시 평양 서쪽의 백성들이 이리저리 떠돌며 가시방석 위에 앉아 있는 듯해 참으로 마음이 아팠습니다. 귀공께서도 그런 사실은 잘 알고 계실 것입니다.

그 무렵 나는 고니시 유키나가를 불러 건복산에서 만나 서쪽으로 더 이상 침범치 말 것을 약속받았습니다. 이 약속대로 적은 더 이상 공격하지 않았는데, 몇 달 후 우리 구원병이 도착해서 마침내 평양을 탈환하게 되었습니다. 만일 내가 그때 일을 추진하지 않았다면 적은 조승훈을 물리친 여세를 몰아 의주까지 밀고 올라갈 수도 있었을 것이니, 평안도 백성들만이라도 피해를 입지 않은 것은 큰 다행이라 할 것입니다.

그 뒤 왜장 고니시 유키나가가 한양으로 물러가 방어하면서 히데요시 휘하의 이시다 미쓰나리(石田三成), 구로다 나가마사(黑田長政) 등 30여 명의 장수가 병사를 이끌고 합세해 험준한 요소를 지키게 되니 누구도 이 진영을 깨기 어려웠습니다. 벽제 싸움 후에는 더욱 어려워졌습니다. 당시 판서 이덕형이 개성으로 나를 찾아와 말했습니다.

"적이 저렇게 강한데 명나라 대군이 물러간다면 한양을 되찾기는 어려울 것입니다."

그는 눈물을 흘리며 덧붙였습니다.

"한양은 나라의 중심이 되는 곳입니다. 이곳을 수복하지 못한다면 국가의 체계가 잡히지 않을 터인즉, 이를 어찌하면 좋겠습니까?"

그래서 내가 말씀드렸습니다.

"한양을 되찾는다 해도 남부 지방을 되찾지 못한다면 뜻대로 되기는 어려울 것입니다."

그러자 이덕형이 다시 말했습니다.

"한양을 되찾기만 하면 남부 지방은 우리 힘으로 되찾을 수 있을 것입니다."

나는 이렇게 대답했습니다.

"그렇다면 내 나서 보겠습니다. 귀국과 힘을 합쳐 한양을 수복하고, 한강 이남의 지방도 되찾은 다음 왕자와 수행원들까지 돌아오도록 만들겠습니다."

그러자 이덕형이 울면서 머리를 조아린 채 말했습니다.

"그렇게만 되게 해 주시면 어른께서는 우리나라를 새롭게 만들어 주시는 것이니 그 공은 너무나 클 것입니다."

이렇게 해서 나는 한강으로 내려가게 되었습니다. 그때 왕자 임해군 등이 가토 기요마사의 진영에서 사람을 보내 내게 전했습니다.

'나를 돌아가게 해 준다면 한강 이남 땅은 어디가 되었든 그들 요구대로 주겠소.'

그러나 나는 이 제안을 거절했습니다. 그리고 왜장과 서약했습니다.

"왕자를 돌려보내려거든 돌려보내고 싫으면 죽여도 좋다. 나는 더 이상 말할 것이 없다."

왕자께서는 귀국의 세자인데 나라고 귀함을 모르겠습니까? 그러나 차라리 죽이라고 하지 다른 조건을 들어줄 수는 없었습니다.

그들이 부산에 오자 갑자기 행동이 달라졌습니다. 그들은 왕자들에게 예의를 갖추고 온갖 물건을 제공하며 환심을 사려 했습니다. 거만하던 그들이 공손해진 것은 시류 변화에 따른 부득이한 변화라 여겨집니다.

논의 끝에 적은 한양에서 물러갔는데, 그들이 남겨 놓은 군량은 헤아릴 수 없었고, 한강 남쪽 땅 또한 모두 되찾았습니다. 왕자와 수행한 신하들 또한 돌아오게 되었습니다. 한 통의 글로 적을 가로막았으니, 왜장들은 부산 바다 위에 손발을 묶어 둔 채 3년을 허송하면서 봉공에 대해서만 의논한 것입니다.

명을 받은 나는 한양을 수습하기 위해 다시 김명원과 이덕형을 만났습니다.

"지금 가서 일본을 봉해 주어 그들이 물러간다면, 그 뒷일에 대해서는 귀국에서 잘 처리할 수 있겠습니까?"

그러자 이덕형이 응답했습니다.

"뒷일은 우리 군신이 맡아야 할 책임이니 너무 괘념치 마십시오."

그 말을 들은 나는 그의 능력과 식견을 믿게 되어 큰 인물임을 의심하지 않았습니다. 그러나 지금 생각해 보니 학문과 능력이 일치하는 것은 아닌 것 같아 참으로 안타깝습니다. 당시 부산과 죽도의 병영을 철거시키지 못한 것은 제 책임입니다만 기장과 서생포의 적들은 모두 물러가면서 영책도 불태운 다음 지방관들과 상의해서 잘 마무리 지었다고 합니다. 가토 기요마사가 와서 싸움 한 번 제대로 하지 않았고 화살 하나 날리지 않았는데 지방관들이 양보한 까닭은 무엇입니까? 그 전에 한강 남쪽은 귀국 스스로 되찾을 수 있다고 했는데, 되찾은 땅조차 이렇게 잃는대서야 어쩌겠습니까? 또 향후 계책을 세우는 것은 귀국의 책임이라더니 원대한 계책은 듣지도 않고 오직 궐 밖에 엎드려 우는 계책밖에는 세우지 않는지요?

병법에 이르기를 '강한 것에 약한 것이 당하지 못하고, 많은 숫자를 적은 숫

자가 당하지 못한다'라고 했습니다. 나 역시 힘든 상황을 귀국의 책임으로만 돌리려는 것은 아닙니다.

그러나 '한가할 때는 근본을 다스리고 급할 때는 보이는 것부터 다스린다'라고 하는 말에 따라 평소에 훈련을 열심히 하고 때가 되면 적을 제압해야 할 터인데 귀국에서는 누구도 염두에 두지 않았습니다.

파견되어 온 뒤로 귀국의 임금을 네 번이나 만나서 기탄없이 의견을 나누었으며, 그때마다 임금과 제 생각은 거울을 바라보듯 뜻이 통했습니다. 그런 까닭에 일이 이만하면 더 이상의 걱정은 없겠다 싶었습니다. 그런데 뜻밖에도 여러 대신이 모함과 계책을 내어 이간질하게 되자 명나라 조정도 분노하고 일본과도 불필요한 싸움을 하기에 이르렀습니다. 특히 송운의 이야기는 참으로 예의에 어긋났습니다.

그는 "먼저 명나라를 치려고 한다"라는 등 "팔도를 넘겨 주고 국왕이 직접 일본에 건너가 항복하려고 한다"라는 등의 말을 잠깐 동안에 바꾸어 가며 했습니다. 이러한 말이 임금의 마음을 움직여 군사를 일으키도록 하기는 했습니다. 그렇지만 귀국에는 팔도가 있을 뿐인데 이를 다 넘겨주고 임금께서 바다를 건너가 항복한다면 종묘사직과 백성이 모두 일본 것이 되고 말 것입니다. 또 두 왕자는 어떻게 할 것입니까? 아무리 어린아이라 할지라도 이런 잘못을 저지르지는 않을 것이라 생각합니다. 또한 포악한 기요마사라 하더라도 이렇듯 멋대로 행동하지는 않았을 것입니다.

대명제국이 주변 나라들을 거느리는 것 또한 나름의 방도가 있는 것으로, 때에 따라서 은혜를 베풀기도 하고 위엄을 보이기도 하는 것입니다. 수백 년 동안 관계를 맺어온 우방을 버려 둘 까닭이 없으며, 약속을 지키지 않는 역적이 우방을 침략하는 것을 그대로 방치하겠습니까?

내 모든 일을 잘 처리하지는 못한다 해도 멀고 가까움, 옳고 그름은 누구나 쉽게 알 수 있습니다. 하물며 황제의 명에 따라 추진하는 일이 성공하느냐 마느냐, 평화를 이루느냐 마느냐가 달려 있는데 어찌 소홀하게 여기겠습니까? 어찌 왜적의 흉계를 숨겼겠습니까?

공께서는 다행히도 사리 판단에 밝으시고 조정 일에도 능하므로 이 글을 보냅니다. 평소 제 충성심을 이해하셔서 이러한 내용을 임금과 조정 대신들께 알려 주신다면 다행으로 알겠습니다.

이미 명나라 조정의 뜻을 받드는 것만이 완전한 계략이라 하셨으니, 오직 그 처분만을 기다림으로써 수고를 덜고 일을 그르치지 않기를 바랍니다.

간절히 부탁드립니다.

이 글을 잘 보면 한양을 되찾기 이전의 일은 앞뒤가 잘 맞지만, 부산으로 내려간 후의 일은 옳지 않은 말이라 할 것이다. 그러나 공과 죄는 결코 섞이지 않는다. 훗날 심유경을 평가하는 사람들은 이 내용을 기준으로 삼아야 할 것이다. 그런 까닭에 여기 기록해 놓는 것이다.

심유경은 유세객이었다. 사실 평양성 싸움 뒤에 두 번씩이나 적진에 들어갔는데 이는 대단한 일이다. 그리고 군사 대신 입만 가지고 적을 내쫓고 수천 리 강산을 되찾도록 했다. 그러나 마지막에 한 가지 잘못으로 인해 큰 화를 면치 못했으니 슬픈 일이다.

당시 고니시 유키나가는 심유경을 가장 신뢰했다. 그가 한양에 있을 때 심유경이 은밀히 말했다.

"너희가 이곳에 오래 머무르면서 돌아가지 않으므로 명나라에서 다시

대군을 일으켜 서해를 건너올 것이다. 그렇게 되면 충청도 길이 끊겨 돌아가고 싶어도 돌아갈 수조차 없게 될 것이다. 내가 평양에서부터 그대와 친분이 있어 알려 주는 것이다."

이 말을 들은 고니시 유키나가는 그 길로 한양을 버리고 도망쳐 버렸다.

이 내용은 심유경이 우상 김명원에게 알려 준 것인데, 김 정승이 다시 내게 말해 주었다.

류성룡
종군從軍의
기록

계사년 10월, 거가가 환도하니
불타고 남은 것들만이 성안에 가득하고,
거기에 더해 전염병과 기근으로 죽은 자들이 길에 겹쳐 있으며,
동대문 밖에 쌓인 시체는 성의 높이에 맞먹을 정도였다.

여기에 수록한 종군의 기록은
류성룡의 저작집인《서애집西厓集》에 실린 기록 가운데
시기별로 중요한 부분을 역자가 요약, 정리하고 해설을 덧붙인 것이다.

전쟁 후의 일을 적음

임진년 4월 30일, 임금의 어가가 한양 성을 빠져나가자 흥분한 백성들이 먼저 장례원掌隷院[1]과 형조에 불을 붙였다. 두 곳은 공노비와 사노비의 문서가 있던 곳이다. 또 내탕고內帑庫[2]에 들어가 금과 비단을 노략질했고 경복궁·창덕궁·창경궁을 불살라 하나도 남기지 않았다.

역대의 보물 그리고 문무文武용 누각, 홍문관 소장 서적과 춘추관에 보관된 각조各朝《실록》, 다른 창고에 보관된 고려의 사초史草,《승정원일기》까지 모두 잿더미가 되었다. 그뿐 아니라 왕자 임해군臨海君의 저택과 병조판서 홍여순의 집까지 불을 질렀는데, 이는 적이 들어오기도 전에 우리 백성들이 저지른 일이다.

왜적이 도성에 들어오자 한양 백성들은 모두 달아나 피했으나 얼마 지

---

[1]   조선 시대 공사노비 문서의 관리 및 노비 소송을 관장하던 관서.
[2]   조선 시대 왕실의 재물을 넣어 두던 창고.

나지 않아 조금씩 돌아오기 시작했고, 마을과 저자가 가득 차 우리 백성과 왜적이 함께 장사를 하는 지경에 이르렀다.

성문을 지키는 적은, 적이 발급한 증서를 찬 우리 백성의 출입을 금하지 않았다. 이에 백성들이 모두 증서를 받아 적에게 복역服役하면서 감히 거스르거나 저항하지 않았다. 또한 적에게 아첨해 서로 친근하게 되자 앞잡이 노릇을 하는 나쁜 자도 나타나 적을 살해하려고 모의하는 자라도 있으면 그를 고발해 종루 앞이나 숭례문 밖에서 불태워 죽이는 참혹한 짓을 통해 위협을 가하니 해골과 뼈가 그 아래에 수북이 쌓였다.

왜적이 처음 도성에 들어왔을 때는 오직 궁궐만이 불탔고 공인과 백성들의 집은 무사했다. 그런데 적장 우키타 히데이에가 종묘에 머무를 때 심야에 괴이한 일이 많았다. 그 안에 머무르던 병졸들이 가끔 갑자기 죽어 나갔다. 그러자 사람들이, 이곳은 조선의 종묘로 신령이 있기 때문에 오래 머무는 것은 불가하다고 했다. 그 말을 들은 히데이에는 두려워 소공주 댁으로 옮긴 후 종묘를 불살라 버렸다.

정월에 명나라 병사가 평양성을 회복하고 고니시 유키나가 등은 패해 한양으로 돌아왔다. 그러고는 우리 백성들이 내응하지 않을까 의심한 끝에 백성들을 속인 후 하룻밤 만에 성안 집을 모두 불태우고 백성 대부분을 살해해 살아남은 자가 거의 없었다. 오직 남산 아래 일대에 자리한 왜인들의 거주처만이 무사했다.

그 무렵 전수全守라는 아전이 나를 따라 안주에 와 있었는데, 그의 처자는 도성에 남아 있었다. 12월, 제독(이여송)이 이끄는 명나라 병사가 출전했다는 말을 듣고 그에게 말했다.

"명나라 병사가 평양의 적을 섬멸했다면 남은 적은 반드시 달아나 한양으로 귀환한 후 분을 풀기 위해 악독한 짓을 저지를 것이다. 남아 있는 백성은 모두 도륙을 낼 것이 분명하다. 그러니 너는 정탐꾼으로 한양에 들어가는 사람에게 부탁해 가족에게 '속히 대피하라'라고 알려 주면 화를 면할 수 있을 것이다."

때마침 금군 최윤원이란 자가 조정의 명을 받고 한양으로 정탐하러 갈 때 안주를 지나게 되었다. 전수는 가족에게 속히 한양을 떠나 강화로 가라는 내용의 밀서를 전해 주도록 해 죽음을 면할 수 있었다.

이듬해 4월, 적이 성을 빠져나가자 굶주림과 돌림병으로 열에 아홉이 죽고 말았다. 이렇게 백성이 커다란 재앙을 만났으니, 비록 인간의 실수가 이 지경에 이르렀다고 하나 역시 운수라고 할 수밖에 없었다.

왜군이 부산포에 나타나 임진왜란이 발발한 것이 1592년 4월 13일의 일이다. 그날 부산포가 함락되었고, 그로부터 불과 20여 일 만에 한양까지 왜군에게 넘어가고 만다.
《징비록》에는 4월 30일 새벽, 선조 어가가 한양을 빠져나갔고 그로부터 3일 후인 5월 3일, 왜군이 한양에 진입한 것으로 기록되어 있다. 그러나 위와 같은 상세한 내용은 빠져 있다. 위 내용은 전쟁 후에 적은 것이지만 선조 일행이 한양을 빠져나갈 때의 상황이 생생하다.

신할申硈[3]을 파견해 도성을 지키도록 하고, 사방에 효유曉諭[4]해 함께 적을 공격하도록 청하는 계 임진년 5월

듣건대, 왜적은 생각보다 멀리 있는데도 한양 인심은 의지할 곳이 없는 까닭에 수많은 변괴가 나타난다고 합니다.

신할이 지금 막 들어왔으니, 속히 달려가 유도대장 및 도원수와 함께 힘을 합쳐 성을 지키도록 명하시면 인심이 저절로 공고해질 것입니다. 또, 각사를 지키는 이가 없어 훔치고 불을 지르니 참으로 통분할 일이옵니다. 그러니 한양에 머물러 있는 여러 신하에게 감독하고 지킬 곳을 정해 준 후, 지키는 데 소홀한 자가 있으면 유도대장이 군법에 따라 죄를 다스리게 하소서.

전하께 계문啓聞한 일에 대해서는 충청도, 전라도, 경상도 등 곳곳에 급히 유지를 내리소서. 거가車駕가 나갔다는 말이 퍼지면 인심이 더욱 절망할 것이니, 잠시 피란 갔다가 다시 사방에서 군사를 소집해 한양으로 돌아올 것이라는 뜻을 분명하게 내리소서. 만약 충의를 품고 나라를 드높일 선비가 있다면 관직의 유무를 막론하고 모두 병사와 백성을 규합, 통솔하도록 허락함으로써 각자 싸우도록 하소서. 그리고 각 도의 감사와 병사, 수사 들이 힘을 합쳐 적의 토벌에 나서 기필코 적을 섬멸하도록 널리 알리는 것이 어떻겠습니까?

---

3   1548~1592. 조선 중기 무신. 명종 때 무과에 급제해 경상 좌병사를 지냈고, 임진왜란 때 임진강 전투에서 왜적과 싸우다 순절했다.
4   깨달아 알아듣도록 타이름.

계사(啓辭)(계)란 임금에게 올리는 글이다. 위 글은 한양이 미처 왜군에게 함락되기 전에 류성룡이 선조에게 올린 글이다. 한시가 급박한 상황에서 민심을 수습하고자 올린 글이지만 한양이 너무 빨리 함락되는 바람에 효과를 보지는 못했을 것이다.

때를 맞춰 해야 할 일을 분야별로 아뢰는 계 임진년 6월

신이 마침 이때 병이 나 오래도록 낫지 않아 국정의 의론에 참여하지 못했습니다. 그런 까닭에 국가의 원수를 통탄하며 맹세코 왜적과는 함께하지 않겠다는 굳은 마음으로 스스로 주먹을 불끈 쥘 뿐입니다.

오늘 일반적으로 당연히 행해야 할 것을, 번거롭지만 감히 좁은 소견으로 조목조목 적어 보니, 엎드려 바라건대 비변사에 내려 보내 행할 만한 것을 선택해 시행하시면 더없이 다행이겠습니다.

하나. 북쪽 국경 지방 병사는 본래 용맹하기로 이름이 높으니, 오늘날 믿을 것은 오직 이들뿐입니다. 그러나 여러 번 동원했으니 어찌 원망하고 고통스러운 마음이 없겠습니까. 마땅히 그들이 속한 관청과 진鎭에 명해 그들의 처자를 잘 보살펴 떠돌아다니는 일이 없도록 하소서.

전날 밤 공격 시 이들의 공이 적지 않았으니 크고 작음을 자세히 살펴 순서대로 상을 어떻게 줄지 의논하십시오. 또한 강을 건너 용감히 싸운 자와 진중에서 죽은 자를 한 사람도 빠짐없이 확인해 산 자에게는 은과 미곡, 포를 하사하시고, 죽은 자의 가족은 넉넉하게 도와주소서. 그 가운데에도 임욱경任旭景 같은 이는 시종 도망가지 않고 몸소 적의 정세를 정탐한 후 가장 먼저 성에 오르기를 자원했고, 결국 적의 막사로 돌입해 적장을 난자하고 이선李宣과 함께 전사했으니, 그 용맹이 탁월하다 하겠습니다.

임욱경에게 비록 증작贈爵을 명했으나, 강변의 병사들과 그의 가족이 어떻게 알겠습니까. 따라서 유사有司에게 별도의 포상과 구휼을 명령하시어 충성스러운 혼을 위로하고, 인심을 경계하며 장려함이 어떻겠습니까.

하나. 적이 평양에 들어온 지 이미 10여 일이 지났는데도 아무런 움직임이 없으니, 그들의 계책을 알기는 어렵습니다. 만일 군사를 모아 서쪽으로 오지 않는다면 분명 힘을 비축하려는 것이요, 그렇지 않으면 성을 버리고 남쪽으로 내려가려는 뜻일 것입니다. 그러니 형세를 살핀 후 방책을 세워 밤을 틈타서 덮치거나 복병을 배치해 나오는 적을 곳곳에서 공격해 경계를 조금도 늦추지 마소서.

평양 싸움에서 우리 장졸이 다 몰살당한 것은 아닙니다. 다만 시골에 숨어서 구차하게 살기만을 바라고 있을 뿐입니다. 그러니 관찰사 이원익 등에게 명해 지역을 나눠 사자를 은밀히 파견해 불러들이는 것이 마땅합니다. 강서·용강·삼화·함종·증산·영유와 성천·양덕·맹산 고을 등을 탐문해 숨은 자들에게 기한을 정해 행재소로 모이도록 하소서. 그리고 기한 내에 오지 않는 사람은 군법으로 다스려서 결코 용서하지 않겠다는 뜻을 급하게 알려 시행하소서.

하나. 적병이 평양에 머물러 있습니다. 듣건대 "그 무리는 흩어지고 기세가 꺾였다" 합니다. 비록 전해 들은 말이어서 반드시 그러한지는 알 수 없습니다만 성안에 엎드린 채 오랫동안 감히 나오지 못하는 것을 보면 그럴 듯한 말이옵니다.

대저 평안도는 오직 평양만 적의 손에 넘어갔을 뿐 그 외의 곳은 두루 무사합니다. 그런데 수령들이 국법을 두려워하지 않고 앞다퉈 도주했기 때문에 창고의 곡식과 무기가 텅 비고 말았습니다. 이제 마땅히 관찰사와 병사에게 지역을 나눠 주고 불러들이신 후 날짜에 맞춰 들어와 관청을 다스리고 군병을 정돈하도록 하소서. 만일 날짜까지 돌아오지 않는 자는 일체 군법을 적용해 결코 용서하지 않는다는 사실을 알리는 것이 어떻겠습니까.

하나. 평양의 적을 공격하기 위해서는 세 길로 나누어 진격해야 합니다. 그러나 병법에 "먼저 약한 곳을 공격하면 적이 흩어지고 도로를 오가니, 곳곳에서 이들을 공격해 죽이면 적은 반드시 기운을 잃고 형세 또한 무너지게 된다"라고 했습니다. 그러니 황해도 감사 조인득趙仁得, 병사 이태형李泰亨 등에게 정병 몇을 선발해 길옆을 지키도록 명하소서. 봉산, 황주, 평산으로 가는 길은 험준해서 많은 사람이 필요치 않으니, 열씩 다섯씩 무리를 지어 가도록 하소서. 공사의 천인이건 관리·산척山尺·백정·재인才人[5]을 막론하고 오가면서 적을 만나면 차단토록 하십시오. 그들에게 군량을 대주면서 시시때때로 나타나 길에 출몰하는 적을 처단할 수 있게 지원하십시오. 그 과정에서 획득한 재물과 말 들은 그들이 처분할 수 있게 하시고 관청에서 압수하지 마소서.

또한 관사와 역사 곳곳에 방을 붙여 다음과 같이 효유하소서.

"적장은 이미 죽고 그 군사 또한 태반이 전사했으며, 명나라 병사 10여 만이 기일을 정해 곳곳에서 진격해 머지않아 왜적을 소탕할 것이다. 또한

---

5   산척은 산에서 사냥과 약초 캐기 등을 업으로 삼는 사람, 재인은 광대를 말한다.

적의 괴수 도요토미 히데요시가 제 나라에서 부하에게 척살되었다는 소식을 중국 조정에서 알려 왔다. 이는 바로 미친 적이 죽을 때를 당한 것이니 도내 백성들은 이 시기를 이용해 공을 세우라. 무리를 지어 공격하고 겁탈하는 자라 해서 모두 행패를 부리는 자들이 아니라 집안과 재산을 잃고 산골짜기에 숨어 굶주림에 허덕이는 것에 불과한데도 수령들이 그들을 구휼하고 통제하지 못했을 뿐이다. 옛사람은 장수가 되어 군사를 뽑을 때 공격하고 겁탈하는 자를 가장 먼저 뽑고 상대를 해치는 자를 다음으로 삼았다.

이러한 사실을 모두에게 알려, 모든 이들이 무리를 이끌고 힘써 적을 죽여 공을 세우기를 기약하라. 그러면 조정에서는 보통 사람과 같이 상을 내리겠노라.

만일 그렇지 않고 난을 조장하며 일반인들에게 해를 끼치거나 혹은 왜적을 가장해 여염집을 괴롭히면 반드시 벌을 내리고 결코 용서치 않겠다."

이런 내용을 담아 급히 널리 알리소서.

황하수黃河水·윤담尹㗌 같은 이는 다시 단단히 타일러 더욱 힘을 내 병사와 백성을 거느리고 공을 세우게 하고, 여염집에 흩어져 숨어 있는 도내의 무사들 역시 모두 행재소로 나오도록 효유하고 명하소서.

하나. 북방의 병사가 비록 모인다 해도 무기가 아무것도 없습니다. 무기 가운데 가장 급한 것은 활과 화살입니다. 가을이 무르익어 날씨가 서늘하면 활과 화살의 용도가 다른 전술보다 배나 뛰어납니다.

강변에 줄지어 놓은 진과 내륙의 고을에 있는 활과 화살의 수가 얼마나 되는지 급히 파악해 임시로 사용하시옵소서. 또한 흙비가 지나간 뒤에는 관청과 개인이 가지고 있는 활의 아교가 녹아 쓰기 어려우니, 각 관청에 명해 궁장弓匠을 별도로 정하고 온돌을 많이 설치해, 활을 모아 불을 피운 뒤에 쓰도록 하십시오. 도내 모든 고을의 활과 화살이 쓰기에 부족하면, 남쪽에서 가져오는 것도 한 방편입니다. 그러나 이는 임기응변일 뿐으로 막상 급박한 시기에는 대처하기 어려우니, 미리 대처함이 좋겠습니다.

하나. 남쪽 대군이 한 번 싸움에 궤멸하니 참으로 놀랄 일입니다. 그러나 신은 괴이하게 생각하지 않습니다. 전투에 나선 세 사람은, 모두 지휘관으로서 나아가 승리할 재목이 아닙니다. 군사를 배치하는 방식이나 정교한 전략을 알지 못하니, 오합지졸을 이끌고 나아가도 명령이 하나로 통일되지 못하고 힘써 싸우는 자는 적습니다. 이러하니 어찌 궤멸하지 않겠습니까.

이제 이런 방식은 멈추고 오직 적의 세력은 날로 쇠퇴하고 명나라 100만 대군이 수륙에서 동시에 진격하며 하루아침에 적이 모두 소탕될 것임을 급히 알려 인심을 가라앉히십시오. 각 도의 감사와 병사에게 명해 군사를 정돈하고 신중히 행동해 도내에 횡행하는 적을 차단해 없애도록 하십시오. 그렇게 지방을 보전하고 적의 세력이 움츠러들기를 기다린 후 남쪽과 북쪽이 합세해 공세에 나서는 것이 어떻겠습니까.

하나. 무반武班 출신으로서 용맹한 사람은 당초에 이일 휘하에서 군관이 된 자가 50명이고, 신립이 대동한 자가 80명이며, 나머지 방어사·조방장에 소속된 자도 많았습니다. 그러나 한번 흩어진 뒤에는 다시 오지 않고 있습니다. 전해 들으니 그들 대부분 전쟁을 피해 관동·영서의 산골짜기에서 편안히 앉아 날짜만 보낸다고 합니다. 마땅히 검찰사檢察使 이양원 등에게 명해 행재소로 부르도록 하고, 끝까지 나타나지 않는 자는 군율로 논한다는 사실을 함께 알리는 것이 어떻겠습니까.

하나. 화포장들이 대부분 흩어지고 죽어 이곳에는 몇 명밖에 없으니, 북쪽 국경 지방의 화포장까지 불러들여 전쟁에 대비하는 것이 어떻겠습니까.

하나. 적병이 수십 리 밖 가까이 있으니 간첩의 세밀한 움직임을 엄히 금해야 합니다. 성안과 군중에 명령을 내려 별도로 표시와 암호를 사용함으로써 서로 식별하게 하는 것이 어떻겠습니까.

《징비록》에 따르면 1592년 6월 11일, 선조는 평양성을 버리고 북쪽 영변을 향해 길을 떠난다. 당시의 교통과 통신을 감안한다면 4월 13일 부산에 상륙한 왜군이 두 달도 채 안 되어 평양성을 함락시킨 것은 조선군이 얼마나 허약했는지를 극명하게 보여 주는 실례라 할 것이다.
이러한 사태를 맞아 류성룡은 어떻게 대처해야 할지, 다방면에 걸친 대안을 마련한 후 선조에게 계를 올렸다. 그러나 이러한 계도 속수무책으로 당하는 상황에서는 큰 도움이 되지 못했을 것이다. 류성룡은 6월에만도 계를 여러 번 올린다. 위 내용은 그 계 가운데 주요한 부분을 발췌한 것이다.

명나라 장수를 향도하는 계 임진년 6월
명나라 병사가 곧 압록강을 건너올 것이니 급히 준비할 것은 군량과 향도하는 일입니다.

군량은 아무리 생각해도 군사가 나아갈 고을이 모두 쑥대밭이 되어 밀가루 없이 수제비를 만드는 일이라 할 것입니다. 그러니 홍세공洪世恭 등을 보내 조치하게 하십시오.

향도嚮導, 즉 길을 인도하는 것은 더욱 어렵습니다. 비변사가 정한 청수靑水 만호 조숙신趙鷫臣을 오늘 불러 만나 보니, 명성과 지위가 낮을 뿐 아니라 이것저것 고려하는 재주도 없으며, 윤안성尹安性 역시 같은 수준일 뿐입니다. 이들을 장수로 삼아 명나라 장수와 합세해 나아가게 한다면, 어찌 우리나라에 인재가 없다고 웃지 않겠으며 자신들을 업신여긴다고 하지 않겠습니까. 예로부터 중국에 병력을 청해 적을 친 일이 한두 번이 아닙니다. 고려시대에 그런 일이 있었는데, 강동 싸움[6]에서는 조충趙冲과 김취려金就礪가 향도했고, 진도 싸움[7]에서는 김방경金方慶이 향도했습니다. 지금 비록 이 같은 사람은 구하지 못한다 해도 어찌 일개 성을 지키는 무관을 명군 앞에 세워서 중대한 임무를 수행하게 하겠습니까.

신의 생각으로는 함경도의 우후虞侯[8] 김성보金星報가 현재 무관 중에서는 가장 낫습니다. 이윤덕을 압록강 국경에 보내 지키도록 하고 김성보를 불러 이 임무를 맡기면, 만족할 정도는 아니라 해도 많이 부족하지는 않으니, 일이 크게 잘못되지는 않을 것입니다. 또한 지금 북방에는 병사가 한 사람도 없습니다. 이런 일은 비변사가 마땅히 급히 조치해야 함에도 여러 날이 지나도록 아직 군사가 당도하지 않으니 답답하기 그지없습니다. 번

---

6 1219년에 고려와 몽고, 동진의 연합군이 거란족을 물리치고 강동성을 함락한 싸움.
7 배중손이 이끄는 삼별초의 난을 김방경이 이끄는 관군과 몽고군이 패퇴시킨 싸움.
8 조선 시대 각 도에 둔 병마절도사와 수군절도사를 보좌하는 일을 맡아보던 무관 벼슬. 병마우후가 종3품, 수군우후가 정4품이었다.

거로움을 피하지 않고 황공하게도 여러 번 아뢰옵니다.

1592년 6월 1일, 도체찰사로 복직한 류성룡은 명나라에서 파견한 임세록을 접대했다. 우리나라에서 매일 원병을 요청하는 사신을 파견하자, 명나라에서는 아무리 왜군이 강하다 해도 불과 두 달여 만에 평양까지 점령한 데 대해 의심을 품었다. 임세록을 파견한 것은 조선 사정을 직접 확인하기 위한 목적이었다. 임세록을 접대한 류성룡은 현황을 확인한 명나라가 곧 구원병을 파견할 것이라고 여겼다.

위 계는 구원하러 오는 명나라 군대를 안내하고 군량을 지원하는 것에 대한 내용이다. 실제로 7월에 요동 부총병 조승훈이 군사 5000명을 이끌고 구원을 왔고, 류성룡은 안주로 나가 그들을 맞이한 후 군량 조달 업무를 담당했다.

사순士純 김성일에게 답하는 글 임진년 8월

나랏일이 이 지경까지 이르렀으니 말해야 무엇하겠습니까. 비록 사람의 잘못으로 인한 일이라 해도 또한 어찌 액운이 낀 것이 아니겠습니까. 거가가 처음 평양성에 머물렀다가 왜적이 성 아래 이르자, 3일 만에 다시 의주로 옮겼습니다. 그 후 평양을 지키지 못하고 곧 빼앗겼는데, 적이 만약 승세를 타고 서쪽으로 왔다면 사태는 말할 수 없는 지경에 이르렀을 것입니다. 다행히도 적이 머뭇거리며 수십 일 동안이나 나오지 않았기에 이 기회를 이용해 흩어진 군사들을 수습해 다시 순안을 지키게 되었는데, 적과 일진일퇴를 벌써 여러 달째 반복하고 있습니다.

명나라에서 파견한 구원병의 작전 또한 초반에는 잠시 불리했으나, 지금은 수만 명의 군사가 출정해 그 선봉이 이미 가산에 도착했습니다. 적의 세력은 이미 꺾였는데 본대에서 떨어져 나온 군대가 깊이 들어와 사방으로 흩어져 오가면서 노략질을 일삼고 있으니, 이들을 공격하면 이길 것입니다. 그런데도 인심은 그들을 겁내 왜적이 왔다는 소문만 돌아도 도망쳐 흩어져 이 지경에 이르렀으니, 달리 무엇을 말하겠습니까. 옛사람이 "오랑캐는 계책을 써서 패배시키기는 쉬워도, 병사를 동원해 쳐부수기는 어렵다"라고 했는데 오늘날 왜적 역시 그렇습니다. 날쌘 정병을 선발해 불의에 공격을 감행, 곳곳에서 그들을 막아 내면 쉽게 섬멸할 것입니다.

남쪽의 의병들이 영공令公(김성일)이 한번 외치니 서로 모여 함께 일어나니 참으로 대단합니다. 곽재우 공은 탁월한 인재로서 사람에게 용기를 돋우어 줍니다. 그런 그가 절도사와 서로 실수한 것[9] 또한 충정과 의분이 격해진 데서 일어난 일이니 심각한 잘못이라고 할 수는 없습니다. 그러나 만약 일이 더 커진다면 이는 옳은 일이 아닙니다. 절도사는 엄연히 조정의 관리이기 때문입니다. 하물며 조정에서는 그의 잘못에 대해 상세히 알고 있기에 이미 면직시키고 그 직책을 영공에게 대신케 하고 한영해韓寧海를 좌도감사에 임명했습니다.

가을 기운이 이미 높아 활의 힘도 더욱 강해질 것입니다. 섬 오랑캐들은 추운 것을 견디지 못하기 때문에 지금이야말로 그들이 자멸할 때입니다. 그러나 그들이 깊이 숨어 근거를 삼고 있어 뿌리를 완전히 제거하기는 극히 어려우니, 앞으로 어찌하면 좋겠습니까? 군량과 무기가 부족한 것이야말로 참으로 절박한 걱정거리입니다. 화살대는 남쪽 지방에서 많이 생산되고 있으니, 하루라도 빨리 모아 각 관청에 나눠 준 후 밤새워 화살을 만

---

9   당시 절도사 김수가 도피하자 곽재우는 "감사가 되어 병사와 수사가 도망쳐도 벌하지 않더니 이제 자신마저 도망하니 베어 죽이겠다"라고 했다. 이에 화가 난 김수가 곽재우를 체포했는데, 김성일에 의해 풀려난 사건.

들어 공급하게 하십시오. 군량은 가을 곡식이 점점 익어 가고 있으니, 가까스로 댈 수 있지 않겠습니까.

전해 들으니, "전라 수사가 또 적선을 격파했다" 합니다. 사실 여부는 모르겠으나, 적은 본래 수전에는 능하지 못합니다. 반드시 원균 등 주위 각 진을 규합해 함께 뒤쫓아 적선을 나포한 후 적들이 서로 이어지지 못하게 한다면 이미 상륙한 적을 차례차례 섬멸할 수 있을 것입니다.

조령 길은 반드시 지켜야 합니다. 이곳이야말로 천연의 험한 지대이기 때문입니다. 만일 관군의 힘으로 지킬 수 없으면 산중에서 사냥하는 무리를 모은 후 큰 상으로 유혹해 곳곳에 매복시킨 후 적에게서 빼앗은 물품을 그들에게 준다면 참여하는 자들이 반드시 많을 것이며, 적의 진로는 단절될 것입니다.

상주는 당연히 먼저 수복해야 할 곳입니다. 상주가 수복되면 위쪽 지방의 기세는 저절로 완전해지고, 아래쪽 지방의 적은 점차 쫓겨날 것입니다. 조백유趙伯由와 이여유李汝唯는 모두 막하에 있습니까? 지사志士는 조정의 위급함을 가슴 아프게 생각하고 충신은 임금의 욕됨을 슬퍼하니, 각자 맡은 바를 다하여 적을 말끔히 제거하는 공훈을 세우기 바랍니다.

전라 좌수공左水公(이순신)은 담력이 남다름을 내가 잘 알고 있습니다. 오늘날 무장 가운데는 그와 비교할 만한 사람이 없으니, 바다의 책임은 오로지 그에게 있습니다. 영공께서도 서로 협력한다면 유익한 점이 적지 않을 것입니다. 호남의 선비로서 김천일 등이 모두 의병을 일으켰다고 하니, 참으로 가상한 일입니다. 이들 역시 자신을 잊고 한마음으로 일을 함께 처리함이 옳을 것입니다.

나는 대신이 되어 국사를 이 모양으로 만들어 놓았으니, 벌을 받아 죽는

다 해도 죄를 용서받을 길이 없습니다. 처음 개성을 나설 때 나는 아무 직책도 없이 어가를 따르다가 6월에야 죄를 용서받고 지금은 명나라 군대의 군량을 점검하기 위해 안주에 머물러 있습니다.

그런데 20일 이상 노모의 소식이 끊겨졌는데, 방금 청송 사람이 말하길, 어머니께서 죽령에 계시다고 합니다. 그곳은 고향 집과 멀지 않은 데다 산골짜기에 난리를 피할 만한 곳이 많으니, 하늘의 도움으로 조금이나마 안전하신지 모르겠습니다. 밤낮으로 하늘만 쳐다보고 빌 뿐이니, 슬픈 마음이 끝이 없습니다.

영공의 일가들 또한 이리저리 돌아서 남쪽으로 올 것을 생각하면 우려하는 마음 금할 수 없습니다. 이생에서 다시 만날 수 있을지 알 수 없는데, 편지를 대하니 목이 멥니다. 세자께서는 지금 성천成川에 계십니다. 할 말은 많으나, 이만 그치겠습니다.

김성일은 임진왜란 이전인 1590년 3월, 황윤길을 정사로 모시고 부사로서 일본에 통신사로 다녀온 것으로 유명하다. 이듬해 귀국한 김성일은 정사 황윤길과는 달리 일본이 침략하지 않을 것이라고 보고한다. 이 사실은 잘 알려져 있는데, 그래서 우리는 전쟁을 앞에 두고도 당파싸움에 골몰한 까닭에 임진왜란 때 크게 패했다고 짐작한다. 그러나 김성일의 말과는 상관없이 그때부터 왜적의 침략에 대비한 것이 사실이다.

임진왜란이 발발한 후 김성일은 경상 우병사로 활동하다, 통신사로 다녀와 한 보고에 대한 책임을 물어 체포령이 내려진다. 그러나 류성룡의 탄원과 영남 지방에서 김성일에 대한 백성의 신뢰가 높다는 이유로 한양으로 압송되던 중 석방되고 경상우도 초유사에 다시 임명된다. 그 후 김성일은 2차 진주성 싸움 중에 병사함으로써 파란만장한 삶을 마친다.

《서애집》에는 김성일에게 보낸 편지가 여러 통 있다. 이를 통해 두 사람이 허심탄회하게 의견을 주고받을 정도로 긴밀한 사이였음을 알 수 있다.

체찰사의 명을 삼가 받들고 아울러 적정賊情을 아뢰는 서장 임진년 12월

초나흘에 우부승지가 작성한 유지 서장書狀을 신은 12일에 안주에서 삼가 받았습니다.

신은 본시 재주가 용렬해 평소에 허황된 말만 일삼아 실용이란 없는 듯하고, 요즘에는 근심이 병이 되어 실수가 많고 정신도 오락가락합니다. 그런데도 뒤늦게 중한 책임을 받잡고 다만 한 목숨을 바쳐 나라의 은혜에 보답하고자 할 따름이오니, 만에 하나라도 무슨 공적을 세우겠습니까.

또한 군중에는 이미 순변사와 순찰사, 도원수가 있습니다. 지금 부족한 것은 장수가 아닙니다. 오히려 명령의 출처가 많아 도리어 해가 될까 걱정인데, 혼미한 신이 또다시 그 사이에 들어가 옛 성인의 훈계를 범해서야 되겠습니까. 이에 조정에서 이를 마땅히 살펴 거듭 국사國事를 그르치지 않게 하신다면 매우 다행이겠습니다.

신이 생각건대, 지금 형편은 병사들이 너무 오래 전장에 머물러 있고 기회도 많이 잃었습니다. 당장 군량도 바닥이 나서 오래 버틸 수 없을 만큼 사정은 날로 급박해지는데, 뜻밖에도 명나라 장수는 또 약속을 어기니 낭패가 더욱 심합니다.

심 유격이 머물도록 한 명나라 사람 몇이 지금 성안에 있는데, 심가왕沈嘉旺 같은 무리는 제멋대로 출입해 만행이 끝이 없습니다. 우리 병사들의 마음도 이 때문에 차차 나태해져, 전장에 나아가 단번에 결정짓겠다는 계책은 없고 후퇴한 후에는 이래저래 그만둘 핑계만 찾아서, 오늘도 이 꼴이요 내일도 저 꼴이니 세월이 흘러도 아무런 성과가 없습니다. 사방 백성들 역시 팔짱만 끼고 수수방관할 뿐, 한 번이라도 힘껏 싸우려 하지 않습니다. 그들은 말하길, 명나라 군사들을 기다렸다가 오면 함께 협력하겠다고 하니, 가슴이 아프기 그지없습니다.

이제 심 유격은 언제 돌아올지 예측할 수 없고, 그가 "왜의 사신과 함께 북경에 가서 그들의 의사를 전달하겠다"라고 말하니 더욱 난처합니다. 전에도 가부可否를 의논하려 했으나 상대해 주지 않았고, 혹 상대해 주더라도 좋은 방도를 찾을 길이 없었습니다. 감히 바라건대, 조정에서는 그에게, "왜적들이 공납을 핑계 대고 가서 그 허실을 보아 양국의 재앙을 삼고자 하는 것이다"라고 명백하게 평을 해 그의 마음을 살펴보소서.

비록 명나라 사람들이 성안에 있더라도 동남쪽으로 거사하는 일의 가부를 놓고, 좋은 계책을 의논하고 결정해 원수 및 장수 들에게 속히 알려주소서.

임진왜란이 발발할 시점에 좌의정으로서 병조판서를 겸하고 있던 류성룡의 직책은 임진왜란이 일어나고 선조가 파천하면서 천변만화한다. 그래서 《징비록》을 읽다 보면 시시때때로 직책이 변함을 알 수 있다.

날짜별로 기록한 《조선왕조실록》에도 정확한 직책 변화가 나타나지 않아 읽는 사람을 더욱 당황스럽게 하기도 한다. 아래는 《조선왕조실록》과 《징비록》,《서애집》 등을 참조해 류성룡의 직책 변화를 정리한 것이다.

1592년	4월	좌의정 겸 병조판서
	4월 17일	도체찰사에 임명
	5월 3일	영의정에 임명(《조선왕조실록》을 보면 5월 2일 영의정 이산해를 파직하라는 신하들에게 선조는 좌의정 류성룡 또한 같은 책임이 있으므로 그도 함께 파직시키라고 말한다. 그런데 이튿날 이산해는 파직되고 류성룡은 영의정으로 승진한 것이다)

저녁, 영의정에서 파직. 최흥원이 영의정, 윤두수가 좌의정, 유홍이 우의정에 임명됨(영의정에 임명된 지 하루도 안 되어 파직되었으니 조선 역사상 최단 영의정이었을 것이다)

6월 1일 복직되어 풍원부원군에 봉해짐(이때부터 류성룡은 명나라 군대를 지원하는 임무를 맡게 된다)

12월 4일 평안도 도체찰사에 임명

1593년 1월 30일 삼도(충청, 전라, 경상도) 도체찰사에 제수

10월 27일 영의정에 제수

10월 29일 류성룡이 사직을 청했으나 선조가 만류함

1594년 1월 6일 류성룡이 파직을 청했으나 받아들여지지 않음

1595년 10월 17일(?) 사도(경기, 황해, 평안, 함경도) 도체찰사에 임명

1598년 11월 19일 파직

12월 6일 삭탈 관작

한편 위 글은 1592년 12월, 평안도 도체찰사에 임명된 류성룡이 서장을 통해 도체찰사를 거두어 줄 것을 요청하는 내용인데 받아들여지지 않는다.

평양을 수복한 뒤 동궁에게 급히 아뢰는 서장 계사년 1월

어제 순찰사 이원익 등이 전하는 보고에, "명나라 군사가 아군과 협력해 평양으로 진공했는데, 명나라 군사는 칠성문으로, 아군은 함구문으로 진입해 지금도 한창 싸우고 있다……"했습니다. 왜적은 분명 전멸당할 시기가 되었고 종묘와 사직은 이제 회복할 가능성이 있으니, 경하해 마지 않습니다.

평양을 수복한 후 다시 명나라 군사에게 강을 건너 전진하라고 청하는 것이 당연하다 합니다만, 북쪽 지방에 남은 적이 소굴에 머무르면서 물러가려 하지 않을까 염려됩니다. 명나라 구원병이 크게 내려와 평양이 이미 수복되었다는 소식을 들으면 적병은 반드시 기가 꺾여 감히 서쪽으로 향하려 하지 못할 것입니다.

그러나 병법에 먼저 소문을 내고 후에 실행한다고 했으니, 이때를 이용해 군사와 말을 나눠 영흥·고원高原·정평定平 사이에서 나오면, 평안도 백성들은 왕사王師를 기다린 지 오래되었으니 반드시 메아리처럼 호응할 것이고, 함흥의 적들 역시 뒤에서 공격당할 것을 걱정할 것입니다. 함흥의 적이 물러가면 북쪽 지방의 정문부 등이 거느린 군사는 수레를 몰며 전진할 것입니다.

지난번 명나라 장수가 안주에 왔을 때 직접 말하기를, "평양을 되찾은 후 군사를 나눠 북으로 진격하는 것이 좋겠소"라고 했습니다. 그러나 걱정거리는 명나라 군사가 지나는 곳마다 군량이 필수라는 사실입니다. 이 지역은 산악 지대라 한결같이 양식이 고갈되었으니 구제하는 것이 어렵기만 합니다. 더구나 고갯길은 험하고 멀어서 명나라 군사가 쉬이 지칠 것이니, 우리 군사를 보내 도모하는 것보다 못합니다.

구구한 생각으로는, 평양에 적이 없으면 저하邸下(동궁)를 따르는 자들 가운데 정예병 400, 500명을 뽑아 강동 조방장 박명현이 거느린 군사에 더한다면 그 수가 1000여 명은 될 것입니다. 또한 재신宰臣들 중에서 계책을 가진 한 사람을 함경도 순찰사로 삼아, 양덕과 맹산을 넘어서 남쪽 군사와 민간인을 규합해 불시에 함흥 이남의 적을 무찌르면, 열흘 남짓 만에 철령 이북을 수습할 수 있습니다. 그런 후 강원도와 합세해 경기도로 향하고, 대군은 황해도를 따라 내려가 동서로 공격하면 한양을 수복할 수 있고 추악한 무리들을 뿌리 뽑을 수 있습니다. 엎드려 바라건대, 비변사의 여러 신하에게 명을 내리시어 좋은 의론에 따라 처리해 기회를 놓치지 마소서.

류성룡은 임진왜란 동안 명나라 군대에 대한 지원을 담당했다. 그 외에도 군사와 관련한

내용도 지속적으로 보고하는데, 위 내용은 평양성을 수복한 후 당시 세자인 광해군에게 보고한 내용이다.

임진강에 부교 놓은 일을 기록함 계사년 1월

계사년 정월, 명나라 군이 평양을 공략해 탈환하고 적을 추격해 한양에 가까이 다가갈 즈음 나는 군량 보급을 맡아 군대에 앞서 나아갔다. 그 무렵 임진강은 얼음이 풀려 건널 수가 없었고, 제독은 연이어 사람을 보내 부교를 만들라고 독촉했다. 길 한가운데 있던 나는 계책 하나를 생각해 냈다. 금교역에 도착하자 황해도 여러 고을 수령이 관리와 백성을 인솔하고 모여들어 대군에게 음식을 대접하려는 사람들이 들판에 가득했다.

나는 우봉 현령 이희원을 불러 고을 사람 수백 명을 이끌고 밤새워 먼저 가서 칡덩굴을 모은 후 임진강 어귀에서 모이도록 했다. 이튿날 아침 일찍 임진당臨津堂 아래로 가서 강을 내려다보니, 얼음이 아직 있었지만 날씨가 따뜻해 가운데는 푹 꺼진 상태여서 얼음 위로 물이 높았고 강 너비 또한 매우 넓었다. 경기 수사 이빈과 장단 부사 한덕원 등이 모두 도착했는데도 속수무책이었다. 나는 이빈이 게으름을 피워 준비하지 못한 책임을 추궁해 장杖을 때렸다. 그리고 우봉 사람들을 불러 칡을 모은 후 앞에 쌓았으나, 사람들은 무엇을 하려는지 예측하지 못했다.

이때부터 새끼를 꼬아 동아줄을 만들어 강을 가로지를 만한 길이로 열다섯 개를 마련했다. 또 강 남쪽과 북쪽 두 언덕에 땅을 파 마주 보게 기둥 두 개를 세워 단단히 고정한 후 나무 하나를 눕혀 기둥 안쪽에 놓아 베틀 모양을 만들었다. 그런 후 가로놓인 나무에 동아줄을 팽팽하게 묶어 강을 건너도록 한 후 날줄을 만들었다. 그런데 강 너비가 너무 넓어서 동아줄

중간이 반쯤 물에 잠겨 올라오지 않자, 모두 "이는 사람 힘만 헛되게 낭비할 뿐 어떻게 다리가 되겠는가?" 했다. 내가 강가에 있는 군사 1000여 명에게 명을 내려 각각 3, 4척 되는 짧은 통나무를 가지고 와서 한 끝에 구멍을 뚫은 후 줄을 매어 여러 번 돌려 저 끝과 이 끝을 팽팽하게 조여지도록 했다. 그러자 물에 잠긴 동아줄이 비로소 드러나고 서로 잇단 것이 빗살과 같이 강에 놓여 활 모양과 흡사한 둥근 다리 하나가 튼튼하게 만들어졌다. 그런 후 그 위에 가는 버드나무·싸리·갈대를 섞어서 펴고 흙을 덮었다.

이를 본 명나라 군대가 기뻐하며 다리 위로 말을 타고 지나갔다. 먼저 화포와 무기를 다리로 운반한 후 점차 많은 것을 운반했다. 그러자 동아줄이 늘어져 다시 물에 잠겨 병사들은 얕은 여울로 건넜다. 그때의 일을 돌이켜 생각하니 급히 취을 준비한 것이 많지 않았고 새끼의 간격이 촘촘하지 않았으며 그 모양 또한 팽팽하지 않았기 때문에 늘어졌으나, 만일 두 배로 해서 30여 줄을 만들어 벌려 베 짜듯 했으면 아무 걱정이 없었을 것이다.

부교는 강 위에 설치하는 임시 다리다. 명나라 군대의 지원을 담당한 류성룡은 군사의 이동을 위해 고민하다가 임진강 위에 부교를 설치하는데, 많은 배를 이어 묶어 놓는 전형적인 방식 대신 칡덩굴을 꼬아 질긴 끈을 열다섯 가닥 만든 후 이를 강 이쪽에서 저쪽까지 연결하고 그 위에 버드나무, 싸리, 갈대, 흙 등을 얹어 만드는 방법을 썼다. 이 내용은 〈녹후잡기〉에도 기록되어 있다.

굶주리는 백성의 구원을 진정하는 서장 계사년 2월

적의 변란이 일어난 지 수개월 후부터 피란 갔던 백성들이 차츰 성으로 찾아오기 시작해 그 수를 헤아릴 수조차 없습니다.

평양에서 패해 도주할 때부터 독이 오른 적은 앙심을 품고 지난달 24일 밤 동시에 성을 불 지르고 백성들을 마구 죽이니, 그 수를 헤아릴 수 없습니다. 날카로운 칼을 피해 가까스로 살아난 이들은 중흥中興과 소천小川 등에 흩어져 숨었으니 그 수가 1만여 명에 이릅니다. 이들은 굶주리고 발가벗은 채 죽은 사람을 깔고 베고 하니 차마 볼 수가 없습니다.

신은 우선 군관을 보내고 순변사 이빈, 창의사 김천일, 추의장秋義將 우성전, 전라도 순찰사 권율, 광주 목사 변응선邊應善 등에게 통문通文을 돌려 곡식을 가져오게 해 온 힘을 다해 구제에 나섰으나 양이 너무 적어 많은 사람을 널리 구할 수 없습니다.

신의 군관 부장部長 곽호郭護가 강화에서 구해 이끌고 온 남녀 노약자만도 900여 명이요, 이빈의 군관 우림위 성남이 여기저기서 구한 자가 200여 명입니다. 그 밖에 여러 진중에서 나온 자가 끝이 없으나 기운이 다해 길가에서 죽는 백성이 허다합니다. 마산역 근처에서는 이미 죽은 어미 곁에서 울고 있는 젖먹이도 있었습니다. 명나라 총병 사대수가 이를 슬프게 여겨 군정軍丁을 시켜 말에 태워 안고 와서 기르고 있으니, 비통하기 짝이 없습니다.

대저, 경기도 수백 리 안에 더 이상 곡식은 없으니, 백성의 삶은 길바닥에 고인 물속 붕어 신세로 죽음만을 기다리고 있습니다. 그들을 구하고자 하나 곡식이 없고, 그대로 두자니 차마 볼 수가 없습니다. 최근 명나라 군사의 군량으로 남쪽 지방에서 도착한 것이 꽤 됩니다. 동파에 보관 중인

쌀과 콩이 1만여 석이요, 그 뒤편 서강西江에도 수천 석이 있습니다. 그 외에 명나라에서 군량이 때맞춰 도착한다면, 대군이 추가로 파견되어 온다 하더라도 충분합니다.

그 가운데는 각 고을에서 실어와 아직 배 안에 있는 거친 벼 2000여 석도 포함되어 있습니다. 이건 말에게 먹이로 콩 대신 지급하려고 하나 명나라 병사가 원치 않아 별로 소용이 없습니다. 이에 신은 눈앞의 참상을 차마 볼 수 없어 편의에 맞춰 1000석을 꺼내 파주·개성부·장단·적성·마전·고양·삭녕·풍덕 등에 사는 굶주린 백성과 한양에서 흘러들어온 이들에게 골고루 나눠 주었습니다.

그러나 봄은 이미 반이나 지나고 적병은 아직 물러가지 않았는데 마을 어디에도 보리 심은 곳이 없으니, 100만에 이르는 백성의 목숨을 살릴 방도를 찾지 못해 가슴이 아픔을 견디지 못하겠습니다. 군사의 일이 급하다는 핑계로 백성의 구제를 늦출 수는 없습니다. 신은 경기도 해변 지방과 충청도 내포內浦 등에 공문을 보내 보리 종자 수천 석을 모아 경작하도록 군관 현즙玄楫을 배편으로 파견했습니다. 그러나 한식寒食이 멀지 않고 바닷길을 오가는 것 또한 기약하기 어렵습니다. 백성들 또한 농기구도 잃어버렸고 땅을 갈 소도 없어서 속수무책입니다.

전에 백성들에게 강화 목장에서 농사를 지을 수 있게 허락한 것은 창의사 김천일의 장계를 받은 비변사가 형편에 따라 처리하도록 했기 때문입니다. 그러나 금년에 많은 배를 곳곳에 보내지 않는다면 구제하기 어렵습니다. 말을 관리하는 것 또한 중요하지만 때에 따라 융통성 있게 일을 처리해야지 원칙만을 고집하면 안 됩니다. 반드시 합당한 사람을 골라 전적全的으로 일을 맡기고 나서야 공적인 일이건 사적인 분야건 성과를 거둘

수 있습니다. 그렇지 않으면 성과를 내기란 어려울 것입니다. 조정에서는 다시 한 번 깊이 생각한 후 조속히 처리해 지연되어 일을 그르치는 우를 범하지 않게 하소서.

임진왜란이 발발한 이후 끝없이 문제가 된 것은 당연히 식량 조달이었다. 20만 가까운 왜군은 당연히 군량을 조선 땅에서 조달하기 위해 최소한의 양식만을 싣고 왔고, 10만이 넘는 명나라 군사의 군량미도 당연히 조선에서 조달해야 했다. 그뿐인가, 20만 명에 가까운 조선 군사의 군량미 역시 부담해야 했으니 백성들의 기근에 관심을 갖기를 바라는 것 자체가 무리일 것이다. 게다가 전쟁으로 조선 경작지의 3분의 2 가까이 파괴되었으니 백성들 입장에서는 살아남는 것 자체가 기적이라고 할 정도였다.
위 서장은 류성룡이 백성의 기근을 보다 못해 임금에게 올린 대책이다. 그러나 나라 전체의 기근을 해결할 수 있는 수준에는 턱없이 모자란 것이 현실이었을 것이다.

계사년 6월

나는 병으로 누웠다가 6월 중순에야 가까스로 일어났다. 그 무렵 적은 해변에 주둔한 채 바다를 건너가려 하지 않았다. 장차 진주를 다시 공략하려 한다는 말을 들은 나는 병든 몸을 이끌고 남쪽으로 가 성주 안언역安彦驛에 닿았는데, 그곳에서 진주가 이미 함락되었다는 소식을 들었다.

그날 밤 나는 고령현에서 묵었는데, 그곳에서 30리 떨어진 초계에 적이 이미 들어와 있었다. 나는 장병들을 소집해 경상우도라도 지키고자 했다. 그러자 명나라 총병 유정과 유격 오유충이 각기 군사를 거느리고 와서 합천에서 합류했다. 나 역시 그들을 따라 합천에 이르렀는데, 며칠 후 부름을 받고 행재소로 부임하게 되었다. 그곳에 가는 길에 안동에 들러 어머님을 뵙고 죽령을 넘어 원주 신림원新林院에 이르렀다.

그때 다시 분부가 내려오기를, "우선 본도에 머무르면서 여러 장수들을 단속하라" 했기에 신림에서 다시 청풍에 이르러 한벽루寒碧樓에 올랐다. 그러자 일이 돌아가는 데 따른 감정과 느낌이 일어 이러한 감정이 글로 드러났다. 그 무렵 거가는 해주에 머물러 있었다.

지는 달은 어렴풋이 먼 마을로 넘어가는데

까마귀 흩어지고 가을 강만 푸르네

누각에 머무는 나그네 잠 이루지 못하는데

온 밤 내 서리 바람에 낙엽 소리만 들리네

두 해 동안 전장 속에 떠다니느라

온갖 계책 떠날 날 없어 머리에는 온통 흰 눈이네

오래 고였던 눈물 끝없이 흘러내리고

겨우 견디는 난간에 기댄 채 북쪽만 바라보네.

- 1593년 6월 청풍 한벽루에서

임진왜란 초기, 조선 땅을 파죽지세로 밀고 올라가던 왜군으로서도 경상도 남부를 장악하고 곡창지대인 호남으로 들어가는 관문 진주성을 반드시 공략해야만 했다. 그리하여 1592년 10월 5일부터 10일까지 6일간에 걸쳐 약 3만에 이르는 병력을 동원해 진주성 공략에 나섰으나 실패하고 만다. 진주대첩은 한산도대첩, 행주대첩과 더불어 임진왜란 3대첩 가운데 하나로 기억될 뿐 아니라 임진왜란 발발 이후 최초로 수성守城에 성공한 전투이기도 했다.

이 전투에서 패한 왜군은 이듬해인 1593년 다시 호남으로 향하는 관문을 확보하기 위해 치밀한 준비 끝에 6월 22일부터 29일까지 두 번째로 진주성 공략에 나선다. 그리고 이 전투는 조선군의 패배로 끝이 난다. 논개가 남강에 몸을 던진 것도 이때요, 류성룡의 오랜 지기인 김성일이 진주성에서 역병에 걸려 목숨을 잃은 것도 이 무렵이었다.

그런 시기에 충북 제천에 위치한 청풍 한벽루를 지나던 류성룡에게 회한이 없을 리 없다. 위 글은 그때의 느낌을 적은 글과 시다.

병사를 단련시키고 절강浙江 군사의 무기를 모방해 화포와 다양한 병기를 만들어 훗날에 대비하기를 거듭 바라는 서장 계사년 6월

신은 오래도록 중병에 시달려 정신마저 혼미해진 까닭에 밖에서 전해 오는 소식과 공문을 다 알지 못했습니다. 어제야 처음으로 남쪽 소식을 들으니, 적병은 부산과 동래 사이에 주둔한 채 바다를 건너 돌아갈 기약은커녕 포악만 점점 심하다고 합니다.

또한 명나라 제독 이여송 이하 모든 군사가 충주로 돌아간 후 왜적을 추격할 뜻이 없고, 참장 낙상지와 섭葉 유격 등 여러 장수는 이미 한양으로 돌아갔으며, 오늘은 유 원외員外도 돌아갔다고 합니다. 게다가 역관이 전하기를, 호택 등은 적의 세력을 떠벌려서 부산을 적에게 내주고, 다시 요동과 천진 등으로 물러가서 방어할 것이라고 합니다.

이것이 사실이라면 우리나라의 걱정거리는 말로 표현할 수 없습니다. 하루아침에 명군이 떠나가 버리면 적의 기세는 한층 교만해질 것이고, 그러면 영남 전체가 위험에 빠질 것은 물론 호남·호서까지도 차례로 병란을 당할 것입니다. 이야말로 나라의 위급이 존망지추存亡之秋에 처했으니 한심함을 이기지 못하겠습니다.

요즈음 낙 참장이 신이 아프다는 말을 듣고 매번 역관을 보내 문병하고, 또한 우리나라가 직면한 문제를 성심을 다해 누누이 말했습니다. 그가 말한 큰 줄거리는 "명나라 군사가 돌아간 후 적이 다시 침략한다면, 당신 나라를 어떻게 방어하겠는가. 남쪽 절강성 병사들이 돌아가기 전에 서둘러 훈련을 익히고 화포·낭선萇筅·장창, 칼 쓰는 법과 조총 등 병기 사용법을 낱낱이 익혀서 한 사람이 열을, 열 사람이 백을, 백 사람이 천 명을 가르친다면 수년 후에는 정병精兵[10]이 수만에 이를 터이니, 왜적이 다시 침입한다 해도 방어할 수 있을 것이오. 그러나 만일 그렇게 하지 않는다면 당신 나라의 일은 장차 어찌할 수 없을 것이오" 하는 것이었습니다. 그의 말이 매우 많았지만, 모두가 우리나라를 깊이 염려해서 후환에 대비하고자 하는 것이었으니, 신이 듣고 감읍感泣하지 않을 수 없었습니다.

헤아리건대, 오늘날 남쪽 지방의 형세가 매우 위급하니 물불 가운데 놓인 사람을 구하듯이 당연히 서둘러야 합니다. 국가는 만사를 제쳐 두고 온 힘을 다해 적을 방어해야 하니 낙 참장의 말에 따른다면 만에 하나라도 얻을 것이 있을 것입니다. 지난번에 교서정자校書正字[11] 이자해李自海가 개성부에 있을 때 조총 제조를 감독했는데 그 정교함이 왜적의 총과 다르지 않았습니다. 또 호준포虎蹲砲[12]도 만들었는데 그 또한 명나라 포와 흡사했습니다. 신이 동파에 머물 무렵 화포장 몇 명에게 불화살 100여 개를 만들게 했는데 이 또한 매우 쓸 만했습니다만 사정이 여의치 못해 더 만들지 못했

---

10 강하고 우수한 군사.

11 조선 시대 경서經書를 인쇄하거나 교정하는 일 따위를 맡아보던 교서관校書館에 속한 정9품 벼슬.

12 불씨를 손으로 점화해 발사하는 유통식有筒式 화기. 설치된 모양이 마치 호랑이가 쭈그리고 앉은 모습 같아서 호준포라는 이름이 붙었다.

습니다. 권율 또한 파주에서 절강성 출신 병사들의 기술을 배워 화륜포火輪砲를 만들었습니다. 이들 병기는 모두 전쟁을 위해 만들었으나 그 양이 부족해 별 소득이 없을까 안타깝습니다.

신이 생각하기로는, 이들 장인들을 자원이 온전히 보존된 나주, 남원, 전주, 순천 등 남쪽 병영과 수영水營에 나누어 파견해 장인들을 더 모으고, 이자해 같은 자에게 밤낮으로 감독하며 제조하도록 한 후, 여러 고을에서 담력 있고 용감한 이들과 공노비·사노비를 비롯해 사족士族·서얼을 가리지 않고 장정을 선발해 널리 가르치면 한 도道 안에서만 해도 총을 쏘는 자를 수천 명 구할 수 있을 것이니, 이렇게 되면 적을 충분히 막아 낼 수 있을 것입니다. 그 후 이를 다른 도로 차차 전파해 병기 만드는 장인과 총 쏘는 자 모두 후하게 상을 베풀고 가족을 우대하면 힘들고 고통스러워하는 폐단도 사라질 것입니다.

또한 우리나라는 병란을 당한 후로 총통·화약 등 무기라는 무기는 모조리 탕진되었으니 이를 한꺼번에 갖추기란 매우 어렵습니다. 이번에 명나라 군사가 오면서 개성부 여러 곳에 보관한 화약이 매우 많습니다. 그러니 경략 송응창에게 공문을 보내 이를 그대로 남겨 놓아 왜적을 막는 데 쓰게 하십시오. 그러고도 부족한 것은 급히 명나라에서 사들여 영남과 호남에 널리 배포한다면 충분히 사용할 수 있을 것입니다.

낙 참장이 또 말하기를, "당신 나라는 땅이 척박하고 백성은 가난해 의지할 데가 없다. 게다가 사용하는 것은 고작해야 쌀과 포목뿐이니, 가난을 어떻게 면하겠는가. 마땅히 산에서 은銀을 캐서 요동과 거래한다면 식량은 물론 온갖 물건이 유통되어 몇 년 안에 백성을 구제할 수 있다"라고 말했습니다. 이 말은 그 상황이 어찌 될지 모르겠으나, 국가의 미래와 백성의 생활에 관계되므로 감히 이렇게 진언드립니다.

명나라 군사들 또한 출신 지역에 따라 전투력에 상당한 차이가 있던 것으로 보인다. 《서애집》을 읽다 보면 남쪽 지역, 즉 지금의 중국 동남부에 위치한 절강(저장 성) 출신 병사들의 전투력이 가장 강했다는 내용이 자주 등장한다.

위 서장 또한 절강 출신 군사들이 보유한 무기를 확보함으로써 우리 병사들 또한 그와 같은 전투력을 갖춰야 명나라 병사들이 철수한 후에도 우리 힘으로 나라를 지킬 수 있을 것이라는 내용을 올린 것이다.

소금을 만들어 굶주린 백성을 구제하기를 청하는 서장 계사년 8월

신은 이번 걸음에 부르심을 받고서 죽령을 넘고 단양·제천·원주를 거쳐 청풍으로 돌아 충주에 도착했습니다. 앞으로 문경새재를 거쳐 경상도로 내려갈 예정입니다.

지나온 고을을 보면 한결같이 초토화되었고 오직 산과 계곡만이 옛 모습을 유지할 뿐 백성은 열에 여덟아홉은 죽었고, 밭과 들은 쑥밭이 되었습니다. 그중에서도 충주는 왜적이 오래 주둔했다가 후퇴한 데다 명군의 왕래가 끊이지 않아 피해가 다른 지방에 비해 더욱 심합니다. 힘겹게 살아남은 백성들 또한 얼마 가지 않아 목숨을 부지하지 못할 듯하니 애통함이 극에 달합니다. 그러나 도내 여러 고을에는 쌓여 있는 곡식이 하나도 없어 백성을 구할 방책이 전혀 없고 오직 소금 굽는 일만이 시행해 봄 직합니다.

신이 전에 한양에서 들으니, 군자부정軍資副正 윤선민尹先民이 소금과 관런된 일을 안다고 하기에 불러서 계책을 물었습니다.

그러자 윤선민이 말했습니다.

"황해도 풍천·옹진·장연 세 고을 경계에 서너 개의 섬이 있습니다. 섬에는 잡목이 울창하니, 땔감으로 베어 근처 염전 일하는 사람과 목자牧子[13]들을 불러 모아 소금을 굽게 하면, 하루 한 가마에서 닷 섬은 얻을 수 있습니다. 관청이 반을 차지하고 나머지 반을 소금 굽는 이들에게 준다면 관민官民이 다 구제될 것입니다. 재미를 붙인다면 달포 동안에 수만 섬의 소금을 얻을 수 있으니, 취해 시행할 만합니다.

그리고 해안가에 은밀히 감춰 둔 공사公私 소속 배를 모아서 소금으로 값을 치른 후 소금을 싣고 금년 농사가 꽤 잘된 호남·호서의 바닷가로 가서 형편에 따라 곡식과 바꾸되, 값을 조금 싸게 주어 백성들이 기꺼이 응하도록 합니다. 보리·밀·메밀·대두·소두 등 잡곡은 물론 백성이 보유하고 있는 것과 거래해 한강으로 가져와 한양의 백성을 구휼하고, 나머지는 개성의 각 관청에 나눠 줘 봄과 가을의 종자로 삼으면 그 이익이 매우 클 것입니다"

그의 말대로 실행해 보는 것이 좋겠습니다.

신이 이를 통해 생각해 보니, 옛말에 "흉년을 구제하는 데는 좋은 계책이 없다" 했는데 이는 곡식이 없기 때문에 계책이 없다는 말입니다. 소금은 곡식과 같아서 살아가는 데 하루라도 없어서는 안 됩니다. 예로부터 나라를 풍족하게 하고 백성을 구제하는 방책은 바닷물을 구워 소금 만드는 것을 우선으로 삼았으니, 잘 조치한다면 바다에서 끝없이 소금을 얻을 수

---

13 나라의 목장에서 마소를 먹이던 사람.

있을 것입니다.

지금 나라는 한 번도 겪어 보지 못한 변란을 만나 모든 물자가 고갈되어 어디서부터 손을 써야 할지 알 수 없을 정도입니다. 그런 상황에서 소금만 드는 일만은 급히 강구해 볼 만합니다.

오늘날 보건대 충주 등지에서는 기근이 매우 심하고 바다와 먼 지방에서는 소금이 금과 같이 귀합니다. 곤궁한 백성들이 초근목피를 캐기는 하나 간을 맞추지 못해 입에 넣지를 못하고 있습니다. 이러한 때에 충주에 1000여 석의 소금을 운반해 공급한다면 청풍, 단양, 제천, 영춘, 괴산, 음성 등의 백성들이 이를 이용해 살아날 자가 헤아릴 수 없을 것입니다.

다만 모든 일은 사람이 하기 마련이니 사람을 얻지 못하면 공문조차 폐단만을 더할 뿐, 한 치의 도움도 더하지 못할 것입니다. 윤선민이라는 자는 성품이 근실하고, 듣기에 의병장 우성전에게 군량을 지원하기도 했는데 효과가 있었다고 합니다. 따라서 그에게 시험 삼아 일을 맡긴 후 일이 되어 가는 모습을 보고 추진해도 무방할 것입니다. 경기도 서해 여러 섬과 남양南陽[14]의 대부大府, 성감成甘, 연흥連興[15], 인천의 자연紫燕, 삼목三木, 용린龍鱗[16] 등은 각기 따로 방편을 만들어 추진토록 하십시오.

그렇게 하지 않으면 한양 및 경기도 수백 리 안 지역과 충청도 여러 고을마저 가을까지 수확할 것이 없고, 겨울이 되면 대부분 고갈되어 봄이 오기 전에 많은 백성이 살아남을 수 없을 것이니 어찌 조치를 늦출 수 있겠

---

14 경기도 경기만 동남쪽에 있는 남양만을 가리킨다. 부근 수산업의 중심지로, 특히 굴 양식이 활발하며, 천일제염업도 활발하다.
15 모두 지금의 경기도 안산 대부도를 포함한 인근 섬들이다.
16 모두 지금 인천 영종도를 포함한 섬들이다.

습니까?

도체찰사에는 정1품의 최고위직 관리를 임명하는데, 한 지역의 군정軍政과 민정民政을 두루 담당하는 최고위직이자 임시직이라 할 수 있다. 류성룡은 임진왜란 기간 중 여러 지역의 도체찰사에 임명되었는데 나중에는 4도 도체찰사에 임명되었으니 위기에 빠진 조선 전체를 책임졌다고 해도 지나친 말이 아닐 것이다.

그러기에 류성룡이 임금에게 올린 글을 보면 병사兵事로부터 관리에 대한 평가, 인사人事, 명나라 군에 대한 세세한 문제 그리고 백성들의 삶에 관한 내용에 이르기까지 참으로 다양한 내용을 담고 있다.

위 글은 양식이 부족한 백성들을 구제하기 위해 소금 생산에 박차를 가하는 것이 좋겠다는 내용을 담고 있다.

역관을 보내 명군에게 군량을 내주는 일과 하삼도下三道[17] 노비의 공포貢布[18]로 명나라 병사의 의복을 마련하도록 청하는 서장 계사년 8월

신은 명나라 군사가 이 땅에 들어온 처음부터 오늘까지 지방에서 명나라 군사의 일을 담당했습니다. 그동안 소모되고 거듭된 폐단은 끝이 없으니, 아무리 세상의 힘을 다한다 해도 그 요구를 다 들어주기란 어려울 것입니다.

최근 남으로 내려온 후에는 요동·계주·선주·대원 등의 병사들이 길을 걸으면서도 싸우고 관리를 구타하며 하인을 결박해 술과 밥을 요구하니, 날이 갈수록 행패가 심합니다. 수령도 견딜 수 없어, 구차하지만 이 순간

---

17 삼남三南이라고도 한다. 충청, 전라, 경상 세 지방을 가리킨다.
18 공노비가 신역 대신에 매년 국가에 바치던 베.

이라도 면하기 위해 궁벽한 곳으로 피해 버리고 하인에게 맡깁니다. 말은 처음부터 서로 통하지 않고 곁에서 마음을 전할 통역관도 없으니, 그 한없는 행패를 어찌 금지하겠습니까. 심지어 역참마다 쇄마刷馬[19]까지도 빼앗아 간 후 백에 한 마리도 돌려보내지 않습니다. 아침저녁으로 이런 일이 끝없이 계속되니 민가에 소와 말이라고는 다 사라지는데, 그런데도 내놓으라고 졸라 대니, 백성들이 화를 당할 것은 당연합니다.

그러나 해결할 방책이 없고 다만 접대사를 통해 제독(이여송)에게 사실을 고해 예하 장수들에게 영을 내리도록 하면 만에 하나라도 나아질지 모르겠으나 쓸데없는 한탄만 하게 됩니다.

대개 군량을 방출하는 일에는 역관이 오가며 통역을 하는 것이 필수인데, 이곳에는 역관이 하나도 없으니 비록 할 말이 있어도 벙어리와 같습니다. 지난날 군량 방출을 담당한 역관 남윤함南允咸 등은 지금 어디에 있는지 모르겠으나, 마땅한 사람 한 명을 급히 보내 주소서.

또한 총병 유정이 거느린 5000여 군사는 대부분 강남 출신인데, 여름부터 입은 옷을 가을까지 입어 다 해어져서 벌거숭이 병졸이 많습니다. 가을이 눈앞에서 깊어 가는데, 만약 오래 머무른다면 이 홑옷으로 겨울을 어찌 넘기겠습니까. 그런데 우리나라 물자는 이미 바닥이 났으니 많은 군사들에게 의복을 해 주고자 하나 마음뿐 실천에 옮길 형편이 아닙니다.

그러나 명군은 우리나라를 위해 만 리 밖에서 왔으니, 할 일을 하지 않을 수도 없습니다.

신의 생각으로는 도내 각 관아와 호남과 호서의 신묘년치 노비의 신공

身貢[20]으로 받은 포목 남은 곳이 분명 있을 것입니다. 만약 100동만 내어주면 5000명에게 각각 한 필씩 지급할 수 있고, 200동이면 두 필씩 줄 수 있습니다. 비록 안에 솜을 넣어 줄 수는 없어도 지급하지 않는 것보다는 낫습니다.

그래서 신은 지난번 군관 안세희安世熙 편에 장계를 올릴 때 아울러 아뢰지 못하고, 다만 안세희를 시켜 비변사에 전했습니다. 수일 내에 가을 기운이 더욱 서늘해지니, 날씨가 갑자기 사나운데도 미처 조치하지 못할까 염려되어 감히 이렇게 아룁니다. 조정에서는 내려오는 호조 관원에게 급히 분부해 때맞춰 처리하셔서 명나라 병사들의 마음을 잃지 않게 하소서.

명나라 병사들이 조선을 구원하기 위해 파견된 사실을 모르는 사람은 없을 것이다. 그러나 자기 나라를 자기 힘으로 지키지 못해 남의 도움을 받아야 한다면, 그에 따른 대가를 치르는 것 또한 당연할 것이다. 위 내용을 보면 명나라 군사들의 행패로 인해 우리 백성들이 겪었을 고통이 생생하게 그려져 있다.

그런데도 명나라 군사에 대한 지원 업무를 담당한 류성룡은 한편으로는 명나라 군사의 행패를 비판하면서 다른 한편으로는 그들의 편의를 고려해야 하는 복잡한 심경을 피력하고 있다.

---

20 노비가 신역 대신에 삼베나 무명, 모시, 쌀, 돈 따위로 납부하던 세.

계사년 10월, 거가가 환도하니 불타고 남은 것들만이 성안에 가득하고, 거기에 더해 전염병과 기근으로 죽은 자들이 길에 겹쳐 있으며, 동대문 밖에 쌓인 시체는 성의 높이에 맞먹을 정도였다. 그 냄새가 너무 더러워 가까이 갈 수조차 없었다. 사람들은 서로 잡아먹어, 죽은 시신이 보이면 순식간에 가르고 베어 피와 살이 낭자했다.

상께서 용산창龍山倉에 거둥하시어 창고의 곡식을 풀어 동네 사람들에게 나눠 주었는데, 곡식은 적고 백성은 많아 고작해야 한 되 정도씩 받을 뿐이었다. 또한 어공미御供米[21]를 줄인 후 구휼하기 위해 동쪽과 서쪽에 진제장賑濟場[22]을 설치했으나 만분의 일도 구제하지 못했다.

지방은 더 심해서 곳곳에서 도적들이 일어났다. 양주에는 세력이 강한 이능수李能水라는 도적이 활보했고, 이천에는 현몽玄夢이 있었으며, 충청도에서는 역적의 난이 끊임없이 일어났다.

이때 도감都監(훈련도감)을 설치해 군사를 훈련시키라 명하시고, 나를 도제조로 삼으셨다. 나는 다음과 같이 청했다.

"당속미唐粟米[23] 1000석을 꺼내 양식으로 해 하루에 1인당 두 되씩 줘 군인을 모집하면 응모자가 사방에서 모여들 것입니다."

당상堂上 조경이 곡식이 적어 누구에게나 지급할 수 없다는 이유로 법을 만들었다. 큰 돌 하나를 정해 두고 응모자들에게 먼저 들도록 해 힘을 시험하고, 또 한 길에 이르는 흙 담장을 뛰어넘게 해 해내는 자는 합격시키

---

21 임금에게 바치는 쌀.
22 흉년이 들어 백성들이 굶주렸을 때 곡식을 내어 주거나 죽을 쑤어 주던 장소.
23 중국에서 들어온 쌀.

고 못 하는 자는 낙방시켰다. 사람들이 모두 굶주리고 피곤해서 기운이 없던 까닭에 열 가운데 한둘만이 합격했다. 어떤 사람은 도감 문밖에 있다가 시험을 보고자 했으나 결국 시험도 못 보고 쓰러져 굶어 죽기까지 했다.

얼마 가지 않아 수천 명을 모은 후 조총 쏘는 법과 창·칼 쓰는 기술을 가르쳐 초관과 파총을 세워서 그들을 거느리고 번을 나눠 보초를 서게 하고, 궁중에 행차의 거둥이 있을 때는 호위하도록 하자 민심이 차츰 믿게 되었다.

또한 강이 얼어 양주·이천 두 곳에서 도적의 형세가 장차 모여들까 우려가 컸는데, 때마침 황해도 승군僧軍 100여 명이 도감에 와서 훈련을 받고자 했다. 이에 주상께 아뢰어 변응성으로 경기 방어사를 삼아 군사를 거느리고 용진으로 나아가 주둔케 했다. 이로써 동쪽 길이 처음으로 통했고, 도적들도 차츰 사라지게 되었다.

곧이어 비변사에서 공고했다.

"도적 중 서로 잡아 고하는 자는 죄를 면해 주고 공을 의논해 상을 내리겠다."

양주 도적 떼가 그 소문을 듣고 이능수의 목을 벤 후 항복했고 현몽은 두려운 나머지 도망치고 말았다.

또 경기 감사 유근柳根에게 백성을 모아 진을 짓고 목책을 세워 도적을 방비하도록 명을 내리고 나그네들도 머물러 자고 갈 수 있게 했다.

그해 봄, 강원도와 호남, 호서의 곡식 종자를 옮기고, 황해·평안도의 소를 모아 나눠 주게 했는데, 유근이 힘을 다해 백성을 설득해 들여왔다. 갑오년(1594) 가을에는 곡식이 잘 익어 굶어 죽는 자를 찾기 힘들었다.

을미년(1595)에는 대풍이 들어 떠도는 백성 대부분 고향으로 돌아갔다.

그전에 내가 차자를 올려 청했다.

"군량을 조치하고 군사를 추가로 모집해 1만 명을 채운 후, 경성에 5영
五營을 설치한 뒤 영營마다 2000명씩 배치하되 해마다 반은 성안에서 훈련
토록 하고 반은 성 밖에 나아가 비어 있는 넓고 비옥한 땅을 가려 둔전을
만들고 돌아가면서 갈면, 수년 뒤에는 군사와 군량이 충분해져 나라의 근
본이 강고할 것입니다."

임금께서 그 의논을 병조에 내렸으나 즉시 시행하지 않아 효력을 보지
못했다. 아는 자들은 그것을 한으로 여겼다.

훈련도감은 임진왜란 중인 1593년에 류성룡의 건의에 따라 임시 군영으로 설치되었으
나, 후에는 상설 기구가 되었다. 류성룡은 명나라 군사를 지원하면서 그들의 훈련과 무기,
군사 체제 등을 눈여겨본 후 훈련도감 설치를 통해 명나라 수준의 병력을 양성할 수 있다
고 판단한 것으로 보인다. 훈련도감에 들어온 사람들의 신분 구성은 사대부에서 천민에
이르기까지 다양했으며 그 가운데는 임진왜란 와중에 생계를 유지하기 위해 들어온 경우
도 많았다. 훈련도감은 1881년(고종 18) 별기군別技軍이 창설되어 신식군대체제가 이뤄지
고 난 이듬해 폐지되었다.

계사년 겨울 사 천사의 일을 기록함 계사년 겨울

계사년 4월, 왜적이 한양을 버리고 남쪽으로 도망갔다.

그해 10월 어가가 해주에서 한양으로 돌아오니, 모든 건물은 거의 부서
지고 담벼락만이 남아 있었다.

11월경, 명나라 조정에서 행인사 행인 사헌을 파견했다.

이보다 앞서 명나라 조정에서는, 우리나라가 힘을 내지 못해 끝내 적의 손에 넘어갈까 우려해 논란이 매우 많았다. 급사중給事中 위학증魏學曾이라는 자는 주본奏本을 올려 우리나라 문제를 조치하면서 나라를 분할하거나 임금을 바꾸자는 주장까지 하고 나섰다. 이 주장이 병부로 내려가자, 병부상서 석성이 불가하다고 반대했다. 이에 사헌을 우리나라에 파견해 칙서를 받들고 교시토록 하는 동시에 우리나라의 돌아가는 사정을 시찰하게 한 것이다.

이때 경략 송응창이 요동에 있었는데 해평군 윤근수가 사후배신伺候陪臣[24]으로 경략 문하에 머무르고 있었다. 하루는 송응창이 급사중 위학증의 제본題本[25]을 꺼내 윤근수에게 보이면서 말했다.

"조정의 의론이 이와 같은데 너희 나라에서는 앞으로 어떻게 스스로를 도모할 것인가. 이 일은 내가 힘을 다해 보류했다. 그러니 그대는 돌아가서 왕에게 보고해 좋은 계책을 세우도록 하라."

윤근수가 요동에서 돌아와 먼저 그 일을 장계로 올리고, 또 경략 송응창이 우리나라 대신들에게 보내는 차부를 가지고 왔다.

그날 임금께서 나를 인견引見하신 후 위학증의 주본을 내보이고 말씀하셨다.

"내 오래전부터 일이 이렇게 될 줄 알았기에 자리에서 물러나고자 했는데, 이제 과연 그렇게 되었다."

내가 주본을 보니 우리나라를 추잡하게 비방했는데, 대강의 내용은 조

---

24 천자의 군대를 지원하기 위해 파견된 신하라는 뜻.
25 중국 명, 청 시대에 모든 공사公事에 관해서 황제에게 올리는 문서. 사적私的인 일에 관한 것은 주본奏本이라고 한다.

선이 왜군을 막지 못하고 중국의 걱정거리가 되었으니 당연히 그 나라를 두세 개로 쪼개 왜적을 막아 낼 수 있는 사람에게 맡기어 그에게 조치하도록 하고, 중국의 번폐국藩蔽國으로 삼자는 것이었다. 내가 다 본 후 아뢰었다.

"이는 이치에 닿지 않는 망언입니다. 명나라 조정에서 어찌 이런 말에 동요하겠습니까. 너무 걱정하지 마십시오. 오직 우리는 마땅히 해야 할 일에 최선을 다해 명나라의 우려를 해소하는 것이 좋겠습니다."

얼마 후 천사天使[26] 사헌이 도착하자, 내가 대신으로서 전례에 따라 벽제역으로 나가 영접했는데 도승지 심희수沈喜壽와 함께 갔다. 이때 역사驛舍는 다 타고 몇 칸만 남아 있었다. 천사가 나를 맞아들여 함께 자리한 후 술을 내어 대접했다. 인사말 몇 마디를 나눈 후 천사가 말했다.

"내가 한양에 들어가면 곧 새로운 조치가 있을 것이다."

그 내용에 대해 의문이 있었으나 감히 캐묻지 못하고 술 몇 잔을 마신 후 인사를 하고 나와, 밤새껏 말을 달려 사경四更(새벽 1~3시)에 서성문西城門 밖에 도착했다. 길가에서 잠시 눈을 붙이곤 성문이 열리자마자 곧 대궐에 들어가 천사 사헌이 한 말을 낱낱이 아뢰었다.

이날 정오, 천사가 교외 서쪽에 도착했다. 상께서 친히 모화관 앞에 나가 영접하시고, 앞에서 길을 인도해 남별궁에 도착하신 후 칙서를 펴 보시었다. 칙서의 내용은, 한결같이 경계하고 자강自强에 매진하라는 말인데, 그 뜻이 매우 준엄했다. 간단히 살펴보면 다음과 같다.

"우리 조정에서 속국을 대우하는 은혜와 의리는 이로써 그치니, 이제

---

26 제후국에서 천자天子의 사자를 이르던 말.

왕은 환도해서 잘 다스리라. 만일 다른 변란이 있다 하더라도 짐은 그대를 위해 일을 도모할 수 없다."

칙서의 선언이 마무리된 다음 사 천사와 임금께서 회견하셨다.

밤이 되자 임금께서는 궁으로 돌아오시고 바로 나를 부르시어 들어가 뵈었더니 이렇게 유시諭示하셨다.

"내가 경을 보는 것도 오늘뿐이니, 비록 밤이 깊으나 경을 만나 작별하고 싶었기 때문에 불렀을 뿐이오."

그러곤 또 탄식하며 말씀하셨다.

"경의 재능과 학식은 옛사람과 비교해 보아도 부끄러울 것이 없는데, 다만 나 같은 사람을 섬겼기 때문에 맡은 바를 이룰 수 없었소."

내가 황송하고 송구스러워 대답했다.

"변변치 못한 신이 맡은 바 사명에 무지하고 잘 못해 국사를 이 지경에 이르게 했으니, 이는 모두 신의 죄입니다."

임금께서 다시 말씀하셨다.

"그렇지 않소. 옛사람으로 자사子思²⁷ 같은 분은 위衛나라에 계셨지만 위나라가 약함을 면하지 못했고, 제갈공명 또한 한漢나라 왕실을 회복시키지 못했는데, 어떻게 한 번의 성패成敗로 사람을 논할 수 있겠는가."

그런 후 권장하고 타이르는 말씀을 여러 번 하시고 나서 내시에게 술을 내오라 하셨다. 내관이 향온香醞²⁸ 술 한 사발을 가져오니, 나에게 내리시

---

27 기원전 483~402. 중국 노나라의 유학자. 공자의 손자로, 천인합일天人合一의 철학을 제창했고,《중용》을 지었다.

28 멥쌀과 찹쌀을 쪄서 식힌 것에 보리와 녹두를 섞어 만든 누룩을 넣어 담근 술. 알코올 도수가 40도에 이르는 독주毒酒이며 해독 작용이 뛰어나고 향기가 매우 좋다. 내국법온內局法醞이라고도 한다.

며 마시라 하시고 말씀하셨다.

"이 술로 서로 이별하자. 내일 나는 천사 앞에서 왕위를 내놓겠소."

이에 내가 아뢰었다.

"명나라 조정은 우리나라가 부진함을 염려했고, 칙서는 모두 권면하고 장려하는 뜻이지 어찌 다른 뜻이 있겠습니까. 바라옵건대 동요하지 마시옵소서. 내일 일은 결코 그와 같이 해서는 아니 되오니, 짐작하시어 처리하시길 신은 감히 죽음으로써 청합니다."

임금께서는 묵묵히 아무 대답도 없으셨다. 나는 밤이 깊어서야 나왔다.

이튿날 임금께서 남별궁에 행차하시어 문안 서쪽 작은 방에서 나를 부르시더니 밖의 일을 물으셨다. 나는 어젯밤 말씀드린 것을 상기하며 임금께서 유의하시도록 아뢰었다. 임금께서는 아무런 대답도 하지 않으시고 다른 말씀만 하셨다.

잠시 후 천사가 나와 앉았다. 임금께서 들어가 연회가 중간에 이르렀을 때 소매 속에서 서첩을 꺼내 천사에게 건네주었다. 서첩에는, 신병身病으로 나라를 다스릴 수 없어 청컨대 세자에게 양위하고자 하니, 천사께서 이를 아뢰어 뜻을 이룰 수 있도록 해 달라는 내용으로, 임금께서 직접 쓰신 것이었다. 사 천사가 곧 홍첩紅帖[29]에 직접 글을 써서 대답했다.

그 대요는 다음과 같다.

"불녕不佞한 제가 사신으로서 이곳에 와서 국왕과 서로 만나 보니, 지금 나라를 되찾은 것은 비록 명나라 군사의 힘이라고 하지만, 역시 왕의 복이

---

29 성명이나 직위 등을 적은 붉은 빛깔의 대쪽이나 종이쪽지.

융성하고 아직 다하지 않았기 때문이오."

그리고 또 말했다.

"당나라 숙종肅宗의 고사[30]를 본받아 양위를 하고자 하시니 황제께 아뢰어 처리를 기다릴 뿐입니다. 저는 일개 행인일 뿐이니, 무슨 힘이 되겠습니까. 잘 모르지만, 왕께서 반드시 자리를 사퇴하시려고 하시는 것은 무엇 때문입니까. 그 까닭을 듣고 싶습니다."

임금께서 즉시 붓을 들어 대답하셨다.

"다른 뜻은 없고 다만 질병으로 국사를 감당할 수 없어 그럴 뿐입니다."

사 천사가 보더니 알겠다고 했다.

이때 명나라 장수는 이미 서쪽으로 돌아갔고 한양에는 유격장 척금만이 남아 있었다. 척금은 중국의 명장 척계광의 조카인데, 성질이 매우 기민하고 까다로웠다. 사 천사를 중도에 가서 맞이해 함께 한양으로 돌아와서 밤낮으로 사 천사의 처소에 있으면서 그와 논의했다.

이날 저녁, 유격장이 사람을 보내 나를 보자고 해 그의 숙소에서 만났다. 좌우에 있는 사람과 통역관마저 물리치고 중간에는 탁자 하나를 놓았는데 탁자 위에는 초 두 자루와 종이·붓·벼루가 놓여 있었다. 탁자 북쪽에 의자를 놓고 나를 앉으라고 하더니 종이에 친히 10여 조항을 썼다. 그 셋째 조항에는 "국왕은 양위를 빨리하라" 하는 내용이 있고, 다른 조항은 군무 처리에 대한 내용이었다. 다 마치고는 내게 보라고 했다. 나는 나도 모르는 사이에 일어나서 정색을 하고 곧 붓을 들어 다른 말은 하지 않고 다만 다음과 같이 썼다.

---

30 당나라 숙종이 만년에 병으로 국사를 보지 못하게 되자 태자에게 정사를 맡긴 일.

"제3조는 배신陪臣[31]으로서 참으로 들을 수 없는 내용입니다. 대인이 많은 글을 읽으셨을 터인데, 어찌하여 천하 고금의 일을 듣지 못했습니까. 우리나라가 지금 위기에 빠져 있는데, 만일 또다시 군신과 부자 사이에 있어서 일이 잘못 되면 이는 그 화를 더하는 일입니다."

이어 팔짱을 낀 채 서 있으니까, 척금이 눈을 부릅뜨고 한참 똑바로 쳐다보더니 곧 붓을 잡고 그 아래에, "맞다, 맞다"라고 쓰고는 종이를 촛불에 태워 버리고 하인을 불렀다. 다시 아무 말이 없기에 나도 인사를 하고 나왔다. 이때가 벌써 밤 이경二更(밤9~11시)이었다.

내가 대궐에 들어가 이 일을 말씀드리려고 했는데, 임금께서는 양위하는 일로 여러 번 조정에 교시를 내리신 상태였다. 조신들이 온 힘을 다해 그 불가함을 간언했으나 뜻을 꺾지 못한 상태였다. 내 판단에 임금께서 이 일을 들으면 그 뜻이 더욱 공고해져 일이 더욱 난처해질 것 같았다. 그래서 재상 최흥원의 집으로 찾아가 이 사실을 말했다.

이튿날 내가 백관을 인솔하고 천사에게 글을 올려, 우리나라가 사변을 당한 것은 왜적이 명나라를 침범하려는 모의에 따르지 않았다는 까닭이지만 후회하지 않는다는 말과 아울러, 임금께서 즉위한 후 오늘날까지 지성으로 명나라를 섬기며 염려하고 근면하며 힘쓴 사실을 길고 긴 말로 나열했다. 천사는 그 말을 받아들였다.

이날 밤 척금이 또 나를 불러 말했다.

"천사가 생각을 많이 돌렸으니, 국왕은 염려하지 마시고 오직 국사에 진력하시라. 내가 오래 여기 머물러 있다 보니 이제 국왕과도 친숙해졌고,

---

31 제후의 신하가 천자를 상대할 때 자기를 낮춰 이르는 말.

또 나와 왕은 임자생王子生 동갑이니, 천사의 처소에서 힘써 주선했다."

손을 잡고 감사하다는 인사를 하며 말했다.

"바라건대 노야老爺³²께서는 이 뜻을 변치 마시어 우리나라의 실정實情을 명나라 조정에 잘 전달해 주신다면 이 나라 사람 모두가 노야께서 베푸신 깊은 은혜를 받을 것입니다."

척금이 이 모든 것을 승낙했는데, 나는 그 일 또한 감히 아뢰지 못했다.

며칠 후 사 천사와 유격 척금·유격 심유경과 함께 남산에 올라 도성 안을 바라보고 있는데, 통역관에게 들으니 사헌이 양위에 대해 언급하자 심유경이 이렇게 말했다.

"이 위급한 상황에 국가에는 마땅히 나이 든 임금이 있어야 구제해 나갈 수 있으니, 양위는 마땅한 일이 아닌가 합니다."

이어서 사헌이 말했다.

"국왕이 장자를 두고 어린 아들을 세우려고 하니 이는 둘째의 어미가 사랑스러워서 그런 것 아닌가."

이에 심유경이 말했다.

"그렇지 않습니다. 장자 임해군과 광해군은 한 어머니에게서 난 형제로 그들의 어머니는 이미 세상을 떠났습니다. 광해군을 세우려고 하는 것은 이 나라 사람들의 뜻일 것입니다. 임진년 사변 때에 한양 사람들이 여러 왕자의 궁은 다 태웠어도 광해의 궁만은 태우지 않았으니, 이로써 인심이 어디로 돌아가는지 알 수 있습니다."

사헌이 고개를 끄덕이며 "그렇겠다"라고 했다.

---

32 상대방을 높여 이르는 말.

이로부터 임금께서 날마다 사헌과 서로 접대하는데, 사헌이 더욱 공손하고 조심스럽게 예우했다. 하루는 사헌이 대신과 병권을 주관하는 재상들을 부르기에 나는 경림군 김명원·해평군 윤근수·병조판서 이항복과 함께 갔다. 사헌이 역시 탁자를 놓고 나만 불러서 탁자 동쪽에 앉으라더니 좌우에 있는 여러 사람을 물리치고는 요동 두목頭目 한 사람만 남겨 놓았다. 두목에게 "글자를 아는가 모르는가?" 묻자, 두목이 "모른다"라고 하니 그 자리에 남게 했다. 그런 다음 글 쓴 것을 내게 보이면서 말했다.

"우리 명나라의 장군과 관리가 이 나라에 피해를 끼친다고 들었는데, 사실입니까? 누가 그러한지 바른대로 말해 주시오."

"우리나라는 천조가 구제하고자 한 힘으로 오늘의 성과를 얻었습니다. 모든 장수는 각기 약속을 준수하고 군사들은 행동을 자제하니 어찌 피해가 있겠습니까?"

"내가 들으니 조선 사람들이 말하기를, 왜적은 얼레빗(梳子) 같고 명나라 군사는 참빗(篦子) 같다고 말한다는데 사실입니까?"[33]

내가 대답했다.

"옛 사람이 말하길, 군사가 주둔하는 곳에는 가시덤불이 난다고 했으니 작은 피해야 어찌 없을 수 있겠습니까. 그러나 참빗이라는 말은 천만부당千萬不當한 일이니 필시 중간에서 말하기 좋아하는 사람들이 만든 것입니다. 바라건대 노야께서는 이런 헛된 말을 결코 믿지 마십시오."

그 후에도 몇 마디를 더한 후 끝냈다.

사 천사가 체류한 지 7일 만에 돌아가는데, 우리나라에 재차 신칙하는

---

33 얼레빗은 살이 굵고 성긴 나무빗인 반면 참빗은 가늘고 촘촘한 빗이다. 따라서 명나라 군사를 참빗에 비유한 것은 얼레빗에 비유한 왜적에 비해 훨씬 그 폐해가 심하다는 뜻이다.

자문을 넘겨주고 따로 차부箚付를 내게 주면서 나라를 다시 일으키라는 따위의 말을 했으나 여러 말이 두서가 없었다. 내가 또 벽제까지 전송하고 돌아왔다. 이때 나 혼자 대신의 자리에 있으면서 마음과 힘을 다해 다행히 무사했다. 천사 사헌이 나에게 부탁한 것은 장수와 관리 들이 뜬소문을 망녕되이 전한 것에 지나지 않으니, 아마 실언이리라.

임진왜란은 조선뿐 아니라 명나라에도 커다란 부담이었다. 그 무렵 명나라는 훗날 후금後金을 거쳐 청나라로 성장하는 여진족, 그 가운데서도 특히 세력이 일취월장하던 건주여진의 위협을 겪고 있었다. 이런 상황에서 조선에 10만 명이 넘는 군사를 파견하는 일은 큰 부담이었고, 결국 이는 임진왜란이 끝난 후 후금의 공격을 받아 속절없이 무너져 내리는 계기가 되고 말았다.

그런 까닭에 명나라는 기회만 있으면 일본과 강화를 맺고 조선에서 철수하려 했다. 이러한 명나라의 움직임은 조선 조정으로서는 참으로 답답한 일이었음이 분명하다. 그러나 조선 조정으로서는 어떻게 해서든 명나라를 구슬려 왜군을 소탕할 때까지 머무르도록 하는 방법 외에 별다른 수가 없었다. 한편 명나라로서도 틈만 나면 철수하고자 했으나 조선의 사정이 여의치 않아 이러지도 저러지도 못하는 상황이었다.

위 내용을 보면 명나라 관리들 가운데 조선 문제로 골머리를 썩은 이들이 적지 않음을 알 수 있다. 오죽하면 조선을 몇 나라로 나눠 번국藩國, 즉 제후국으로 만든 후 분할 통치하도록 하자는 의견을 내기에 이르겠는가.

다른 한편으로는 선조를 왕위에서 물러나게 하자는 의견도 분분했던 것으로 보인다. 이러한 소식이 선조의 귀에까지 들어갔으니 이 무렵부터 선조는 끊임없이 퇴위하겠다는 뜻을 표한다. 이 무렵 《조선왕조실록》을 보면, 거의 매일 선조는 퇴위를 표하고 신하들은 만류했다는 내용이 기록되어 있을 정도니 선조 또한 참으로 고통스러운 하루하루를 보냈음을 알 수 있다. 그런 왕을 곁에서 보필해야 했던 류성룡을 포함한 고위 관리 또한 괴로웠을 것은 두말할 필요가 없다.

갑오년

1594
선조 27

군병軍兵의 훈련을 청하는 계 갑오년 봄

지금 가장 중요하고 화급한 일은 군사를 훈련시키는 일 하나입니다. 만약 그렇지 못하면 비록 백만의 장정이 있다 해도 양을 몰고 가 호랑이를 공격하는 것과 같으니, 막지 못할 것이 분명합니다.

최근 훈련도감을 별도로 설치해 화포 다루는 법을 훈련시키고 있습니다. 당초에 의논하던 사람들은, 그 책략이 거칠고 어설퍼서 성공하기 어렵다고 했지만, 수개월 후에는 꽤 효과가 있어서 그 가운데 뛰어난 자는 절강의 우수한 병사에 버금갑니다. 이를 통해 훈련이야말로 불가결한 것임을 알게 되었습니다.

오늘날 재물을 낼 길이 이미 막혔고 양식을 댈 계책 또한 없으니, 마땅히 따로 방편을 마련해 군량을 조치한 후에야 병사를 모을 수 있을 것입니다.

충청도 사찰은 모두 40여 곳입니다. 그 위전位田[34]은 다 비어서 쓸모없는 땅인데, 간혹 간사한 백성이 독점해 가을철 수확물이 모두 개인에게 돌아가니 극히 안타깝습니다. 다른 도의 위전은 우선 그대로 두더라도 충청도 사찰의 위전은 수년 동안 기한을 정해, 군사훈련 동안에는 훈련도감에 소속시킨 후 백성에게 나눠 주어 경작시키도록 하십시오. 그리고 가을에 추수가 끝나면 따로 낭청郎廳을 파견해 거짓이나 재해로 인한 손실을 계산한 후 거둬들여서 군량을 마련하소서.

또한 지방의 감사와 병사는 수영과 각 관청에서 인원의 많고 적음에 따라 적당한 인원을 소집한 후 포수가 되기를 원하는 사람은 포 쏘는 일을 가르치는데, 훈련도감에서 권장하는 규율에 따르게 하십시오. 그 가운데 뛰어난 자는 우등으로 분류하여 금군으로 삼거나 면천免賤해 부역을 면함으로써 병사로서 선발하면 좋을 것입니다.

감사·수령·병사·수사가 온 힘을 다해 훈련시킨 끝에 큰 성과를 거둔 사람은 조정이 별도로 포상합니다. 반대로 태만해 제대로 임무를 행하지 않거나 뛰어난 자를 양성하지 못한 경우에는 꾸짖고 벌을 주소서. 이렇게 하면 사방에서 전해 듣고 가까운 시일 안에 포수가 무리를 이룰 것입니다.

성을 지키고 험준한 곳을 지키며 진지를 공격하고 공고한 곳을 파괴하기 위해서는 당연히 대포를 사용하지만, 맞붙어 싸울 때는 조총이 가장 유리합니다. 우리나라가 이전에 보유한 승자총통은 《기효신서》에 나오는 쾌창快槍(연발총)의 일종입니다. 그 책에는 "작은 것을 정확히 명중시키는 기술은 조총이 활을 다섯 배나 능가하고 쾌창에 비해서는 열 배에 이르는데, 화북 사람은 훈련을 견디지 못하는 성질을 가지고 늘 쾌창이 조총보다 낫

34　제사 등의 목적에 사용하기 위해 장만한 농토.

다고 하니 이 말이 강남에 퍼질까 걱정된다……"라고 쓰여 있습니다. 오늘날 이른바 승자총통은 다만 엉뚱한 곳에 쏴서 군사의 함성만 도와줄 뿐 명중시키지 못하는데도 우리나라 사람들은 오히려 승자총통만 고집하며 조총을 이긴다고 말하면서 훈련에 힘쓰지 않으니, 그 또한 화북 사람의 성질과 같은 무리라 할 것입니다.

다만 조총이란 무기는 극히 정교해 만들기가 어렵습니다. 그래서《기효신서》에도 "한 달 동안 구멍을 뚫어야 뛰어난 물건이 된다. 이러한 조총 한 자루는 한 사람이 한 달 동안 힘을 기울여야 사용할 만하니, 만들기 어려워서 이처럼 귀한 것이다"라고 했습니다.

최근 훈련도감에서 사용하는 조총은 다 왜인의 물건을 주워 모은 것으로 그 수가 많지 않은 데다 가끔 깨지고 낡아서 쓸수록 날마다 줄어드니, 비록 사방에 있는 사람을 가르치고자 하나 어찌 효과를 거두겠습니까. 근래에 훈련도감에 기술자 한 사람이 개성부에서 와서 조총을 정밀하게 만들 수 있지만, 그 일에 힘쓸 계기가 없고 석탄과 철물이 모두 구비되지 않았기 때문에 새로 만들 수도 없습니다. 그래서 포수 500여 명이 가진 것은 태반이 포신이 셋인 승자총통뿐입니다. 지난번 포수 스무 명이 이미 김덕령金德齡[35]의 진중에 내려갈 때 각자 조총을 가지고 갔으며, 지금 수십 명을 더 보내려 하기 때문에 훈련도감에 남아 있는 조총이 갈수록 줄어드니 향후 무엇으로 연습하겠습니까.

한양에서 솜씨가 뛰어난 철장鐵匠(대장장이) 대여섯 명을 뽑아 도감에 와

---

35 1567~1596. 조선 중기 의병장. 임진왜란 때 의병을 일으켜 왜병을 크게 무찔러 호익장군虎翼將軍이란 호를 받았고, 의병장 곽재우와 함께 여러 차례 왜병을 격파했다. 선조 29년(1596)에 무고로 고문을 받고 옥사했다.

서 익히게 하고, 기술이 완성된 후에 황해도와 충청도 바닷가의 각 관아 중에서 석탄과 쇠가 여유 있는 곳에 나눠 파견하소서. 이렇게 모두 모여서 두들겨 만들기를 정교하고 부지런히 시키고, 조총을 제대로 이해하는 사람을 수령으로 삼아 그 일을 전적으로 맡겨 책임지고 성과를 거두도록 하소서. 그러면 조총을 사용할 수 있는 방도가 날로 커져 익히지 못할 사람이 없을 것입니다.

'날아가는 새를 잡는 총'이라는 뜻을 가진 조총이 일본에 전래된 것은 1500년대 초중반 일본을 방문한 포르투갈 선원이 소유한 것을 구입한 때로 알려져 있다. 그때부터 조총의 성능 개발에 나선 일본은 1500년대 후반에 들어서는 총의 본산인 유럽을 앞섰다는 말이 있을 정도였다.

그런 상황에서 조총을 앞세우고 침략한 왜군을 조선군이 육지 전투에서 막아내기란 불가능했을 것이다. 그런 까닭에 조선 조정에서도 조총을 제조하기 위해 애를 썼으나 쉽게 될 리 없었다.

위 글을 보면 1594년 봄, 그러니까 임진왜란이 발발한 지 거의 2년이 다 된 시점에도 조총을 만드는 기술은 완성되지 못했음을 알 수 있다.

효릉 가는 도중에 느낌 갑오년 7월

계사년(1593) 10월, 거가가 도성으로 돌아오고 나는 다시 정승에 복직되었다.

갑오년(1594) 7월에 명을 받들고 효릉에 배알하러 가는데, 서문西門을 나와서 한강을 바라보니 난리 뒤인 까닭에 사방 교외가 텅 비어 눈 닿는 끝까지 사람 그림자 하나 없었다.

지는 해 가을바람 강 마름에 스치니

강 머리 나그네 눈물에 수건이 젖네

구름 덮인 산은 끝없이 나라를 두르고

들 숲은 하늘에 닿아 사람을 볼 수 없네

하늘이 두 한양 열어 한漢나라를 돕는데

초나라 남은 세 집 진나라를 무너뜨릴 수 있네[36]

서생의 흰 머리 참으로 쓸 곳 없지만

상자 속 용천검 신통할 때 있으리

선조는 경복궁을 나간 후 1년 반이 지난 1593년 10월에야 환도한다. 그러나 그로부터 1년 가까이 지난 무렵에도 한양은 파괴된 상태에서 크게 벗어나지 못한 듯하다.

위 시를 보면 류성룡이 왕의 명에 따라 조선 12대 왕인 인종仁宗과 정비正妃 인성왕후의 능인 효릉孝陵을 배알하러 가는 길에 눈에 들어온 한양과 그 주변의 황폐한 모습이 잘 그려져 있다. 효릉은 오늘날 경기도 고양시 덕양구 서삼릉에 있다.

36　'초나라가 비록 세 집밖에 남지 않는다 해도 진나라를 멸망에 이르게 할 나라는 반드시 초나라다'라는《사기》에 나오는 문장으로부터 인용된 내용. 초나라는 조선, 진나라는 일본을 뜻한다.

유영순과 윤승길을 추고해 치죄하기를 청한 계

신은 이미 4도 체찰의 책임을 받아, 각 도 감사로부터 그 휘하까지 모든 관리가 자행한 불법과 조치의 부당함 등에 대해 들은 대로 아뢰어 잘못을 바로잡아 무너진 기강을 바르게 하겠습니다.

대개 감사監司는 수령의 벼리입니다. 조정은 감사에게 책임을 묻고, 감사는 수령에게 책임을 묻는 것은 체제상 당연합니다. 최근 황해 감사 유영순柳永詢을 직접 찾아갔는데, 그는 스스로 절약하고 공무를 받들어야 하는 수령의 표상이 되지 못했습니다. 얼마 전 그의 친족 가운데 등과登科한 자가 있어 자기 집에서 큰 잔치를 베풀었는데, 그에 소요되는 물건을 여러 고을에 분담시켜 백성들에게 많은 폐를 끼쳤다고 합니다. 오늘과 같은 어지러운 때에 털끝만큼도 백성을 괴롭히면 안 되는 것이 당연한 일인데, 사적인 일로 백성들에게 폐를 끼치다니 참으로 경악할 일입니다.

또한 자신의 가속家屬을 공공연히 도내에 머무르게 하니 마치 조정에 법이 있다는 것을 들어 보지도 못한 자와 같습니다. 민정을 살피고 법과 기강을 세워야 할 주인이 스스로 근신하지 않으니, 어떻게 도내의 모범이 되어 다스릴 수 있겠습니까. 유영순을 우선 추고해 치죄하소서.

평안도 각 읍의 군사는 전前 감사 이원익이 있을 때 이미 훈련을 통해 부서를 나누어서 정한 바 있으니 이를 바꾸는 것은 불가합니다. 그런데 이원익이 교체된 후부터 수령이 제 마음대로 줄이고 바꾼 것이 반을 넘습니다. 전해 들으니, 능력이 뛰어난 포수·살수 들이 뇌물을 바쳐 군역을 면제받고자 하지 않은 자가 없다고 합니다. 신은 계속 공문을 보내 군적을 올려 보내라고 했습니다마는 이제껏 도착하지 않았습니다. 이는 감사가 거느리고 있는 본영本營의 군사가 그러한 것이 아닙니다. 그러나 수령을 단속하는 것 또한 감사의 소임인데, 감사 윤승길尹承吉이 명령을 행하지 않고 약속한 것을 지키지 않아 일어난 일입니다. 그러니 그 책임을 면할 길이 없습니다.

신은 윤승길이 예전부터 최선을 다해 자신의 일을 하고 태만하지 않은 자임을 잘 알고 있습니다. 그러나 일에 따라서는 경고를 보여 다른 관료들을 다스리지 않을 수 없으니, 윤승길도 아울러 추고하소서.

탐관오리는 예나 지금이나 존재하기 마련이다. 임진왜란으로 무수히 많은 백성이 죽은 자의 살을 잘라 먹는 참상 속에서도 탐관오리의 탐욕은 사라지지 않았다.

위 계사에서 류성룡은 황해 감사 유영순의 죄상을 낱낱이 보고하고 있다. 감사는 각 도의 으뜸가는 벼슬로, 그 지방의 경찰권, 사법권, 징세권 따위의 행정에서 절대적인 권한을 가진다. 그런 자리에 있는 자가 사리私利를 위해 권한을 행사하기 시작하면 그 도에 거주하는 백성들의 삶이 어떠할지는 불문가지不問可知다.

정유년의 일을 기록함 정유년 9월

정유년에 적이 다시 준동해 호남과 호서 지방이 무너지고, 9월에는 한
양 주변까지 밀고 들어왔다. 임금의 명을 받은 나는 한강 방면으로 나가
순찰하며 경기 우방어사 유렴柳濂에게 안성·죽산·양성陽城·용인·양지
·진위振威 등의 군사를 이끌고 양성의 무한산성無限山城을 지키도록 했다.
또 별장 조발趙撥에게는 수원·남양·김포·양천·통진·부평 등의 군사를
이끌고 독성산성을 지키도록 했으며, 좌방어사 변응성에게는 여주·이천
·양근 등의 군사로 파사성婆娑城[37]을 지키도록 했다. 또 한강 연안 일대를
왕래하면서 얕은 여울의 경비를 각각 책임지도록 하고, 군령장軍令狀을
주어서 작은 과실이라도 있으면 마땅히 군법으로 다스리도록 단단히 타
일렀다.

안성 군수 유몽경柳夢經을 파사성에 불러 돌아가 무한산성을 지키도록

---

37 경기도 양평군 개군면과 여주시 대신면 천서리에 걸쳐 있는, 삼국시대 때 만든 성곽.

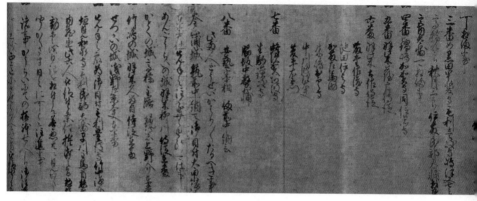

도요토미 히데요시가 내린 정유재란 개전명령서
일본 오사카 성 천수각 소장

명하고, 그가 계단 위에서 하직할 때 "가면 오직 성을 지키되 한 걸음이라
도 성 밖으로 나가는 자는 참수하라"라고 했다. 그러나 몽경은 "감당하지
못하겠습니다" 하고는 갔다.

　이미 적이 직산까지 올라와 들판 이곳저곳에 흩어져 사방에서 불꽃이
일고 포성이 여기저기서 들렸다. 유렴이 성 위로 올라가 이 광경을 바라보
고는 두려운 나머지 백마白馬의 털에 먹을 칠한 후 타고 나갔다. 병사들은
유렴에게 도망할 뜻이 있음을 눈치 채고 모두 마음이 동요하기 시작했다.
마침 파총 진秦 모라는 자가 유렴에게 "집에 늙으신 어미가 있는데 잠시
가서 어미를 피란시키고 곧 돌아오겠다"라고 하니 유렴이 허락했다. 진은
나가자마자 이내 도망쳤다.

　이때 도원수 권율이 경상도로부터 돌아와 죽산에 당도해 격문으로 유
렴을 불렀다. 유렴은 처음에는 성을 지킨다는 핑계로 가지 않다가, 권율이
노해서 다시 부르자 가고자 했다. 그러자 양지 현령 신보申葆가 말했다.

"공은 이미 성을 지키라는 이 도 체찰사의 명령을 받았는데, 지금 마음 대로 성을 떠나면 후에 반드시 후회할 것입니다."

그러나 유렴이 듣지 않고 성을 떠나자, 여러 읍의 군사가 모두 궤멸되었다. 권율이 유렴을 불렀을 때는 적병이 벌써 진천을 지났다는 소식이 들려오매 황급히 죽산에서 여주로 옮기고 다시 도성으로 들어가 대궐에 나아가 숙배肅拜하니, 임금께서 곧 인대引對해 계책을 물었다. 권율이 아뢰었다.

"신의 생각으로는 어가가 갑자기 환도하신 것이 마땅치 않았나 봅니다."

임금께서 말씀하셨다.

"경의 말이 옳다. 나 또한 그렇게 생각했으나 당시 모든 대신이 내게 환도를 권유했기 때문이다."

이미 나온 유렴은 돌아갈 곳이 없고 또 죄를 얻을까 두려워 밤중에 독성을 찾아가 함께 성을 지키자며 성에 들어가고자 했으나 조발이 성문을 열지 않고 성 위로 올라가 큰소리로 말했다.

"방어사가 성을 버리고 왔으니, 패해서 도망친 장군을 성안에 들여보낼수는 없소이다."

그런데도 유렴이 굳이 들어가고자 하니 군사들에게 화살을 쏘도록 했다. 계책이 궁해진 유렴은 옷차림을 바꾸고 도주했다. 한편 독성 척후장 김영金嶸이 적정을 탐색하다가 무한산성을 지나가게 되었다. 그런데 성을 지키는 병사는 없는데 군량미 수천 석이 있는 것을 보고는 적의 소유가 될까 우려해 모두 불태웠다. 며칠 뒤 적병이 스스로 물러갔다.

나는 다시 임금의 명을 받고 여러 성으로 나아가 장수들의 공과 죄를 조사해 임금께 보고했다.

유렴은 주장主將으로서 성을 버리고 앞서 도주했고, 유몽경은 전영장前營將이 된 뒤에 앞장서 소속 부대원을 규합하고 통솔해 적을 방어할 계책을 세워야 하는데도 유렴과 함께 성을 나가 군사들을 해산한 후 숨어 버렸으며, 용인 현령 임충간林忠幹은 당연히 군사를 거느리고 성에 들어왔어야 할 터인데 시기를 놓치고 오지 않았으니, 모두 군령을 범한 죄로서 마땅히 처형해야 한다고 간했다.

이 말을 들은 임충간은 도주했다. 유몽경은 먼저 의금부에 내려보냈고, 여러 도에 유렴과 임충간을 체포하라는 명령을 내려 수개월 뒤 황해·평안의 경계에서 체포했다.

세 사람 모두 도성 서쪽 교외에서 참수했다. 파총 진 모는 이미 오래전에 도망쳤는데 내가 군과 읍에 명령을 내려 몰래 잡아들였다.

12월, 내가 명군을 따라 남하해 광주廣州에 이르렀을 때, 군관을 시켜 양성에서 참수해 여러 군사들에게 조리를 돌렸다.

정유재란은 1597년 1월 무렵, 왜군이 14만여 명의 병력을 동원해 재차 침략한 사건을 가리킨다. 정유재란까지 포함해 임진왜란이라고 부르는 것이 일반적이지만 따로 떼어 정유재란이라고 부르기도 한다. 정유재란이 발발한 까닭은 명나라와 일본 사이에 강화 회담이 결렬되었기 때문인데, 그 과정에서 명나라 사신 심유경의 거짓말이 들통 난 것이 가장 큰 이유였다. 도요토미 히데요시는 강화의 조건으로 명나라의 황녀皇女를 일본의 후비後妃로 보낼 것, 일본과의 무역을 재개할 것, 조선 8도 중 4도를 일본에 할양할 것, 조선의 왕자 및 대신 열두 명을 인질로 보낼 것 등을 요구했는데, 명나라 사신 심유경은 이러한 요구가 받아들여질 리 없음을 알았다. 그래서 도요토미 히데요시가 자신을 일본의 왕으로 책봉하고 조공을 허락해 줄 것을 요구한다는 거짓 보고를 본국에 했고, 명나라 조정에서는 이 보고를 토대로 1596년 사신을 파견해 히데요시를 일본 왕으로 책봉하는 책서와 금인숲印을 전했다. 당연히 화가 난 히데요시가 조선에 대한 재침략을 시도했으니 이것이 정유재란의 발발 이유다.

삼도수군통제사 이순신의 파직과 원균의 대패 그리고 이순신의 복직이 이루어진 것도 정유재란 때의 일이다. 이순신이 복직한 후 벌어진 명량해전에서 대패한 왜군은 육지에서도 권율이 이끄는 조선군에게 크게 패해 큰 타격을 받았으며, 그 와중인 1598년 8월 도요토미 히데요시가 사망함으로써 조선 땅에서 철수를 시작한다. 왜군의 철수를 방관하고자 한 명나라 군대와는 달리 후환을 없애기 위해 조선군은 철수하는 왜군을 섬멸하고자 했다. 그리하여 1598년 11월 이순신은 진린이 지휘하는 명나라 수군과 합동으로 노량에서 후퇴하는 왜군 적선 300여 척을 상대로 전투를 벌였고, 그 가운데 200여 척을 침몰시키는 전과를 거두었다. 그러나 노량해전은 정유재란, 나아가 임진왜란에 종지부를 찍은 전투인 동시에 이순신의 삶에도 종지부를 찍은 사건으로 기록된다.

무술년

1598
선조 31

통제사統制使 이순신을 애도함 무술년 11월 19일

한산도 고금도

넓은 바다 속 두어 점 푸르구나

그때 백전노장 이 장군이

한 손으로 친히 하늘 한쪽 벽을 버티었네

고래를 다 죽이니 피가 파도에 번지고

맹렬한 불길은 오랑캐 소굴 다 태웠구나

공이 높아지니 시샘과 모함 면하지 못했으나

기러기 털 같은 목숨 아끼지 않았네

그대는 보지 않았는가

현산峴山 동편 머리 위 한 조각 돌에

양공¥公 떠나간 뒤 후세 사람들 눈물 흘린 것을[38]

쓸쓸하다 두어 칸 민충사여

비바람에 해마다 ○ ○ ○

○ ○ ○ 수리하지 않으니[39]

때때로 섬사람들 소리 죽여 우는구나

이순신이 전사한 것은 노량해전도 막바지에 접어들던 1598년 11월 19일 새벽의 일이다. 그보다 훨씬 위급한 상황에서도 꿋꿋이 살아남았을 뿐 아니라 왜적의 10분의 1도 안 되는 병력으로도 승리를 거둔 그가 후퇴하는 적선과의 전투에서 사망했다는 사실을 이해하기란 쉽지 않다. 그런 까닭에 그의 죽음을 두고 다양한 이야기가 나오는 것도 무리가 아니다. 그러나 사실은 사실이다.

류성룡은 그를 애도하는 시 한 편을 썼다. 그리고 이와 함께 임진왜란도 끝이 나고, 이순신의 파란만장한 삶도 끝이 났으며, 류성룡의 임진왜란 종군기도 끝을 맺는다. 시 마지막에 나오는 타루비 관련 고사는 이순신 장군의 덕을 추모하기 위해 1603년, 장군 수하 군사들이 건립한 비로부터 나온 것이다.

---

38 중국 삼국시대 서진 사람인 양호(양공)는 백성들의 신임을 얻었는데, 살아생전 현산에 자주 올랐다. 그 때문에 양호가 죽은 후 사람들이 그를 기려 현산에 비를 세우고 늘 눈물을 흘렸다는 고사로부터 타루비墮淚碑, 즉 눈물을 흘리는 비라는 명칭이 생겼다.

39 ○ ○ ○ 은 본문에서 지워져 안 보이는 부분.

류성룡 지음, 김종권 옮김,《징비록》, 명문당, 1987

류성룡 지음, 남윤수 옮김,《징비록》, 하서출판사, 1999

류성룡 지음, 민족문화추진회 옮김,《국역 서애집 1·2》, 솔출판사, 1997

류성룡 지음, 이재호 옮김,《징비록》, 역사의아침, 2007

조중화 지음,《다시 쓰는 임진왜란사》, 학민사, 1996

조중화 지음,《바로잡은 임진왜란사》, 삶과 꿈, 1998

한국민족문화대백과사전 편찬부 편,《한국민족문화대백과사전》, 한국정신문화연구원, 1991

류성룡
연보

자字   이견而見

호號   서애西厓

시호   문충文忠

저서   《서애집西厓集》《징비록懲毖錄》《신종록愼終錄》《영모록永慕錄》《관화록觀化錄》《운암잡기雲巖雜
       記》《상례고증喪禮考證》《무오당보戊吾黨譜》《침경요의鍼經要義》

편저   《대학연의초大學衍義抄》《황화집皇華集》《구경연의九經衍義》《문산집文山集》《효경대의孝經大義》
       《정충록》《포은집》《퇴계집》《퇴계선생연보》

1542(중종 37)   경상도 의성현 사촌리에서 관찰사 중영仲郢의 아들로 태어남.

1566(명종 22)   별시 문과에 급제하여 승문원 권지부정자權知副正字가 됨.

1568(선조 1)   성절사聖節使 서장관書狀官이 되어 명나라에 갔다가 이듬해 돌아옴.

1582(선조 15)   여러 관직을 거쳐 대사헌大司憲이 됨. 이후에도 여러 관직을 거침.

1592(선조 25)   4월 13일 임진왜란이 일어나자 도체찰사가 됨. 광해군을 왕세자로 책봉할 것을 건의함.
       영의정이 되어 왕을 호종하고, 평양에 이르러 나라를 그르쳤다는 반대파의 탄핵을 받고 잠
       시 면직되었다가 의주에 이르러 평안도 도체찰사가 됨.

1593(선조 26)   명군과 연합, 평양성을 수복. 충청·전라·경상 삼도 도체찰사가 됨. 한양 입성 후, 영의정에
       오름. 이듬해, 훈련도감 설치 후 도제조를 겸함. 이후 민심 수습, 산업 장려, 군비 강화 등에
       힘씀.

1597(선조 30)   정유재란 발발 이후, 왜적을 막는 데 힘씀.

1598(선조 31)   북인의 탄핵으로 삭탈 관직당함.

1600(선조 33)   관작이 회복되었으나, 벼슬에 오르지 않고 은거하여 저술에 힘씀.

1604(선조 37)   호성공신扈聖功臣 2등에 책봉되고, 풍원부원군에 봉해짐.

1607(선조 40)   사망.

※ '(명)'이 붙은 것은 명나라 인명.